TÚNEIS DA MORTE

NIEL BUSHNELL

TÚNEIS DA MORTE
O passado não está definido, cemitérios não são o fim...

Tradução:
DENISE DE C. ROCHA DELELA

JANGADA

Título do original: *Sorrowline*.

Copyright © 2013 Niel Bushnell.

Copyright da edição brasileira © 2014 Editora Pensamento-Cultrix.com

Texto de acordo com as novas regras ortográficas da língua portuguesa.

1ª edição 2014.

Todos os direitos reservados. Nenhuma parte desta obra pode ser reproduzida ou usada de qualquer forma ou por qualquer meio, eletrônico ou mecânico, inclusive fotocópias, gravações ou sistema de armazenamento em banco de dados, sem permissão por escrito, exceto nos casos de trechos curtos citados em resenhas críticas ou artigos de revistas.

A Editora Jangada não se responsabiliza por eventuais mudanças ocorridas nos endereços convencionais ou eletrônicos citados neste livro.

Esta é uma obra de ficção. Todos os personagens, organizações e acontecimentos retratados neste romance são produtos da imaginação do autor e usados de modo fictício.

Editor: Adilson Silva Ramachandra
Editora de texto: Denise de C. Rocha Delela
Coordenação editorial: Roseli de S. Ferraz
Produção editorial: Indiara Faria Kayo
Assistente de produção editorial: Estela A. Minas
Editoração eletrônica: Join Bureau
Revisão: Maria Aparecida A. Salmeron e Vivian Miwa Matsushita

CIP-Brasil Catalogação na Publicação
Sindicato Nacional dos Editores de Livros, RJ

B983t

    Bushnell, Niel
        Túneis da morte : o passado não está definido, cemitérios não são o fim... / Niel Bushnell ; tradução Denise de C. Rocha Delela. – 1. ed. – São Paulo : Jangada, 2014.
        280 p. : il. ; 23 cm.

    Tradução de: Sorrowline.
    ISBN 978-85-64850-63-7

    1. Ficção britânica. I. Delela, C. Rocha. II. Título.

14-09261   CDD: 823
                                                                                                  CDU:821.111-3

Jangada é um selo editorial da Pensamento-Cultrix Ltda.

Direitos de tradução para o Brasil adquiridos com exclusividade pela
EDITORA PENSAMENTO-CULTRIX LTDA., que se reserva a
propriedade literária desta tradução.
Rua Dr. Mário Vicente, 368 – 04270-000 – São Paulo, SP
Fone: (11) 2066-9000 – Fax: (11) 2066-9008
http://www.editorajangada.com.br
E-mail: atendimento@editorajangada.com.br
Foi feito o depósito legal.

Para Diane, com todo o meu amor.

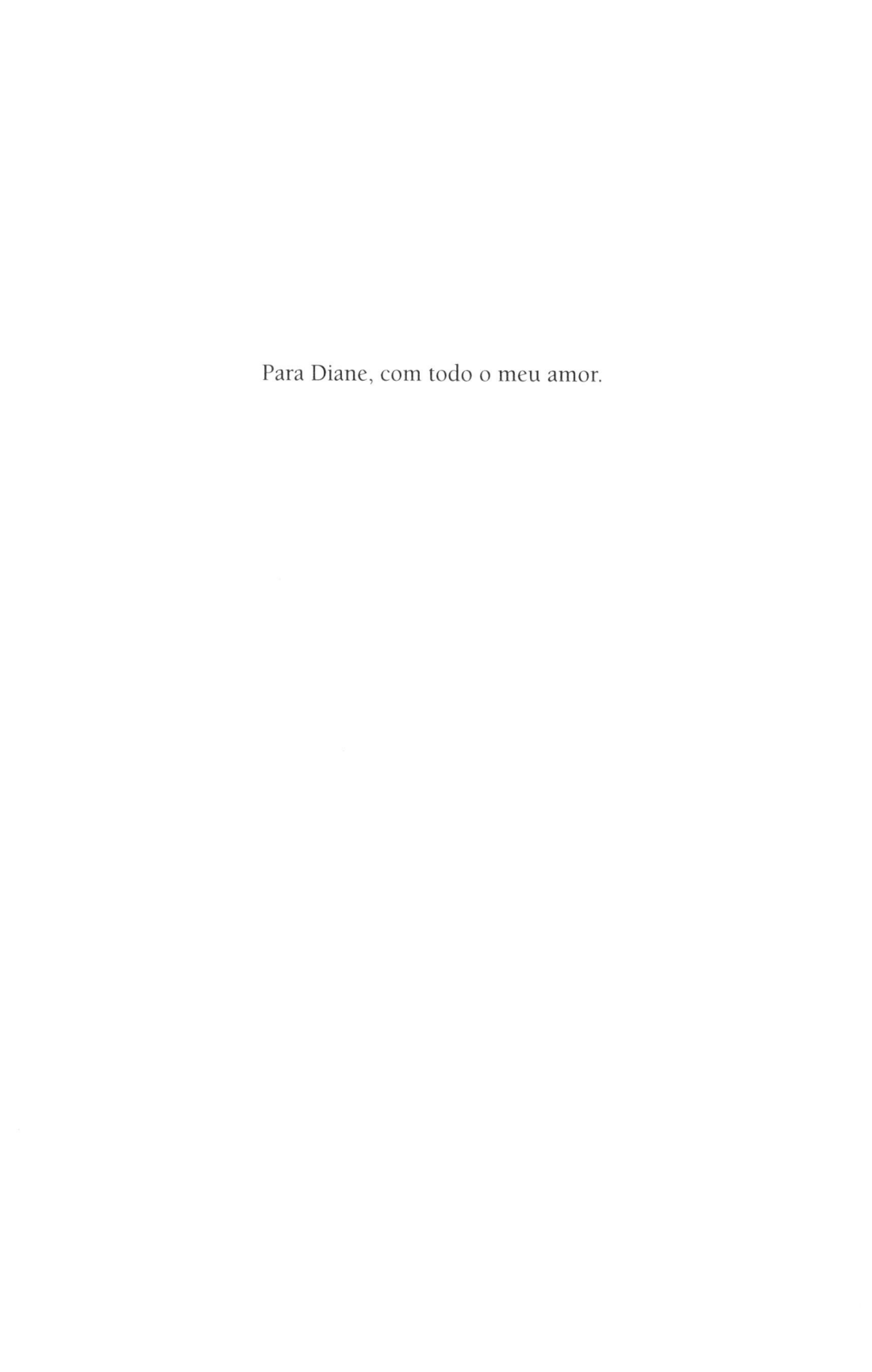

"Existem muitos Reinos. A Terra, tudo sobre a sua superfície, tudo o que existe abaixo dela e o misterioso céu acima não são nada mais do que um único Grande Reino. Eu já vi muitos outros, e o mais estranho deles é o sombrio e etéreo Reino do Esquecimento. O mais bonito e inatingível é o Outro Mundo."

– Extraído de *Sobre a Natureza dos Reinos Ocultos*, de Magnus Hafgan

Prólogo

A PROFECIA

Rouland limpou a lâmina sangrenta da espada nas pesadas cortinas da Câmara do Parlamento.

Ao seu redor, espalhados pelo chão, estavam os Magistrados de Ealdwyc, os rostos congelados em máscaras fúnebres hediondas, uma lembrança do terror e da agonia sentidos quando Rouland lhes cravou, um a um, a sua espada.

Ele andou por entre as suas vítimas, detendo-se apenas para fechar os olhos petrificados dos cadáveres. A seu ver, devia isso a eles. Esses homens e mulheres compunham o Parlamento do Primeiro Mundo, representantes das famílias nobres no poder havia séculos. Eram seus pares. Alguns, ele chegara até a considerar amigos.

A espada emitiu um brilho pálido na sua mão. Fazia um bom tempo que ela não se banqueteava assim. Rouland sentiu a impaciência da arma e tomou nota mentalmente para guardá-la num lugar seguro. Ela estava ficando forte demais, mas ele sabia que precisaria dela, se a Profecia de fato fosse verdadeira.

A Profecia. Rouland rogou uma praga contra si mesmo. Era por causa da maldita profecia que tinha sido obrigado a aniquilar o Parlamento. Sentiu a raiva irromper dentro dele e chutou o corpo mais próximo. Era Durer. Alguns anos antes, tinha sido o seu maior aliado, cuja amizade os dois selaram em batalha. Mas era entre eles que havia a maior diferença de opinião. Durer questionava abertamente o mandato de Rouland como

Primeiro Magistrado. Em retaliação, Rouland matara todos no Parlamento, deixando Durer para o final. Mas matar velhos amigos não era tão prazeroso quanto imaginava. Ele contemplou os corpos, uns por cima dos outros, e de repente se sentiu solitário.

Tudo por causa da Profecia.

Com um clique, a porta se abriu e uma figura sombria entrou no cômodo, uma mulher esbelta numa armadura moldada ao corpo. Rouland sentiu seu humor melhorar à visão da fiel serviçal, a Capitã Alda de Vienne, seu belo e perverso rosto suavizado com um sorriso.

– Já terminei – ele disse, impassível. – Pendure os corpos nos portões para que todos possam ver.

A Capitã De Vienne assentiu, enquanto examinava o salão.

– Você entende por quê? – Rouland perguntou, a tensão diminuindo na companhia reservada da Capitã.

– A Profecia – De Vienne respondeu. – Chegou a hora finalmente?

Rouland se deixou cair na cadeira de espaldar mais alto, na extremidade da Câmara do Parlamento, e jogou as pernas sobre um dos braços.

– É por volta de setembro de 1940, quanto a isso todos concordam; e a data se aproxima. Estudei toda a obra de Hafgan, até os livros extraviados, e se os meus cálculos estão corretos a Profecia se inicia hoje. Não tenho dúvida.

– O garoto do futuro chega hoje?

– A Profecia diz: um menino de correnteza acima, do futuro, se juntará a nós e colocará um fim – ele fez um gesto largo com o braço – em tudo isso. – Era mais do que raciocínio lógico, Rouland admitiu para si mesmo. Havia um pressentimento crescente, uma apreensão em seu íntimo. Ele podia sentir as marés do destino sobre ele, avolumando-se numa torrente de acontecimentos. Acontecimentos que já estavam em marcha.

Suas pupilas se moviam com rapidez.

– Eu não permitirei que o meu reino chegue ao fim. Você e suas irmãs devem iniciar a busca. Ele em breve estará conosco.

A Capitã De Vienne fez uma reverência, então deixou Rouland sozinho com os cadáveres.

A Câmara do Parlamento ficou silenciosa. Rouland percebeu a espada novamente em sua mão, reluzindo, pulsando. Pressionou a ponta da lâmina contra o corpo mais próximo e deixou-a absorver os últimos resquícios de força vital, antes de se levantar e ir embora.

Agora sua mente brilhante começava a calcular a multiplicidade de eventos que podiam ser desencadeados a partir daquele momento. Por apenas um breve instante, pensou no garoto. Em algum lugar correnteza acima, à frente dele no tempo, estava *o garoto*. O garoto da Profecia. Rouland tentou imaginá-lo, adivinhar como ele era, em que ano vivia. Deu-se conta da futilidade daquele jogo mental e se sentiu um tolo por tentar. O pensamento racional reassumiu o controle e ele voltou aos seus planos.

Puxou a espada do cadáver e fitou as sombras. Uma figura esguia, usando uma capa, surgiu num canto escuro. Quando ela curvou a cabeça encapuzada para Rouland, numa reverência, um rastro de fumaça espiralou do capuz emplumado e foi levado pelo vento.

– Me acompanhe – Rouland disse ao Grimnire, enquanto saía da Câmara do Parlamento. – Temos muito trabalho pela frente.

1

DESPEDIDAS

O dia em que Jack Morrow deixou este mundo exibia uma beleza extraordinária. O sol de verão tingia a cidade cinzenta com cores vivas, ocultando sua podridão e decadência. Alheio a tudo isso, Jack sentia por dentro uma ansiedade nauseante que o consumia. Hoje não era um dia como outro qualquer. Hoje era diferente.

– O que aconteceu com você? – Parado em frente aos portões do cemitério, o pai de Jack o encarava; a expressão, um misto de raiva e preocupação.

A mente exausta de Jack tentou pensar em algo convincente, algo em que o pai pudesse acreditar, mas que não fosse a verdade. O pai, contudo, era especialista nesse tipo de mentirinha inofensiva. Ele podia contá-las de forma convincente e identificá-las nos outros com facilidade. Mentir de nada adiantaria, Jack concluiu.

– Está tudo bem – murmurou.

O pai franziu a testa.

– Quem foi?

– Pai, eu estou bem.

O pai de Jack examinou o hematoma no rosto do filho, a mancha de sangue e o suor na camiseta.

– Foi Blaydon de novo?

– Não foi nada. – Jack pensou no celular roubado, enquanto ele levava socos, e estremeceu. O pai tinha lhe dado de presente, e Jack ainda não tinha coragem para contar a ele. E essa não era a primeira vez. Ele parecia atrair involuntariamente a atenção dos valentões da escola. Não se entrosava com os colegas de classe e nunca conseguira conquistar totalmente a confiança deles.

Entre os muros do antigo cemitério, em meio às sombras melancólicas, o ar era mais frio. As árvores ancestrais repeliam o calor do sol causticante, enquanto, em toda a volta, o mar de arranha-céus londrinos absorvia o fugaz momento de cor. De algum lugar não muito longe dali, o vento seco trouxe o som da risada de crianças brincando, que momentaneamente se sobressaiu em meio ao barulho contínuo e monótono do tráfego. Era o último clamor alegre do verão, o derradeiro instante antes que a vida de Jack se revelasse.

Eles seguiram em silêncio. Jack sentia um nó no estômago. Chegava a hora de contar ao pai sobre o celular. Sentaram-se no banco de sempre, ambos no piloto automático. Em frente a eles, estava o túmulo, a lápide que os unia quando todo o resto tentava separá-los.

– Tenho que ir embora por um tempo – disse o pai de Jack por fim, a apreensão tangível na voz.

De repente as preocupações de Jack com o celular se transformaram em nada.

– Embora? Para onde? – Mas ele já sabia a resposta. Tinha observado e ouvido conversas nos últimos meses e sabia do segredinho sórdido da sua minúscula e desfigurada família: o pai não passava de um ladrão – e não muito bom, pelo visto. As visitas da polícia, de advogados e agentes sociais só podiam significar uma coisa: o pai ia para a cadeia.

– Por quanto tempo vai ficar fora desta vez? – perguntou.

– Por um bom tempo, filho.

– Por quê? Por que você não pode simplesmente ser um pai normal?

– É complicado. Coisas de adulto. Um dia você vai entender, Jo-Jo.

– Pai, eu faço 14 anos em duas semanas. – O rosto de Jack ficou vermelho de raiva. Ninguém mais o chamava de Jo-Jo. Era o apelido que a mãe lhe dera, e este tinha morrido com ela.

Sobre eles, um avião preparava-se preguiçosamente para pousar no aeroporto de Londres, as turbinas rugindo enquanto ele diminuía a velocidade. Jack olhou para o céu de cobalto e a luz forte fez suas pupilas se contraírem até se tornarem dois pontinhos sob os cílios escuros. Ele era alto para a idade, mais alto do que a maioria dos colegas de classe, e sua magreza o fazia parecer desengonçado e esquisito, mesmo quando estava sentado. O cabelo castanho-avermelhado precisava de um corte; era grosso e comprido demais para aquele calor todo. Além disso, quanto mais comprido o cabelo, mais evidentes ficavam suas ondas indomáveis. Era mais fácil simplesmente parar de olhar no espelho.

O pai de Jack colocou a mão no ombro do garoto.

– Lembra da tia Lorna? Você a conheceu alguns anos atrás.

– Não – mentiu Jack. Ele não iria facilitar as coisas.

– Bem, ela se lembra de você, e quer muito que vá ficar com ela em Brighton enquanto eu estiver fora. Não vai ser tão ruim... – Jack ouviu a dúvida na voz tensa do pai.

– Pai, eu não quero ir. Não quero morar com outra pessoa. Quero ficar com você. – Lágrimas involuntárias começaram a rolar pelas bochechas coradas de Jack.

– Não dá! Não torne as coisas mais difíceis do que já são. – O pai de Jack se levantou rapidamente e começou a andar de um lado para o outro na vereda entre os túmulos. – Sinto muito, não tenho escolha. A tia Lorna vem buscar você amanhã. Precisa fazer as malas antes que ela chegue.

No passado, Jack tinha ficado com a avó, mas ela andava doente desde o ano anterior e eles a puseram num asilo. Agora, estava velha demais, esquecida demais, doente demais para tomar conta dele.

Jack esfregou os olhos e viu as lágrimas caindo na terra batida, deixando-a marrom-escura. Seu mundo desmoronava em torno dele.

– Você não vai poder vir aqui por um bom tempo, Jack. Mas eu e a sua mãe ainda estaremos com você. Você sabe, não é, filho?

– A mamãe morreu.

A raiva ardeu por um instante no rosto do pai. Ele abriu a boca, como se prestes a gritar com Jack, mas depois sua expressão se suavizou. Ele caminhou até a lápide de granito.

– Olhe para o túmulo da sua mãe. Grave-o na memória. Imagine-o na sua cabeça. Não importa quão longe estivermos, ainda poderemos nos lembrar de estarmos aqui, juntos. Você entende? – Ele se aproximou do filho e se sentou novamente.

Jack não entendia. Tudo parecia tão banal e sem sentido! Ele olhou para a lápide da mãe. Já sabia de cor cada ondulação, cada letra. Passava horas sentado ao lado dela. Às vezes falava com a mãe como se ela estivesse ali ouvindo. Havia dias – os dias ruins – em que era difícil lembrar o rosto dela. Ele lutava para se agarrar às vagas lembranças que tinha dela e ainda assim elas lhe escapavam, como algo precioso escorrendo por entre os dedos. Ele queria se agarrar a ela para sempre, manter cada imagem vívida, cada cor cristalina, cada cheiro inalterado. Mas, quando as coisas ficavam ruins de verdade, quando parecia esquecer quem ela era, ele visitava a lápide para ficar perto dela de novo.

Jack deixou o pai sentado no banco e andou até o túmulo, as pernas fracas e pesadas. Ajoelhou-se ao lado da lápide e contornou com os dedos as letras gravadas na laje de pedra. Sentiu então uma luz branca brilhar na sua cabeça, gélida e repentina, como se uma cortina pesada subitamente caísse de uma janela bem iluminada.

Jack recuou. Por um momento sentiu como se estivesse caindo dentro da pedra, afundando em sua superfície. A sensação veio acompanhada de uma tristeza vazia, como se o seu corpo ansiasse por mergulhar na lápide. A experiência era chocante e absurda, e ele buscou o olhar paterno, mas o homem continuava ali sentado, acendendo um cigarro, alheio ao conflito do filho.

A mão de Jack moveu-se na direção do túmulo quase que por vontade própria, tocando a superfície sólida outra vez. O lampejo voltou, mais frio e forte dessa vez, e um desejo ardente de entrar na pedra fluiu das profundezas da sua mente e se espalhou pelo resto do seu corpo. As lágrimas caíam incontroláveis, conforme novas lembranças da mãe surgiam na sua mente. Ele viu a si mesmo, como se através dos olhos dela, recém-nascido e frágil. Sentiu o peso do corpinho aninhado nos braços magros da mãe. De repente era seu segundo aniversário e ele pôde sentir o aroma do perfume discreto que ela usava, misturado à fumaça de cigarro. Jack encarou de uma nova perspectiva essa criança esquecida, um eco da sua própria vida. Imaginou como era possível ele se lembrar disso.

Agora era Natal e ele sentia na garganta o gosto de batatas queimadas e ouvia o riso dela. O riso *dela*, como se fosse ontem. Cada instante daquele dia invadiu seus sentidos como uma explosão. Foi o último Natal que eles passaram em família, antes de as coisas ruírem à sua volta. Tudo veio ao mesmo tempo. Cada momento de sua vida foi exposto na frente dele sem aviso, visto através dos olhos da mãe. Aquilo foi demais para ele.

Jack desmoronou sobre a pedra e sentiu a superfície dura contra a bochecha. Nesse mesmo instante, as lembranças já pareciam lhe escapar. Ele queria segui-las, segui-las até sua fonte. A mãe estava tão perto, tudo o que ele precisava fazer era estender a mão e ela estaria ali.

Jack estendeu a mão.

O pai de Jack estremeceu; o ar de repente ficou mais frio. O sol desaparecera atrás de uma parede de nuvens e o verão parecia ter ido embora com ele.

Ele ergueu os olhos. Jack não estava mais no túmulo da mãe. O pai do garoto se levantou rápido, olhando em todas as direções ao mesmo tempo, e sentiu um nó no estômago quando se deu conta, com um horror desesperado, de que estava completamente só.

2

O ESTRANHO

Jack tremia. O suor frio fazia a camiseta e o jeans grudarem na pele. Sua barriga doía, ele sentia o gosto de bile na boca e lágrimas ardiam em seus olhos. Ele tossiu. Sentiu como se a tosse rasgasse sua garganta seca.

O que havia acontecido? Devia ter caído ou desmaiado. Lembrava-se de estar ajoelhado no túmulo da mãe, a mão tocando a pedra. Lembrava-se da torrente de lembranças e da luz fria dentro da cabeça. E depois? Não tinha certeza.

Ele piscou, a névoa se dissipou e ele se concentrou nos arredores. Um silêncio lúgubre pairava no cemitério, e uma névoa úmida provocou em Jack um arrepio. O céu estava diferente, mais escuro e fresco, e o sol rasgava o horizonte, surgindo lentamente de uma brecha entre os edifícios. Mas não era só isso. As árvores estavam diferentes, menores do que ele se lembrava. E a lápide da mãe não estava mais lá, a terra fofa intocada. Um calafrio percorreu seu corpo. Ele olhou em volta mais uma vez. Nem sinal do pai; no banco não havia ninguém. Em vez disso, viu outra pessoa à sombra de uma árvore.

– Não se preocupe, vai passar com o tempo – disse com suavidade uma voz profunda e envelhecida. Jack esfregou os olhos e se concentrou no homem de idade, que agora saía de perto da árvore e vinha ao encontro dele. O velho tinha a aparência desgrenhada de um mendigo, o longo casaco estava sujo e puído e o rosto exibia queimaduras e cicatrizes recentes. Ele se aproximou de Jack mancando, como um soldado voltando da linha de frente. Um odor pungente o precedeu, uma mistura de enxofre e carvão que lembrava a Noite das Fogueiras. O velho se aproximou com cautela, os membros rígidos e macilentos sob os farrapos. Parecia um zumbi, pensou Jack.

– Calminha aí, Jack, não vou te fazer mal. – O homem disse com tranquilidade, erguendo uma das mãos parcialmente queimada. Por um instante Jack ficou paralisado, pego desprevenido pela intimidade com que o estranho o tratava. Como aquele velho sabia seu nome? E onde estava o pai? Por que o deixara sozinho? – Perguntas – disse o velho, como se lesse a mente de Jack. – Tantas perguntas... E muito pouco tempo para respondê-las, infelizmente. Então, vamos direto ao assunto. – O homem olhou para os lados, tenso e nervoso, esfregando uma tatuagem escura na pele grossa do pescoço.

Jack se apoiou numa lápide, a cabeça girando pelo esforço. Ele olhou novamente para as queimaduras do homem e imaginou o que as teria causado.

– Recupere o fôlego, Jack – o estranho prosseguiu, chegando mais perto. – Você levou um choque e tanto.

Enquanto o espaço entre os dois diminuía, os medos incômodos de Jack se intensificavam.

– Meu pai está aqui e vai te bater se você chegar mais perto! – ele ameaçou, do modo mais hostil que pôde.

O velho parou e encarou Jack nos olhos.

– Mas o seu pai não está aqui. Você está sozinho, Jack. E não está onde pensa que está. Ou seria melhor dizer, "não está *quando* pensa que está"? Você voltou no tempo. Para o dia em que a sua mãe morreu.

Jack ergueu as sobrancelhas em descrença. Esse homem cheio de queimaduras só podia ser louco, pensou.

– Olhe ao redor, rapaz! – O homem de repente estava à sua frente, seus movimentos inquietantemente rápidos. – Veja por si mesmo. Pense por si mesmo. Você sabe que estou dizendo a verdade, no fundo você sabe.

– Para trás! – Jack fez um gesto com os punhos para o estranho.

– Chega de perder tempo! – O velho agarrou os punhos de Jack, detendo-o sem esforço. – Tenho coisas demais pra te contar, não posso desperdiçar um segundo! Você tem um dom raro, Jack. É um Viajante, alguém que navega no tempo através dos túmulos. Você pode viajar pelas Necrovias. São túneis, túneis do tempo. Cada Necrovia liga o túmulo da pessoa ao dia da morte dela. Viajantes como você, Jack... podem abrir uma Necrovia e viajar para o passado através dela.

O velho relanceou os olhos para as sombras e então consultou o relógio de pulso.

– Meu nome é David Vale – o homem anunciou bruscamente –, e eu sou seu avô.

Jack riu. A declaração era absurda. Seu avô tinha morrido muito antes de ele nascer.

O velho soltou Jack, as sobrancelhas desgrenhadas franzidas de raiva e frustração. Ele começou a andar de um lado para o outro, com nervosismo, vasculhando com os olhos o cemitério.

– Você *não é* meu avô! – respondeu Jack, procurando a melhor saída para a situação.

O estranho suplicou.

– Jack, eu sou, creia! Eu estava lá quando você nasceu. Tenho observado você durante toda a sua vida, Jack, sabendo que este dia chegaria. O dia de hoje.

Jack fitou o velho com atenção. O rosto era desconhecido e, ainda assim, sob as queimaduras e cicatrizes, havia uma semelhança inconfundível com uma foto do avô que ele encontrara numa caixa com os pertences da mãe. Na foto, ele era um homem de meia-idade com um brilho selvagem no olhar, algo que esse velho desconhecido não possuía. Mas era o mesmo queixo largo, o mesmo nariz torto (ele teria quebrado?) e as mesmas maçãs do rosto e testa salientes que tornavam os olhos mais profundos e severos. Seria possível?

– Eu... Eu vou pra casa. – A dúvida ganhava espaço. Ele precisava de tempo para pensar, precisava encontrar o pai.

– Está me ouvindo, rapaz? – O estranho ergueu a voz, ansioso. – Eu sou seu avô. Estou aqui para te ajudar!

– Meu avô já morreu!

– Sua mãe me pediu para proteger você. Eu e ela, nós tínhamos nossas diferenças, sabe? Mas eu e você *já* nos encontramos antes, Jack, ou pelo menos vamos nos encontrar. Estamos em 2008. No ano de 2008. Você voltou pela Necrovia da sua mãe. Você sentiu as lembranças, não é? Sentiu o passado atraindo você, puxando você. Era a Necrovia te chamando.

Jack mais uma vez olhou para o espaço vazio onde a lápide da mãe estava alguns minutos antes. As lembranças eram insistentes. Era como se estivessem agarradas à sua alma, ansiosas para que Jack voltasse a elas. Ele se forçou a desviar os olhos.

– Você disse que estamos em 2008? – perguntou, cauteloso.

– Isso mesmo.

– Prove, então.

– Mas você já sabe, Jack. Sabe até em que dia estamos. Quando você viaja por uma Necrovia, simplesmente sabe a data, você a *sente*.

Dúvida e incerteza comprimiam seus pensamentos, mas Jack reconhecia que havia ao menos uma verdade nas palavras do estranho: ele de fato sabia a data. Não podia explicar como; simplesmente sabia, com tanta certeza quanto sabia que tinha duas mãos. Uma data pairava na mente de Jack: 6 de junho de 2008, o dia em que a mãe morrera. Ele sentiu um tremor involuntário. Mas não se permitiria acreditar nas histórias daquele estranho. Esse não podia ser David Vale, seu avô, podia? Ele estava realmente no passado? Uma parte dele acreditava piamente em tudo isso, mas ele confiava mais na sua mente.

De repente, uma nova ideia surgiu: se tudo isso fosse verdade, se estivessem mesmo em 2008, então...

– Eu sei o que você está pensando – disse David, interrompendo os pensamentos de Jack. – Está pensando que pode salvar a sua mãe.

Jack olhou ao longe. Como o velho adivinhara?

– Sua mãe já está morta. – A voz firme de David vacilou. – Ela morreu há cerca de cinco horas. Eu estava lá, e não pude impedir.

Uma onda inesperada de tristeza encobriu Jack. Era como se ele tivesse perdido a mãe outra vez. Ele olhou para o pedaço de terra vazio, imaginando a lápide que não estava lá, e pela primeira vez suas dúvidas se dissiparam por completo, deixando em seu lugar apenas uma resignada aceitação e um sentimento profundo de perda e impotência.

– Você não está a salvo aqui. Tem que voltar para 1940. – A voz de David arrancou Jack do desespero. – Você tem que me encontrar, o meu eu *mais novo*. Eu vou ser alguns anos mais velho do que você. Vamos ficar amigos e então vou poder te explicar tudo.

– Explique agora – Jack exigiu.

– Não temos tempo. Sua vida está em perigo. Não estão só atrás de mim e da sua mãe. Você está nessa também. Precisa se esconder. Não pode ir pra casa; podem estar lá à sua espera. O único jeito é você voltar e me encontrar. Posso te manter seguro, mas não aqui. Você pode se esconder no passado.

– Quem? – Jack perguntou. – Quem está atrás de mim? – Ele queria muito que o pai estivesse ali agora.

Um movimento num canto escuro do cemitério chamou a atenção de David. Ele agarrou a camiseta de Jack e o forçou a ficar de pé.

– O nosso tempo acabou. Eles me encontraram.

– Quem? – Jack insistiu.

– Os *Homens Pó*.

Ali perto, uma brisa formou uma nuvem de poeira. Ela se ergueu no ar e então parou, suspensa de forma nada natural, numa coluna estreita e sinuosa de sujeira. Mais terra e folhas secas se ergueram no ar, formando a silhueta tosca de um corpo humano.

O corpo ergueu uma das pernas de terra em rodamoinho e começou a avançar, desajeitado, em direção a David e Jack. Das sombras, mais duas figuras surgiram, seu ritmo aumentando a cada passo. Jack olhou por sobre o ombro, os olhos arregalados de terror; mais um tornado de sujeira se formava, próximo ao portão principal do cemitério.

– Você tem que ir agora! – mandou David, pálido.

– Para onde? – Jack perguntou. – Para onde eu vou?

– Para 1940. Posso deter os Homens Pó por um tempo, mas se eles seguirem seu rastro você vai estar tão morto quanto eu.

– Eu... Eu não entendo! Não posso fazer isso sozinho!

O primeiro Homem Pó abriu uma brecha em sua cabeça de terra, por onde soou uma sirene. O barulho, um arranhado profundo, como metal riscando a pedra, feriu os ouvidos de Jack. A sirene soou mais uma vez, e então a boca grosseira desapareceu na espiral de terra que era sua cabeça.

– Está avisando que nos encontraram! – avisou David.

– O que eles querem de mim?

– Eles são de Rouland. Rápido! Há uma lápide ali que volta para dezembro de 1940 – ele ofegou. – A mais alta, com o canto quebrado. Sinta a pedra até que possa entrar, como fez com a lápide da sua mãe.

– Eu não sei... Não posso...

– Pode *sim*, Jack. Você *precisa*! Confie em mim. Você é mais forte do que pensa.

David jogou o casaco esfarrapado num canto e puxou uma arma longa e retorcida feita de metal e marfim que para Jack pareceu uma espingarda improvisada. David apertou um pequeno gatilho e um coro de lamúrias funéreas irrompeu da arma. O barulho destruiu o primeiro Homem Pó. Quase que imediatamente a terra informe começou a espiralar outra vez, recuperando a forma e avançando...

– Socorro! – Jack rezou para ouvir o som familiar de uma sirene de polícia inundando o cemitério e pedestres correndo em seu auxílio, mas o local estava deserto, as ruas das redondezas em silêncio, em seu sono do amanhecer. – Por que você não pode detê-los? – perguntou a David. – O que eles são?

– Terra e sujeira. Não posso matá-los. – David olhou para Jack outra vez. – Vá agora! Para 1940. Siga pela Necrovia e encontre o meu eu mais jovem na Taverna do Enforcado. Fica em Morte Lane, em Wapping. Siga o rio para o leste e vai encontrar.

Por um milésimo de segundo, David encarou Jack, os olhos injetados cheios de lágrimas. As palavras em seus lábios rachados pareciam hesitantes.

– Jack, você *tem que proteger a Rosa*. Sinto muito. Agora, *vá*!

Antes que tivesse tempo para digerir as palavras, Jack sentiu as mãos queimadas de David empurrando-o para a frente. Suas pernas assumiram o controle e ele se arrastou para longe do velho e das criaturas sobrenaturais. Ouviu David atirar novamente, e em resposta um Homem Pó guinchou, depois mais um se juntou ao coro hediondo. Sobre todo o barulho, David gritava.

Jack correu apressado em direção à lápide indicada pelo avô. Ele escorregou ao seu lado, quase a derrubando. Pôs a mão sobre a pedra, sentindo-a, desesperado. Nada. Verificou a inscrição; a data era 1940, e ainda assim ele não sentiu nada do que sentira no túmulo da mãe. Os cabelos castanhos caíram sobre seu rosto quando foi atingido por uma rajada de vento. Jack olhou por sobre o ombro, procurando David, e topou com o rosto inexpressivo de um Homem Pó. Jack gritou, ficando de pé num salto. O Homem Pó ergueu o braço no ar e mirou a cabeça de Jack, que se abaixou instintivamente e recomeçou a correr. O braço do Homem Pó arruinava as lápides antigas, sugando a alvenaria e o entulho para seu rodamoinho. Com passadas largas, voltou a marchar na direção de Jack, movendo o corpo improvisado cada vez mais rápido.

Jack se atirou atrás de um mausoléu, recuperando o fôlego por um instante. A estranha criatura se aproximou do esconderijo, sugando o ar para formar uma tempestade estrondosa.

Seus pensamentos davam voltas. Não havia como chegar em 1940, não agora que essa criatura de vento tinha despedaçado a lápide.

Ele correu novamente, ziguezagueando entre as lápides, procurando outra forma de escapar. Tentou focar os olhos nos epitáfios enquanto passava por eles como um borrão, sentindo a aproximação de Homens Pó vindos de todas as direções. As lápides estavam misturadas, novas e velhas, grandiosas e modestas, ricas e pobres. A mais próxima datava de 1969, a seguinte de 1954. Ele correu mais. Atrás dele, o ar se movia desconfortavelmente rápido, como se um pequeno ciclone o perseguisse.

Jack fez uma curva e caiu num pequeno declive, batendo as costas com força contra uma lápide delicadamente entalhada. O vento estava próximo. Ele estava prestes a se levantar quando reparou na data da lápide. A inscrição dizia: *13 de setembro de 1940*. Essa teria que servir, pensou.

O grito vazio de um Homem Pó feriu seus ouvidos e ele se virou. Viu um grande vulto sobre ele. A forma da criatura se transformou, e dois braços cresceram do tronco num piscar de olhos. Outra vez ela urrou, agora num tom mais grave, como num grito da vitória.

Jack esticou os dedos finos e sujos e tocou a lápide desgastada pela chuva. Estava fria, úmida e coberta por uma fina camada de musgo, mas Jack sentia além de sua superfície. Pôde sentir um rio de lamentos por trás da pedra. Por impulso e desespero, ele empurrou o braço. O escoar frio da Necrovia respondeu, abrindo-se para permitir sua passagem, e Jack sentiu-se desaparecer.

O Homem Pó fechou as mãos no ar, sem saber por que não agarrara o menino. Por um momento inspecionou o ambiente; então, em algum recôndito das profundezas de sua alma primitiva, tomou uma decisão. O Homem Pó bramiu uma longa, lenta e patética lamúria. Todos os Homens Pó no cemitério ouviram e se espalharam no chão, nada mais do que terra e sujeira outra vez.

3

A TAVERNA DO ENFORCADO

Tudo ficou branco.

Imagens passavam rápidas pelos olhos de Jack, branco sobre branco, cada uma delas repleta de sofrimento, risadas e esperança. Assim que uma se formava, instantaneamente se fundia com outra, num caleidoscópio plangente. Lembranças passavam por ele. As lembranças de um homem morto.

Jack estava numa Necrovia.

Ele viu os fragmentos extraviados da vida que ali residia, pequenos ecos de grandiosidade. Apareceram todos ao mesmo tempo, como um filme projetado em sua mente. Mas a sequência era desordenada, um instante sobreposto a outro.

Jack tentou manter as lembranças em foco. Esse túmulo – essa Necrovia – era resultado da morte de um homem, um alfaiate de vinte e poucos anos. Jack viu que ele havia morrido rápido, seu futuro roubado pelas mãos de outro. Deixara uma mulher de luto. Uma não, duas. Uma nova, outra mais velha. Elas haviam chorado naquele mesmo lugar e compartilhado sua dor. Mãe e esposa. Não, nem mesmo esposa, uma noiva cujas esperanças tinham sido despedaçadas.

Uma onda de tristeza inundou o ambiente, deixando Jack arrasado.

Lembranças alheias invadiam seus pensamentos e tentavam se incrustar nele, como se lhe pertencessem. Ele se sentia enjoado. Sua mente se fechou e ele gritou alto seu sofrimento, mas nenhum som saiu da sua boca. Sua primeira viagem por uma Necrovia fora misericordiosamente rápida, mas dessa vez ela não parecia ter fim, os anos escarnecendo dele enquanto voltava no tempo.

O som e as lembranças se desvaneceram e Jack se sentiu mais perdido do que nunca. Aquilo ia além das lágrimas, além da dor física.

Ele sentiu tons carmesim impressos na sua mente. E então se sentiu vazio, como se estivesse dentro de uma bolha gigante cujos limites estivessem fora do alcance dos olhos. As cores em sua mente mudaram para o azul e outras cores frias. Jack sentiu um choque poderoso ao passar pelo que lhe pareceu uma prega na Necrovia. Um vento forte golpeou seu rosto com violência, seu mundo escureceu e seus ouvidos estalaram, como se ele estivesse emergindo após um longo mergulho na piscina da escola.

E então o vazio voltou a consumi-lo.

Jack abriu os olhos. Eles ardiam e se recusavam a ficar focados. Era noite e ele estava molhado, com frio e com fome. Estava exatamente *onde* entrara na Necrovia – sentado no mesmo cemitério onde o pai lhe dissera que iria embora, o mesmo onde um estranho afirmara ser seu avô, onde criaturas sinistras tinham tentado matá-lo. O último pensamento o encheu de terror e ele olhou em volta, temendo o que pudesse encontrar. Felizmente estava sozinho.

Uma lua quase cheia banhava o cemitério de um azul crepuscular, iluminando as sutis diferenças. O lugar estava mais vazio, menos arruinado. O ar, denso de areia e fuligem. E a velha lápide, a do alfaiate, não estava mais ali.

Jack desviou os olhos para o mundo além dos muros do cemitério. A silhueta dos prédios e das casas mais próximas parecia pequena e deformada. As ruas eram mais escuras; lampiões de gás esparsos e indistintos iluminavam parcamente pequenos retalhos de escuridão. Colunas de fumaça elevavam-se no ar e encobriam as estrelas, saindo de praticamente todas as chaminés. Vozes distantes gritavam, cavalos trotavam no calçamento, cães latiam. Mas o rugido do tráfego, a cacofonia de motores, os sons urbanos que ele conhecia tão bem estavam reduzidos a um único carro voltando para casa.

Então isso era 1940, ele pensou, mal conseguindo acreditar nas evidências que inundavam seus sentidos. Era absurdo, afinal. Ele não podia ter viajado no tempo. Estava sonhando, ou então em coma. Por alguma razão, isso seria mais fácil de aceitar.

Jack respirou fundo e sentiu o ar arenoso e o cheiro de madeira queimando. Depois de sua viagem para cá e de seu encontro com David Vale, Jack sentia uma calma surreal, como a calmaria após uma tempestade. Riu consigo mesmo, os medos esquecidos diante da surpresa daquele momento.

Ao norte, um clarão surgiu no céu, arruinando seu momento de tranquilidade. Segundos depois, mais um fulgor repentino, dessa vez bem mais perto, e uma bola de fogo gigantesca foi cuspida em direção ao céu. Em algum lugar por perto soava uma sirene como um animal em agonia, uma lamúria sem fim como nada que Jack já tivesse ouvido.

Ele olhou para cima; o céu estava repleto de aviões, seu zumbido distante quase inaudível. Ao seu redor, lampejos e explosões rasgavam o céu. Um dos aviões explodiu em chamas quando uma das asas foi arrancada, desprendendo-se do resto da fuselagem e caindo vertiginosamente em direção ao solo. A aeronave caiu abaixo da linha de edifícios sombrios, causando uma enorme explosão.

Jack correu para a proteção de uma árvore próxima quando um antigo caminhão de bombeiros passava voando pela frente do cemitério, a sirene tocando. Chamas lambiam o céu ao redor de Jack, o retrato perfeito do inferno na Terra. Ele sentia como se o coração fosse pular da garganta.

– Isso não pode ser real! – sussurrou para si mesmo. Mas os olhos desafiavam seu bom senso. O panorama perturbador e terrível era mais autêntico, mais tangível, do que qualquer coisa que Jack já presenciara. Ele se lembrava muito bem das aulas de História: isso só podia ser a

Blitz, o bombardeio de Londres pelas forças alemãs, durante a Segunda Guerra Mundial.

Ele engoliu o medo e saiu do cemitério, rumo a um mundo que era ao mesmo tempo estranho e familiar. O distrito de Wapping ficava ao sul, e em algum lugar das suas ruelas estreitas havia um *pub* chamado a Taverna do Enforcado. Mas a grande cidade era mais jovem, e qualquer ponto de referência que Jack pudesse reconhecer ainda não existia ou estava mergulhado na escuridão. Na época dele, 2013, o lugar era repleto de novos edifícios residenciais, apartamentos luxuosos e prédios de escritórios com fachadas de vidro. As coisas agora eram diferentes. Moinhos e fábricas se enfileiravam nas ruas estreitas, muitos em chamas, golfejando uma fumaça espessa no céu noturno. Jack então percebeu que sua própria casa, o detestado apartamento na East End, não existia agora e nem existiria nos quinze anos seguintes. O pensamento lhe causou um arrepio na espinha. Pensou no pai sem ele no futuro. O que será que ele pensava que havia acontecido a Jack?

O garoto se pôs a caminho do rio, correndo na direção dele. Viu algumas pessoas nas ruas. Apenas os bêbados e os mais desavisados continuavam fora de casa, cada um deles uma silhueta cinzenta em roupas pardas, as faces envelhecidas pelo fardo da guerra.

Por fim o rio Tâmisa surgiu diante de Jack e com ele uma brisa fresca que concedeu aos pulmões do garoto o ar puro de que tanto precisava. Ele viu pescadores tentando controlar o fogo que consumia um barco e observou por um instante enquanto a velha embarcação balançava nas águas agitadas, as chamas ferozes corroendo a madeira. Fragmentos quentes de cinzas, próximos às docas, sopravam com fúria, chamuscando as roupas e a pele de Jack.

Ele se afastou, sem saber ao certo aonde ir. À sua frente havia uma fileira de tavernas e bares, separados por pequenos comércios de equipamentos de pesca, bugigangas e defumados. Todos de portas fechadas e às escuras. Mas o reflexo da cidade em chamas em suas vitrines o inquietou, e Jack seguiu em frente. Ele viu mais veículos, todos estranhos a ele, como se saídos de um filme antigo. Passou por um furgão cinza, baixo e largo, o logotipo de um cereal matinal orgulhosamente pintado na lateral. A porta traseira fora forçada e aberta, e seu conteúdo obviamente saqueado. Restava apenas uma solitária caixa vazia de cereal. Jack estendeu o braço na direção dela, subitamente fascinado por esse detalhe insignificante. O pai comia essa mesma marca de cereal todas as manhãs, sempre de pé, olhando pela janela o horizonte londrino.

Uma explosão distante estremeceu o chão sob seus pés. Ele largou a caixa rasgada e continuou seu caminho, descendo a rua que acompanhava o rio para o leste, passando por pescadores e marinheiros contemplando, impotentes, o inferno à sua frente. Jack virou numa travessa onde as construções, como que por milagre, haviam sido poupadas da destruição. Ele viu um ou dois baderneiros, vagando de bar em bar, bebendo até o bombardeio perder a importância. Eles olharam para Jack quando ele passou, apontando e rindo, fazendo-o olhar para as próprias roupas: jeans surrados, curtos demais para ele, e uma camiseta azul-clara que não o protegia do vento frio que soprava da curva larga do rio. As calças estavam rasgadas e cheias de lama desde a fuga do cemitério, e agora sangue seco manchava a camiseta.

Foi então que ele reparou nos seus tênis e descobriu porque as pessoas o achavam tão engraçado. Como o celular, tinham sido presente do pai, um agrado caro para compensar sua constante ausência. Jack tinha adorado poder escolher ele mesmo: eram tênis de cano alto com uma sola de borracha bem grossa e muito branca.

A travessa subia em ziguezague, passando por mais lojas, casas e *pubs*, nada que Jack reconhecesse. Mais adiante, ele chegou a uma encruzilhada deserta. Parou no cruzamento, sem saber que caminho seguir. Sentia-se perdido e sozinho. Mais do que qualquer outra coisa, sentia medo e desejou estar em casa, em seu quartinho minúsculo, seguro e aquecido.

– Mas que diabos é isso que você está vestindo?

A voz era alta e confiante. Jack imaginou que pertencesse a outro operário bêbado, mas ao se virar surpreendeu-se ao ver um adolescente medindo-o de cima a baixo. O garoto tinha uma aparência imunda e descuidada, o cabelo preto sujo e desgrenhado. Usava um casaco longo e rasgado que parecia ter pertencido a algum soldado do Exército Britânico. Por baixo vestia uma calça cinza, grande demais para seu corpo esquelético, e que só não caía graças aos suspensórios sobrepostos a uma camiseta que um dia fora branca.

– Que coisa é esta aqui? – o menino perguntou, apontando para os tênis de Jack. – Nunca vi sapatos tão brancos a não ser num hospício! Você é um dos lunáticos do manicômio? Escapou de lá?

Jack hesitou. Pensou que o melhor seria começar a correr e ficar um tempo escondido. Mas era só um garoto, não muito mais velho do que ele.

– Não – Jack respondeu, tentando manter a calma. – São só sapatos.

O adolescente observou Jack com atenção, enquanto tirava um cachimbo e um saco de tabaco do bolso do casaco.

– Nunca vi nada assim antes. Você é de Londres? – O garoto tinha o sotaque londrino de East End, o que conferia às suas palavras uma certa musicalidade.

– Não – Jack mentiu. – Só estou visitando a cidade.

– Precisa ter cuidado, vestido assim – avisou o menino, acendendo o cachimbo. – Pode encontrar uns encrenqueiros por aí. – Ele sorriu para Jack e começou a se afastar.

– Espere! – Jack disse, enfim, deixando de lado a cautela. – Estou procurando a Taverna do Enforcado.

O adolescente parou. Virou-se lentamente, analisando Jack mais uma vez.

– Você? – perguntou, espantado. – A Taverna do Enforcado?

– É.

O garoto riu.

– Não duraria cinco minutos lá.

– Eu sei me cuidar.

– Ah, claro!

– Você sabe ou não o caminho? – Jack insistiu, a frustração acumulando-se dentro dele.

– É por ali – disse o adolescente, apontando rua abaixo. – Vire a esquerda na Morte Lane, vai ver uma bifurcação. Não tem como errar.

– Ok, obrigado.

– Mas como está no meu caminho, posso te levar até lá. – O garoto tossiu, sufocado com a fumaça no ar da noite. – Provavelmente vai ser melhor, já que você parece um maluco e tudo mais.

O garoto tomou a dianteira, sorrindo em meio à fumaça do cachimbo.

– Você vem ou não?

Jack o seguiu com relutância.

– Mas, conte – disse o adolescente –, o que você quer na Taverna do Enforcado?

– Vou me encontrar com uma pessoa.

– Quem? Talvez eu conheça.

– David Vale.

Um sorriso impossivelmente largo se estampou no rosto do outro.

– Davey? Davey Vale? Você conhece esse sujeito?

– Não exatamente – Jack respondeu, imaginando se já não teria falado demais àquele estranho.

– Ele te deve dinheiro? Você vai, sabe... – O garoto imitou uma luta de boxe, pulando de um lado para o outro com agilidade enquanto simulava socos na direção de Jack.

– Não, não é nada disso – Jack explicou, se desviando dos punhos do garoto.

– É bom mesmo. Ele é bem durão, esse tal de Davey. Você não ia querer irritá-lo. Mas um coração de ouro. Faria qualquer coisa por um amigo. Um sujeito e tanto.

Os aviões bombardeiros tinham seguido em direção ao norte e ao oeste. Acima, o clarão de prédios incendiados iluminava as nuvens de fumaça e, ainda assim, uma tranquilidade inquietante caíra sobre a região.

Pararam em frente a um pequeno vão entre dois grandes armazéns. Uma placa inclinada, pendurada na parede de uma das construções, anunciava: "Beco da Morte". Mais adiante, o caminho se alargava e fazia uma curva sinuosa para a esquerda, contornando um longo prédio abandonado. À frente, a rua se dividia. Bem na bifurcação, como a proa de um robusto navio cruzando as águas, havia um *pub*.

– Aqui estamos nós: a *Taverna do Enforcado*. – O garoto fez um gesto largo indicando o prédio, como se fosse um apresentador de circo.

As paredes da Taverna do Enforcado havia tempos não estavam muito eretas; as vigas tortas se debruçavam perigosamente sobre a rua, levando com elas paredes e janelinhas.

– São dez xelins. – O menino estendeu a mão imunda para Jack, seu sorriso fixo nunca vacilando.

– O quê? – Jack perguntou com ceticismo.

– Dez xelins, por te trazer aqui. Quem sabe o que poderia ter acontecido com você se eu te deixasse lá atrás. Ok, me dá cinco e nos despedimos como amigos.

– Xelins? – Jack perguntou outra vez. Ele meteu a mão no bolso e tirou dali algumas moedas antes de notar que só tinha dinheiro do século XXI. – Não tenho dinheiro – murmurou.

– Eu sabia. Que raios me partam se eu não sabia!

– Você não disse que eu ia ter que pagar.

O garoto pareceu pensar a respeito, esfregando o queixo de forma teatral.

– É verdade, é verdade. E você usa sapatos estranhos, então eu deveria saber.

Ainda sorrindo, ele deu um passo à frente e colocou as duas mãos sobre os ombros de Jack, o cachimbo entre os dentes.

– Quer saber? Por que não entramos pelos fundos? Podemos resolver isso tomando uma bebida. – Ele exibiu outro sorriso largo e contagiante. Jack não pôde evitar sorrir de volta. – Qual é o seu nome mesmo?

– Jack Morrow.

O garoto pôs um braço ao redor dos ombros de Jack, guiando-o para os fundos da Taverna do Enforcado.

– Muito prazer, Jack. Meu nome é David, mas todos me chamam de Davey: Davey Vale.

4

A HISTÓRIA DE UM VIAJANTE NO TEMPO

– Você fez o quê? – perguntou Davey, sem acreditar. Ele estava sentado de frente para Jack, numa mesa discreta nos fundos da Taverna do Enforcado. Lâmpadas formavam poças de luz suave e enfumaçada sobre os fregueses amontoados e o burburinho que produziam. Não muito longe dali, um rádio zumbia um jazz preguiçoso, abafando o grito das sirenes lá fora, anunciando que o perigo passara e convidando boêmios aliviados a saírem dos seus abrigos.

Um longo balcão dividia a taverna; a parte da frente estava cheia de mesinhas redondas, onde Jack via homens que pareciam estivadores dos estaleiros próximos, junto a comerciantes oferecendo produtos do mercado negro aos que podiam pagar. Suas conversas em voz alta eram obscenas e repletas de gargalhadas de alívio.

Os fregueses do outro lado do bar – onde estavam Jack e Davey – eram bem diferentes. Alguns poderiam ser confundidos com mendigos, ou talvez marinheiros de além-mar, ancorados ali a caminho de um lugar mais exótico. Outros vestiam roupas muito melhores e pareciam completamente deslocados em East End. Numa mesa havia três homens trajando elegantes uniformes do exército, cada um com o emblema de um leão alado estampado no peito. Em outra, um homem magricela alisava seu crânio estranhamente alongado com dedos igualmente longos, enquanto lia uma revista em quadrinhos infantil. Mais adiante, uma bela mulher estava acompanhada de um velho que tinha, além de uma cicatriz horrível, um complicado mecanismo no lugar da mão esquerda.

E, no entanto, essas pessoas bizarras passavam despercebidas. Dois mundos separados por um balcão e alguns banquinhos de bar.

– Ei, seu alienado! – Davey sorriu. – Está me ouvindo? Como disse que chegou aqui?

– Eu viajei no tempo – Jack disse com hesitação.

Os olhos de Davey se estreitaram. Os dedos brincavam com o cachimbo de madeira, entornando o tabaco num cinzeiro e reabastecendo com um novo punhado.

– Viagem no tempo, hein? Está falando sério?

Jack encolheu os ombros, sentindo-se insignificante.

– E aqui está você, tão real quanto eu... – comentou o menino mais velho enquanto encaixava o cachimbo entre os dedos e o acendia com um fósforo. Baforadas de fumaça subiram em anéis, fazendo Jack tossir.

– Você sabe que isso faz mal, não sabe? – perguntou Jack, apontando o cachimbo e meio sem jeito com o próprio criticismo.

Davey riu por trás da fumaça.

– A *vida* faz mal, Jack! – Ele deu um trago, olhando para o outro atentamente. – Como você faz isso? Viaja no tempo?

– Foi *você* que me explicou! – disse Jack, esperando para ver a reação de Davey.

– Eu?

– Eu viajei por uma Necrovia. – Jack ouviu as palavras que saíam de sua boca mal acreditando nelas. Era tudo muito estranho, e ainda assim, ao ver a expressão no rosto de Davey, soube que o garoto mais velho acreditava em sua história. Jack balançou a cabeça e continuou. – Eu te encontrei, mas você já era velho e...

Davey interrompeu.

– Eu? Velho? Nem pensar! Jovem para sempre, esse sou eu! – Ele se inclinou para mais perto. – Com quantos anos?

– Não sei. Era bem velho. Estávamos em 2008.

Davey abafou uma risada de escárnio e conseguiu em resposta um olhar reprovador.

– Você, o seu eu mais velho, me disse para voltar para 1940 e te encontrar. Ele disse que você poderia me ajudar.

– Por que eu faria isso?

Jack hesitou. O adolescente na sua frente deveria ser seu avô, e ele tinha viajado no tempo até o mundo dele, mas o sujeito também era um estranho, um malandro oportunista. Ele precisava ter certeza de que podia confiar em Davey, mas ali não havia mais ninguém a quem pudesse recorrer.

– Não sei – disse Jack. – Pergunte a si mesmo.

Davey olhou para cima, em dúvida.

– Tudo isso parece um bocado improvável, não acha?

– Olha, o seu eu mais velho me enviou pra cá. Sei que parece maluquice, nem eu consigo acreditar – Jack disse com firmeza. – Esse tipo de coisa não devia acontecer, não é?

– Não com gente normal.

Jack franziu a testa.

– Como assim?

– Gente normal vai à igreja, à escola, ao trabalho. Gente normal lê jornal e ouve rádio. Dança, bebe, canta. Mas não viaja no tempo. Só os Viajantes podem fazer isso.

Os olhos de Jack se arregalaram.

– Foi o que o seu eu mais velho disse! Foi assim que ele me chamou. O que quer dizer?

– Viajantes viajam no tempo através das Necrovias, entende? Então você é de correnteza acima? Do futuro?

– Imagino que sim. Mas lá não é o futuro para mim; é o meu presente. Isso – Jack fez um gesto largo, indicando os arredores –, isso é História pra mim; é o passado.

Davey assentiu lentamente, como se tivesse compreendido algo novo.

– E o que eu devo fazer para te ajudar?

– Estávamos sendo perseguidos.

– Por quem?

– Homens Pó.

Davey pôs de lado o cachimbo, o sorriso se desvanecendo. Em voz baixa perguntou:

– O que você fez?

– Nada! – disse Jack. – Estavam atrás de você também.

O rosto de Davey adquiriu um tom verde pálido.

– Essas coisas não vão atrás de qualquer um! – Seu tom mudara. O desafio em sua voz não estava mais lá, fora substituído por uma apreensão inquietante. – Isso é muito sério, Jacky, meu camarada. O que aconteceu comigo?

– Não sei. Eu corri, como você disse para eu fazer. Você usou uma espécie de arma contra eles, mas não ajudou muito.

– Contra *eles*? – Davey arfou. – Quantos eram?

– Não tenho certeza. Pelo menos quatro.

– *Quatro*?! Você foi atacado por quatro Homens Pó? Como era essa arma?

– Era comprida e de metal. Não atirava balas, atirava rajadas de ar.

– Pelo visto uma cronocópia. É o que eu teria usado.

– Você usou – confirmou Jack, dando-se conta do absurdo que estava dizendo.

– E o que aconteceu?

– Já disse, eu corri. Encontrei uma lápide, como você me disse para fazer, e ela me trouxe até aqui.

– Então você é do Primeiro Mundo?

– O quê?

Davey encarou-o com descrença.

– Você não sabe mesmo?

– Não!

– Está vendo aquele balcão? Este lado é o Primeiro Mundo. O outro, o Segundo Mundo.

– Não estou entendendo – disse Jack com uma pontada de frustração.

– Quantas pessoas você conhece que podem viajar por Necrovias? Só Viajantes conseguem, e eles pertencem ao Primeiro Mundo. Eu, as outras pessoas aqui: todos somos do Primeiro Mundo. Você? – Ele examinou Jack com cuidado. – Talvez você estivesse no Segundo Mundo até agora, mas se viajou por uma Necrovia é definitivamente do Primeiro.

– Do que você está falando? – Jack disse com raiva. – Isso não faz o menor sentido!

Davey soltou uma gargalhada.

– É isso que eles querem no Primeiro Mundo. É como se fossem uma grande sociedade secreta, um mundo secreto escondido em todo lugar. É no Primeiro Mundo que está o poder de verdade, mas não ficamos espalhando isso por aí, por isso ele fica escondido.

– Estamos no Primeiro Mundo? – Jack perguntou, acenando com a cabeça em direção ao balcão.

– Aqui? Na Taverna do Enforcado? – Davey respondeu. – Bem, sim, imagino que sim. A Taverna é, por assim dizer, um dos lugares onde os mundos se encontram. Uma encruzilhada onde pode ocorrer um intercâmbio. O tipo de lugar desagradável que as famílias nobres vêm conhecer, por curiosidade, gentalha como você e eu. Entende o que eu digo? – Davey cutucou Jack, rindo.

Jack sorriu, incerto.

– Mas não é nada demais, na verdade – Davey prosseguiu. – É só um lugar, só um bar, mas servem uma cerveja decente. Você devia ir a Ealdwyc um dia desses, então vai entender o que estou dizendo. É a capital do Primeiro Mundo. Um lugar lindo, com subterrâneos e tudo mais. Aquilo é poder de verdade.

Jack notou que os dois lados do bar não se fundiam em momento algum.

– As pessoas de um mundo não veem as do outro?

Davey suspirou e riu um pouco.

– Claro que veem! Mas a maioria olha para o outro lado quando não entende o que vê. Elas nos deixam em paz, assim como a gente não se intromete na vida delas. Entendeu?

– Mais ou menos. Mas não vou ficar aqui – Jack disse com firmeza. – Este não é o meu lugar. Só quero ir pra casa.

– Você é um Viajante, Jacky, meu rapaz! Este é exatamente o seu lugar. – Davey apontou um dedo para o tampo da mesa, como que para reafirmar suas palavras, e Jack voltou a se encolher na cadeira, sozinho com seu medo. Davey mastigava a ponta do cachimbo. – Bem, eu fiz a coisa certa te mandando para mim mesmo – continuou. – Fico feliz em saber que ainda sou brilhante, mesmo velho. E, se você é mesmo um Viajante, e dos bons ao que parece, vai precisar de um Oficial.

– Um Oficial? Ele pode me levar pra casa? Pode deter os monstros?

Davey fez uma careta, zombando dos medos inquietantes de Jack.

– Já passou da sua hora de dormir, amiguinho?

– Ah, cale a boca... – Os olhos de Jack se estreitaram. Provavelmente podia com Davey, refletiu.

Os olhos frios do outro não piscaram.

– Eu ficaria feliz em brigar com você, se isso o fizesse se sentir melhor, mas não ajudaria em nada.

Jack desviou os olhos.

– Melhor assim – Davey sorriu. – O Oficial cuida dos Viajantes. Ele os treina, dá trabalhos a eles, esse tipo de coisa. Vai saber o que fazer com você. – Davey soltou a fumaça do cachimbo pela boca, lançando anéis de fumaça que circularam sobre a cabeça dos dois. – Ser Viajante é um bom jeito de ganhar a vida – ele continuou. – Sempre tem trabalho, a grana não é de se jogar fora... É perigoso, claro! A maioria acaba morta, ou pior que isso, antes dos 20 anos.

– Eu não quero um emprego – Jack disse bruscamente. – Só quero salvar a minha família.

Davey sorriu outra vez.

– Calminha aí, meu chapa, temos tempo de sobra. Vamos beber alguma coisa e depois ver o Oficial. – Ele acenou para a mulher corpulenta recostada a uma das extremidades do balcão.

Ela se aproximou da mesa e pousou dois copos de cerveja na mesa, derramando bebida e espuma na madeira.

– Obrigado, Betty – agradeceu Davey, com sarcasmo na voz.

Betty grunhiu, as sobrancelhas grossas unidas expressando desagrado, e voltou ao balcão.

– Nós podemos beber isso? – Jack perguntou, olhando com cautela para o copo cheio de uma bebida escura.

– Estamos no Primeiro Mundo! Todo mundo faz o que bem entende! Se pode pagar, pode beber. – Davey tomou um grande gole do seu copo e incentivou Jack a fazer o mesmo. Ele tomou um golinho. Sentiu o gosto amargo na boca e pousou novamente o copo na mesa.

– Eles têm Coca Diet?

– O quê? É cerveja ou uísque por aqui. E o uísque é aguado.

– Eu não tenho dinheiro – Jack disse. – Já falei pra você.

– Eu sei, mas isso logo vai mudar, se você for tão bom quanto diz. Estas aqui são por minha conta. – Davey indicou as bebidas diante deles. – Quando estiver trabalhando para o Oficial, você me paga.

– Eu já disse, não vou ficar aqui, e não vou trabalhar pra ninguém.

– Tudo bem. Pode resolver as coisas com os Homens Pó sozinho. – Davey sorriu e terminou a bebida, pontuando o gesto com um longo e intenso arroto. Apontou para a bebida de Jack. – Vai querer?

– Não – Jack respondeu, feliz por ter certeza de alguma coisa, não importando quão banal fosse. Davey pegou o copo e bebeu o conteúdo num único gole.

– Pode apostar – ele disse, baixinho –, você vai estar mais seguro com o Oficial. Ele pode te mostrar como usar seus talentos.

Jack suspirou pesadamente, sem focar os olhos em nada. Então se lembrou das palavras do avô no cemitério.

– Você sabe alguma coisa sobre uma rosa?

Davey engoliu uma risada.

– Do que você está falando agora?

– Você, o seu eu mais velho, em 2008, disse algo sobre uma rosa. Eu tenho que proteger a rosa.

– Do quê? Das lagartas? – Davey deu de ombros, desinteressado. – Não sei de nada sobre essa rosa.

– Talvez tenha algo a ver com os Homens Pó – Jack supôs, incerto. – Ou talvez com o lugar que o seu outro eu mencionou.

– Um lugar? Qual o nome?

– Runeland... – Jack disse, sem ter certeza se era esse o nome. – Runeland... Ou talvez Roudland.

O estrondo distante de uma explosão fez o bar estremecer. Jack olhou para Davey e notou que a cor tinha deixado seu rosto. O garoto abriu a boca, os lábios secos, e falou num sussurro débil.

– Poderia ser Rouland?

Jack pensou, ruminando a palavra.

– É, acho que sim. Lá você disse que os Homens Pó eram de Rouland.

Davey fechou os olhos e fez uma careta.

– Você sabe onde fica? – Jack perguntou.

Davey olhou além de Jack, um lampejo de tensão e nervosismo em seu rosto. Jack seguiu o olhar do outro: Betty andava em direção à mesa deles, arregaçando as mangas ao se aproximar.

Davey levantou-se com rapidez, um terror impaciente nos olhos.

– Eu sei *quem* é. Rouland não é um lugar. É um homem. Vamos, temos que encontrar o Oficial agora.

Antes que Jack pudesse dizer mais alguma coisa, Davey já tinha desaparecido porta afora. Jack ficou de pé num salto e correu atrás dele.

Ao chegar à porta, um copo pesado se estilhaçou na parede próxima à sua cabeça. Ele se virou e viu Betty avançando na direção dele, o braço poderoso pronto para arremessar outro copo.

– Duas cervejas! – Betty grunhiu, o rosto se contorcendo num sorriso furioso. – E pode pagar por esse copo quebrado e tudo mais.

– Davey! – Jack gritou, mas o menino mais velho já tinha desaparecido e Jack estava sozinho outra vez.

5

AS PALADINAS

A adega era um lugar frio, cheio de garrafas e velhos barris de cerveja. Suas paredes grossas mantinham o ar seco e fresco, apesar do mormaço de verão. Em meio ao amontoado de barris, estava Jack, costas arqueadas, nervoso. De algum lugar na taverna acima provinham risadas abafadas, que faziam vibrar as vigas de carvalho do teto. Ele ansiava por voltar à superfície, para qualquer lugar que não fosse tão sombrio.

À sua frente havia uma mesinha redonda, com uma das pernas raquíticas calçada com papel dobrado. A mesa estava repleta de recibos e contas a pagar, iluminados por um lampiãozinho a gás. Atrás da mesa estava sentado um homem rechonchudo, que analisava Jack como um fazendeiro examinaria uma vaca premiada à venda. Seu terno bem cortado um dia fora uma peça cara, mas seus dias de glória, assim como os do dono, estavam esquecidos havia muito tempo. Seu nome era Castilan e ele era o dono da Taverna do Enforcado. Como Jack não podia pagar as bebidas, Betty o arrastara até ali e o jogara aos pés do homenzinho.

Jack queria sair dali o mais rápido possível, mas o medo o deixava paralisado no lugar. Talvez ele pudesse dar um jeito, pagar a conta de alguma forma, pensava.

– Eu podia lavar pratos – sugeriu – ou varrer o chão ou algo assim... – Sua voz sumiu quando Castilan ergueu a mão atarracada à frente dele. O homem se inclinou para a frente, sob a luz do lampião, que lançou sombras sobre o seu rosto bochechudo.

– Conhece Vale? – indagou, sem disfarçar o desprezo que sentia pelo nome.

– Davey? Eu só o conheci uma hora atrás – Jack disse.

– De *onde* você o conhece?

– Não conheço!

– Não brinque comigo, rapaz – disse Castilan, impaciente. – E essas roupas... – Ele apontou um dedo para Jack. – De onde você é?

– De Londres, daqui mesmo – Jack respondeu, desajeitado, preferindo instintivamente esconder daquele estranho suas viagens no tempo. – Eu só quero ir para casa. Meu pai pode pagar as bebidas, se o senhor me deixar...

– Balelas! – Castilan bateu com o punho no tampo da mesinha. – Suas roupas, sua voz. Você não devia estar aqui.

Jack enrijeceu.

– O que devo fazer com você, hein? – Castilan reclinou-se na cadeira, o rosto mergulhando nas sombras.

– Por favor, só me deixe ir embora.

– Em que ano nasceu, garoto?

Jack não soube o que dizer.

– Mais balelas. – Castilan deu uma risada entediada. – Balelas! Na sua mente e por pouco na sua boca. Há uma dose de verdade, mas grande parte não é. Eu poderia passar um bom tempo na sua cabeça, Jack.

Essa era a segunda vez que um estranho adivinhava seu nome, e aquilo continuava sendo enervante.

– Como sabe quem eu sou?

– Sua mente é um livro aberto para um Manipulador, mesmo com os meus parcos talentos. Precisa aprender a proteger seus pensamentos.

– Você pode ler a minha mente?

– É isso que faz um Manipulador! Por acaso você é burro? Ah, minhas habilidades são bem modestas, sinto dizer, nem mereço esse título, mas posso captar alguns dos seus pensamentos. – Castilan fechou os olhos, se concentrando. – As emoções mais à flor da pele estão aí pra quem quiser ver. Você se sente perdido. Está longe de casa. Não é desta época. Um Viajante! Excelente! Está sendo caçado. Monstros? Sim! Homens Pó. Terríveis. E tem mais! Um aviso? Proteja... – Castilan abriu os olhos outra vez. – A Rosa? Rouland?

O ímpeto de fugir era avassalador. Jack relanceou os olhos para as escadas e para a portinhola lá no alto.

– A porta está destrancada, não vou te impedir. – Castilan sorriu.

Jack hesitou, então rapidamente andou até os degraus.

– É claro que você poderia sair daqui com os pensamentos ao alcance de qualquer Manipulador – Castilan acrescentou. – Mas eu poderia te ajudar, Jack, te ensinar a proteger a sua mente. Protegê-la de Rouland. Acredite, se Rouland está no seu encalço, você vai precisar de proteção.

Jack se reaproximou da mesa lentamente, e a luz do lampião tremulou, projetando sombras dançarinas no teto.

– O que... o que você quer?

– Eu? Não sou nada além de um humilde dono de taverna, negociante nas horas vagas. Posso ter alguma influência, alguns talentos secundários, mas nada mais do que isso. Talvez possamos fazer um acordo. Meu treinamento, minhas orientações; em troca você trabalha para mim.

– Que tipo de trabalho?

– Ah, nada perigoso, não sou um Oficial. Vou te tratar bem. Juntos, poderíamos... – Castilan ficou imóvel. O sorriu se desvaneceu e ele ergueu a cabeça em alerta. – Visitas – sussurrou.

Jack não tinha ouvido nada. Então, um instante depois, ouviu botas pesadas andando no bar, no andar de cima. A adega trepidava suavemente e poeira desprendia-se de uma das vigas de madeira.

– Estão procurando um menino.

– Eu? – Jack estremeceu.

– Não sei. Talvez.

O som de vozes alteradas veio de cima. O tinido de vidro se estilhaçando causou em Jack um sobressalto.

– O que devo fazer? – Os olhos do garoto imploravam por respostas. Castilan parecia tão confuso e amedrontado quanto Jack.

– Só há uma forma de entrar e sair desta adega. – Ele indicou as escadas com um gesto. – Estamos encurralados. – Ele inclinou a cabeça, como se ouvisse atentamente. – Estão em três. Vão descer aqui. – Rapidamente, ele tirou o casaco esfarrapado e o jogou para Jack. – Vista isso, rápido!

No momento em que Jack se enrolou no casaco vários números maior do que ele, a porta se abriu e três figuras altas e esguias começaram a descer os degraus precários. A respiração ficou presa na garganta enquanto ele tentava adivinhar quem eram aquelas mulheres sinistras. Estavam vestidas de modo idêntico, camadas sobrepostas de couro e uma armadura medieval muito justa no corpo. Sobre a armadura, cada uma vestia um manto ondulante, escuro e aveludado, da cor de sangue seco. Dos cintos pendiam longas espadas que retiniam contra a parede de pedra enquanto elas desciam, lançando fagulhas na escuridão. Cada uma usava um belo elmo de metal cuja viseira tinha o formato de uma cruz. A superfície antiga era tão lisa quanto gelo negro. Jack pensou ter visto uma inscrição sob a superfície, incrustada no metal, mas ela sumiu de vista quando as figuras se aproximaram.

– Paladinas – explicou Castilan, a palavra engasgando na garganta. Então, sem aviso, ele se levantou e lançou o braço na direção de Jack, dando um tapa certeiro numa das faces do garoto. – Menino idiota! – O golpe ardeu no rosto de Jack e o derrubou no chão. – Eu disse *duas* garrafas da safra de 21, e não quatro! Não sei por que ainda te deixo ficar aqui. Não passa de um inútil! – Castilan chutou Jack quando ele tentava se levantar. O garoto caiu outra vez no chão, sem fôlego, e olhou para cima, incrédulo; dúvida e confusão transparecendo em seus olhos.

As Paladinas assistiam a tudo, impassíveis.

Castilan tirou o cabelo arrepiado do rosto, ajeitou a camisa e sorriu para as mulheres.

– Sinto muito que tenha visto isso, Capitã De Vienne – desculpou-se Castilan, todo charmoso. – Minha irmã foi embora para Magog e deixou o filho retardado comigo! Ele deveria estar me ajudando, mas está é me custando uma fortuna!

A Paladina puxou uma fivela e a viseira se abriu com um silvo quase inaudível. Jack assistiu o elmo se partir ao meio, escondendo o pescoço da Paladina e revelando o rosto pálido de uma jovem. Ela sacudiu a linda cabeça, libertando os cabelos escuros presos num rabo de cavalo.

– Procuramos um menino – disse a Capitã, com um sotaque que Jack não soube identificar muito bem. Seria francês?

– Pode ficar com este. – Castilan sorriu, esfregando as mãos. – Está à venda. Esqueça o que eu disse antes, ele não é tão mau assim, se for disciplinado.

A capitã paladina olhou para Jack, deitado no chão.

– Esse garoto é seu?

– Meu sobrinho, Erasmo. Ele é bom em carregar coisas. – Castilan olhou para Jack. – Erasmo, levanta do chão, seu palerma!

Jack se levantou com cautela. Pelo que parecia, a mulher estava engolindo as mentiras de Castilan.

Castilan segurou Jack com força pelo queixo, forçando sua boca a se abrir.

– Os dentes são bons, está vendo? Pode parecer um pouco magricela, mas... – Ele se virou para a Capitã De Vienne. – Faça uma proposta. Eu me entendo com a minha irmã quando ela chegar.

A Paladina olhou para Jack.

– Não vamos comprar.

– Ah, vamos lá, Alda, tudo tem seu preço... – disse Castilan, a voz viscosa.

A Capitã De Vienne fechou a cara.

– Me chame de *Capitã*.

– Como quiser – Castilan respondeu com tranquilidade. – A propósito, para que precisa de um menino?

– Nosso mestre o procura.

– Para quê?

O coração de Jack trovejava no peito.

A Paladina encarou Castilan sem piscar.

– Você tem mais algum menino por aqui?

Castilan suspirou pesadamente.

– Não, só este. – Ele esfregou o queixo macio, como se procurando se recompor antes de fitar novamente o olhar gelado da Capitã De Vienne. – Quer esse aqui ou não quer?

A Capitã De Vienne se virou para estudar Jack.

– Não. Avise se qualquer estranho passar por aqui. Procuramos um menino de uns 12, 13 anos.

– Pode contar comigo – disse Castilan rapidamente. Ele balançou a cabeça e pegou duas garrafas de vinho tinto, entregando-as a Jack. – Certo; rapaz, dê isso aqui a Betty, e não derrube nada ou te mando pra Magog pelo correio. Em pedacinhos.

Jack pegou as garrafas e olhou com um olhar parvo para a Paladina. De alguma forma, nesse momento parecia que ele estava seguro.

– Vai logo! Os fregueses estão esperando! – Castilan gritou.

Jack começou a andar em direção às escadas. A Paladina deu um passo para o lado, para ele passar, então se virou para Castilan e disse:

– Se estiver nos ludibriando, vamos voltar.

Castilan assentiu e pegou uma garrafa de vinho de uma prateleira empoeirada.

– Tome, leve, com os meus cumprimentos. Um dos melhores. É um prazer, na verdade uma honra, receber a visita das Paladinas.

A Capitã De Vienne olhou para a garrafa com desdém.

– Não, obrigada. Nós não... bebemos.

Jack chegou ao topo da escada e por um breve instante hesitou, deixando a porta entreaberta para poder ouvir as Paladinas. Então, recobrando a razão, fechou a porta sem fazer barulho e levou as garrafas até o balcão. Betty ergueu os olhos, surpresa ao ver o garoto voltar sozinho do porão.

– O que está acontecendo? – ela perguntou.

Antes que Jack pudesse responder, a porta do porão se abriu e as três Paladinas saíram, os elmos novamente na cabeça. O burburinho do Primeiro Mundo se interrompeu, enquanto todos os olhos seguiam o trio até a porta da taverna.

Jack sentiu uma pancada forte na parte de trás da cabeça. Virou-se e viu Castilan, o rosto afogueado, de pé atrás dele. Ele agarrou Jack e puxou-o mais para perto.

– Uma boa pancada na cabeça. Essa é a melhor maneira de impedi-lo de pensar alto o bastante para que as pessoas possam ouvi-lo. Lembre-se disso, guri!

Jack assentiu imediatamente.

– Meu casaco! – Castilan exigiu. Jack tirou a peça de roupa e passou-a ao dono da taverna.

Castilan o tomou das mãos dele.

– Não sei o que você fez, mas deixou várias pessoas muito poderosas bem zangadas. Essa aventura é arriscada demais para mim. Não vale mais a pena. Eu quero você fora daqui, e não quero que volte mais.

– Ele ainda não pagou as bebidas! – Betty protestou.

– Ele já está indo embora – sibilou Castilan. – E diga ao seu amigo Davey que ele está proibido de pisar aqui outra vez.

Castilan empurrou Jack para fora e só então largou a camiseta do garoto. Jack se virou para a porta, sem saber para que lado ir.

– Obrigado – disse a Castilan.

– Vá embora. Corra até não aguentar mais. E não olhe para trás.

Jack assentiu e se afastou da taverna, o maxilar tenso enquanto espiava a rua. Nenhum sinal das três Paladinas. Mas a cidade era maior, mais desconhecida e assustadora agora que ele estava sozinho outra vez, e ele tremia enquanto corria pelo emaranhado de ruas. Não sabia para onde ir nem a quem procurar. Pensou em voltar ao cemitério e depois para casa, mas algo o impediu.

Não muito longe dali, a travessa fazia uma curva abrupta para a esquerda. Quando Jack passou por ela sentiu um par de mãos agarrá-lo e puxá-lo para a porta de uma loja. Ele caiu no chão, esfolando um ombro na porta. De pé ao lado dele estava uma figura esquálida, a silhueta delineada por um lampião de gás.

– Onde diabos você se meteu? – perguntou Davey.

6

TRAIÇÕES

Jack esfregou os olhos embaçados de sono. Ele não se sentia cansado, mas quando Davey insistiu para que tirassem um cochilo dentro de um armazém abandonado, sua frustração e sua impaciência rapidamente deram lugar a um sono profundo. Ele acordou por volta das seis da manhã, supôs, justamente quando a luz da aurora incidia sobre o Tâmisa, suas águas turvas batendo suavemente contra o cais.

Os incêndios estavam quase todos sob controle, mas negras colunas de fumaça marcavam os pontos onde lares tinham se transformado em esquifes. O céu estava cinza pálido, mas a mais persistente das estrelas ainda brilhava no céu. Jack nunca prestara muita atenção às aulas de História, matéria que sempre lhe parecera algo distante, sem graça e destituído de vida. No entanto, de alguma forma ali estava ele, mergulhado entre as páginas amareladas do passado. Seu coração batia mais rápido, enquanto ele observava os pilares de fumaça. Seus dentes estavam ásperos com o ar fuliginoso, e a cabeça doía onde Castilan o golpeara para distrair as Paladinas. A História estava longe de ser maçante, ele pensou.

O rio estava apinhado de barcos, mesmo àquela hora do dia. A maré estava prestes a virar, e a fileira de barcos rompia a superfície cristalina com suaves padrões de linhas cruzadas.

Jack estava cansado, tinha perdido a noção de quanto tempo ficara acordado, e seu relógio biológico sofria com a viagem no tempo; ainda assim, a visão irreal da cidade o espantou. A linha do horizonte, tão diferente da que ele conhecia, de alguma forma suprimia suas dúvidas remanescentes. Ele estava no passado, com seu avô adolescente.

Davey se sentou ao lado dele, comendo um sanduíche de bacon surrupiado de algum bar, aparentemente imperturbável com a cadeia de acontecimentos bizarros que reunira os dois garotos.

– Não quer mesmo uma mordida? – Ele estendeu o resto do sanduíche para Jack.

Jack balançou a cabeça com um despeito desafiador. Não queria dever favores a Davey agora. Seu estômago vazio roncou.

– Como quiser. – Davey deu uma grande mordida e o sanduíche desapareceu.

– Por que você me deixou lá atrás? – Jack tentou imprimir um tom casual à voz, mas sua raiva transpareceu.

Davey sorriu.

– Você vai ter que usar a cuca se quiser ganhar a vida aqui, Jack.

– Eu não quero ganhar a vida aqui, não é seguro. – Jack pensou em sua casa, no seu pai. O que o pai deveria achar que aconteceu com ele?

– Seguro? Claro que não é seguro! É por isso que é divertido. Quem quer uma vida segura? Você tem que parar de pensar como alguém do Segundo Mundo e viver um pouco antes que as Paladinas te peguem. – Davey estremeceu. – Você vai viver bem menos depois disso.

– Quem são as Paladinas? A polícia? – Jack perguntou.

– Não, exatamente. Estão mais para um exército particular de elite.

– De quem?

Davey jogou fora o saco de papel do sanduíche. A brisa fresca levantou-o e o fez voar até as águas do rio.

– Rouland. Elas trabalham para Rouland.

– Quem é ele? Ele pode ajudar?

– Rouland é um monte de coisas, mas nenhuma delas é boa.

– Como por exemplo?

– Ele acha que é algum tipo de cientista, mas nunca ninguém saiu vivo das experiências dele. Tudo o que você precisa saber é que ele é poderoso e tem as Paladinas na manga.

– Mas por que ele está atrás de mim?

– Eu não sei, cara. Quanto mais cedo você chegar ao Oficial melhor.

– Eu devia ir para casa.

– Não é seguro lá, é? Você quer enfrentar os Homens Pó?

– Quem são os Homens Pó?

– Coisas mortas – Davey disse com cautela. – Um eco deixado para trás pelos vivos. Um Manipulador, um dos bons, pode controlar esse eco e fazê-lo trabalhar para ele, entendeu?

– Não. – Jack suspirou. Havia muito a entender. – Não de verdade.

Davey fez uma careta.

– É muito simples! Eles são ódio, medo e raiva, nada mais. Não há nada vivo ali dentro. Você não pode falar com eles, não pode pedir misericórdia. Tudo o que pode fazer é correr, se esconder e esperar que não te matem.

– Mas eu não entendo como...

– Pare de falar como um maricas! – Davey interrompeu. – Se pelo menos me ouvir, você vai ficar bem. Eu vou cuidar de você, não vou?

– Cuidar de mim? – Jack zombou. – Você acabou de me deixar para trás!

– Levei a encrenca para longe de você, nada mais do que isso. Se estivéssemos juntos na Taverna do Enforcado quando as Paladinas apareceram, nós dois estaríamos fritos, não é verdade?

Jack hesitou, e então concordou com a cabeça, ainda em dúvida.

– Tudo bem, então – disse Davey. Seu sorriso não conseguia disfarçar a irritação na voz.

Jack fechou os olhos, tentando ver sentido nesse novo mundo de Paladinas, Homens Pó, Oficiais e Manipuladores. Ele tinha tantas perguntas, tantas dúvidas!

De repente, sua vida de antes pareceu sem graça e mundana, cheia de argumentos mesquinhos sobre coisas sem importância. No entanto, ele ansiava por voltar àquela existência insignificante, mas muito mais segura.

Mas Jack não era igual às outras pessoas, e sabia disso. Ele não sabia por quê, mas se sentia isolado das outras crianças. Até seus poucos amigos na escola pareciam distantes, pouco mais do que meros conhecidos. Sentia falta de um grupinho de amigos mais chegados, com quem pudesse compartilhar sua vida, o tipo de amizade que resiste ao tempo.

Havia algo definitivamente diferente com relação a Jack, algo anormal, estranho.

– Quando é que podemos ver esse Oficial?

Davey caminhou sobre as pedras rústicas até as águas ondulantes do rio.

– Agora mesmo. Só preciso mijar primeiro.

Jack examinou o horizonte mais uma vez. Ele não conseguia parar de pensar em como tudo era diferente da Londres que conhecia. A Catedral de São Paulo ainda estava no mesmo lugar e ele podia ver a torre do Big Ben rio abaixo, mas quase todo o resto era diferente. O Gherkin, o arranha-céu em forma de pepino; o Shard, o arranha-céu em forma de pirâmide; o complexo de edifícios comerciais Canary Wharf e as torres reluzentes do distrito de Docklands tinham desaparecido.

A cidade parecia mais humilde, baixa e esparramada.

– Eu aprendi sobre esta época, sobre a guerra – disse Jack.

Davey olhou em volta, interessado.

– Guerra? Você sabe sobre a guerra?

– Sei. A gente aprende na escola.

Não parecendo nada convencido, Davey se voltou para o rio.

– De que guerra estamos falando?

– Da Segunda Guerra Mundial. Você sabe, a Alemanha e Hitler, e todas essas coisas.

– Essa guerra não é minha, companheiro. – Davey abotoou as calças, enfiou pra dentro a camisa suja e espanou algumas migalhas do longo casaco. – Eu tenho as minhas próprias preocupações.

– O que poderia ser mais importante que isso? – Jack fez um gesto largo para os pontos de fumaça da cidade.

– Rouland. – Davey virou as costas para o rio e caminhou em direção às ruas cinzentas. Jack observou seu futuro avô, e então correu para alcançá-lo.

O Mercado de Peixe de Billingsgate era uma mistura de barulho e caos mesmo àquela hora do dia. O fedor de milhares de peixes impregnava tudo e se espalhava pelas ruas das redondezas. Jack nunca tinha visto um lugar tão vibrante e animado, nem mesmo em 2013. Os comerciantes das dezenas de barracas subiam até em bancos e mesas, anunciando aos brados seus preços para a multidão agitada. O barulho era ensurdecedor. Entre as barracas, os compradores faziam anotações e gritavam contraofertas, ora concordando e fechando negócio, ora seguindo adiante em busca de melhores ofertas. O linguajar grosseiro era quase tão rico e marcante quanto os odores que contaminavam as narinas de Jack. Ele riu ao perceber o jeito liberal e sem malícia com que era usado.

Caminharam em meio à multidão de cozinheiros e gerentes de restaurante. Aqui e ali homens bem-vestidos, mordomos das famílias mais abastadas, percorriam o mercado, tentando encontrar o melhor peixe para o jantar dos patrões.

Um peixeiro, um homem corpulento com um cigarro fumegante pendurado entre os lábios, jogou um imenso salmão por cima da cabeça de Jack. Um jovem não muito mais velho do que ele agarrou o peixe no ar e embrulhou-o com agilidade para um cliente.

– Para onde vamos? – Jack gritou acima do barulho.

– Não falta muito agora – respondeu Davey, levando Jack até uma porta azul isolada, longe do rebuliço. Ele bateu à porta e esperou.

Depois de quase um minuto, Jack não aguentou:

– Melhor tentar outra vez. Podem não ter ouvido.

– É preciso paciência – avisou Davey. – Eles ouviram.

Outro minuto se passou antes de Jack ouvir o clique alto de uma chave girando na fechadura e a porta se abrir. Uma lufada de ar passou por ele e então uma figura apareceu no vão escuro da porta. Era um homem alto e magro, vestido com uma camisa branca de colarinho alto, abotoada até o pescoço. Seu cabelo era longo, bem penteado e grisalho nas têmporas. Os olhos de Jack percorreram o rosto do homem e ele ofegou, soltando um grito instintivo.

O homem só tinha um olho. Um buraco negro marcava o lugar onde o olho direito deveria estar. O esquerdo parecia desproporcional, um enorme globo giratório branco que parecia querer saltar da cabeça. A pupila leitosa interrompeu sua varredura inquieta e se fixou em Jack. O homem grunhiu, as narinas peludas infladas como as de um cavalo, e Jack recuou, chocando-se com Davey.

– Calminha aí! – Davey sussurrou no ouvido de Jack. – Você vai deixar o sujeito com raiva.

O homem sorriu, revelando uma fileira de dentes afiados como navalhas. O esmalte amarelo tinha ranhuras irregulares, como se o tivessem lixado com uma ferramenta afiada. Sem dizer nada, ele fez um sinal com os dedos em garra, chamando-os para dentro.

Davey bateu a mão no peito de Jack.

– Relaxa, hein? É só o Harodon. Ele não vai te morder. – Davey acenou casualmente para o homem. – Tudo bem, Harodon? Muito ocupado hoje?

Harodon soltou um grunhido indecifrável.

– Bem, não posso ficar aqui parado o dia inteiro, chefia. – Davey suspirou. – Lugares pra ir, pessoas para alimentar...

Harodon sorriu a essa última observação, mostrando os dentes de tubarão, então deu passagem para deixá-los entrar. Davey empurrou Jack na direção de um corredor úmido, cheio de sinistras sombras alaranjadas.

Mais à frente, Harodon parou na porta de um elevador de serviço, abriu um portão de metal meio enferrujado e acenou para que entrassem. Em seguida estendeu a mão aberta para Jack.

– O que ele quer? – perguntou a Davey.

– Que você pague.

– Com o quê?

Os longos dedos de aranha se moveram com impaciência para Jack, e o olho esbugalhado do homem o encarou.

– Sinto muito – disse Jack, nervoso. – Não tenho dinheiro nenhum. – Ele olhou para dentro do bolso vazio, horrorizado e fascinado ao mesmo tempo.

Harodon apontou para os pés de Jack e resmungou novamente.

– Dá pra ele os sapatos – mandou Davey.

Jack olhou para os tênis brancos do século XXI.

– Mas foi meu pai que me deu! – Lembrou-se do desamparo entorpecido que ele sentiu quando Blaydon tomou seu celular. Agora aquilo parecia ter acontecido há muitos anos.

– Anda logo!

A estranha figura grunhiu com hostilidade, os dentes parecendo crescer na boca escancarada. De má vontade, Jack desamarrou os tênis e os entregou, com as mãos trêmulas, para Harodon. O homem os pegou com avidez, e seus dedos acariciaram as solas de borracha. Então ele se foi, deixando que Jack e Davey fechassem a porta do elevador. O elevador vibrou ao subir.

– Meus pés estão congelando... – reclamou Jack.

– Shhhh – Davey respondeu.

O elevador deu um solavanco, ao fazer uma parada abrupta. Davey se equilibrou rapidamente e abriu a porta de metal. Em frente havia uma única porta. Davey bateu e entrou.

Eles entraram num escritório compacto, repleto de uma surpreendente variedade de antiguidades e objetos de coleção. Um grande sofá restaurado de três lugares estava encostado contra uma das paredes. Ao lado, havia uma mesa de carvalho grande, com seis cadeiras de espaldar alto empilhadas numa pirâmide frágil, que parecia balançar ameaçadoramente na direção de Jack. Um grande lustre dominava um dos cantos do cômodo, seus penduricalhos lembrando enfeites natalinos. Em todos os lugares, enormes pinturas emolduradas apoiavam-se umas nas outras em fileiras, como um dominó gigantesco esperando para ser derrubado e fazendo Jack se sentir nervoso e claustrofóbico.

No centro do cômodo, um homem lia um jornal aberto sobre um cavalete. Ele devia ter menos de 30 anos, mas seu rosto moreno e cheio de cicatrizes denunciava um passado violento. Usava uma camisa de botão, com as mangas arregaçadas, e um colete marrom. O homem olhou para Davey, o rosto impassível e sem expressão.

De repente, havia uma grande arma na mão dele – Jack não o vira pegá-la. Ele apontou para Davey.

– É melhor que esteja com o dinheiro, Davey, meu velho. – Sua pronúncia era sofisticada, apenas com um leve vestígio de sua origem caribenha.

Davey levantou as mãos.

– Calminha aí, Titus, eu trouxe algo melhor do que isso.

– Não dá pra confiar em você. – Os olhos de Titus voaram para o estranho em seu escritório. – Quem é esse aí?

– É Jack. Ele tem o dom, é um Viajante.

Titus riu.

– A mesma ladainha de sempre. Você me disse que *você* tinha o dom. Levou o meu dinheiro e aceitou um trabalho que não tinha nenhuma competência para fazer. Se você tem de fato um dom é o poder da persuasão. Devo ter perdido o juízo para ficar aqui ouvindo essa sua conversa fiada. Por que eu te confiei um trabalho importante eu nunca vou saber.

Jack perdeu as esperanças. Para onde quer que se virasse, se metia na confusão que era a vida de Davey. Sentiu um impulso irresistível de fugir dali, mas o medo e a incerteza o mantiveram no lugar.

Titus abriu um sorriso frio e seu dedo se posicionou sobre o gatilho.

– Titus – falou Davey. – Jack é um Viajante, tenho certeza. Minha comissão por trazer o garoto vai zerar as minhas dívidas com você.

– Eu já tenho Viajantes, Davey.

– Mas não muitos. Você sabe como eles são raros. – Davey de repente sorriu, aparentemente alheio à arma apontada para ele. – Mas, se não quer o garoto, talvez seja melhor a gente procurar um dos seus concorrentes. Tenho certeza de que Aitken ficaria com o Jack aqui num piscar de olhos. Sempre admirei o velho Aitken: um Oficial de primeira.

Titus pensou um pouco, estreitando os olhos.

– Eu mato vocês dois primeiro.

– É... ele está sempre no seu caminho, o velho Aitken, não é mesmo? Mas você não quer uma guerra de territórios, quer? O que você quer é sangue novo, como o nosso Jack aqui. E ele é diferente, Titus. Ele é de *correnteza acima*. Do futuro. Mais de 70 anos à frente, pelas minhas contas.

– Impossível! – Titus zombou, mas Jack ficou aliviado ao ver o cano da arma se abaixando ligeiramente. – Ninguém pode ir tão longe.

– Estou dizendo, ele pode.

Titus considerou a possibilidade por um instante, então colocou a arma com cuidado sobre o cavalete na frente dele.

– Ele pode viajar para o futuro?

– É o que eu acho, sim.

Titus coçou o queixo, com um leve sorriso calculista surgindo em seus lábios.

Jack tentou absorver o que eles estavam dizendo. Ele nunca se considera alguém especial, mas Davey parecia achar que ele era. Especial o suficiente para ser negociado como uma mercadoria. Ele olhou para Davey sem poder acreditar.

– Você está me vendendo?! – sussurrou, horrorizado.

Davey encolheu os ombros como se quisesse se desculpar e se afastou.

– Você, rapaz – Titus disse em voz alta. – Sabe quem eu sou?

– O Oficial? – A voz de Jack soou baixa e frágil.

– Sabe o que significa isso?

– Não.

– Significa que, se você realmente tem o dom, se realmente é um Viajante, então trabalha pra mim. Todos os Viajantes trabalham para um Oficial.

– O... que os Viajantes fazem? – Jack perguntou, hesitante.

– Eles recuperam coisas: objetos perdidos, artefatos raros, mas a informação é o bem mais precioso que eles negociam. Você ficaria espantado se soubesse quanto pagam por informações perdidas no tempo. Todos os trabalhos passam por mim, então eu os repasso para os meus garotos, dependendo de suas habilidades individuais. Eu faço as ofertas, recolho o dinheiro, garanto que tudo esteja em ordem. Meus garotos são bem alimentados, bem cuidados, saudáveis.

– Eu não quero dinheiro. Quero ir pra casa, e quero aqueles monstros longe de mim!

Titus imediatamente ficou desconfiado. Seu dedo traçando os contornos da arma na frente dele.

– Monstros?

Davey deu um passo à frente, os olhos oscilando entre Titus e Jack.

– São só pesadelos, Titus, nada mais. Ossos do ofício.

A fúria de Jack irrompeu dentro dele. Ele empurrou Davey para longe com uma força inesperada. O rapaz ficou ali olhando para ele, de olhos arregalados, então recuou.

– Eram Homens Pó – Jack anunciou ao Oficial.

Titus estremeceu involuntariamente à menção das criaturas.

– Homens Pó – Jack repetiu. – Quatro. Eles me atacaram em 2008. – Jack hesitou, sem saber se deveria revelar o papel do velho David em tudo aquilo. – Tentaram me matar. Então eu peguei uma Necrovia até aqui.

– Viu? Ele é de correnteza acima – disse Davey, nervoso.

Titus, com os olhos arregalados de fascínio, saiu de trás de seus tesouros.

– Então, você confirma. Se você é o que dizem que é...

– Ele é! – disse Davey.

Titus ignorou Davey.

– Mas nenhum dos meus Viajantes vem de um tempo maior do que um ou dois anos correnteza acima, Jack. O que você diz é quase bom demais para ser verdade. E, no entanto, você tem jeito de ser honesto. Acho que eu saberia se você estivesse mentindo para mim. Você inspira credibilidade, com certeza mais do que o seu amigo aqui.

– Ele não é meu amigo! – exclamou Jack, olhando para Davey e se perguntando se Titus podia ler sua mente como Castilan.

– Ah, melhor ainda! – Titus esfregou as mãos, os grandes dentes expostos. – Dois jovens amigos, um traindo o outro. Eu pensei que hoje o dia seria maçante, mas vejo que não será nem um pouco. E se você realmente está sendo perseguido pelos Homens Pó, eles devem querer alguma coisa de você. Algo que você tenha encontrado, talvez?

– Eu não encontrei nada – disse Jack.

– Não, ainda não, pelo menos. Mas a nossa linha de trabalho costuma ser um tanto não linear. O efeito precede a causa, se você me entende. Você, obviamente, fez ou vai fazer algo que despertou o interesse de algumas pessoas poderosas.

– Ele mencionou uma rosa – Davey deixou escapar no desespero.

Jack fez uma careta para Davey.

– Uma rosa, você disse? – Os olhos do Oficial se arregalaram.

Houve um longo silêncio, enquanto Titus digeria a informação.

– Esperem aqui. – Titus empurrou Davey ao passar e saiu da sala. O clique sutil de uma chave girando na fechadura causou um arrepio em Jack.

– Isso não é nada bom – Davey murmurou para si mesmo.

– Você me vendeu! – Jack gritou.

– Eu não tive escolha!

– A gente não entrega os amigos!

– Cresça, Jack! Isso aqui não é uma escola. É a vida real. – Davey forçou a porta trancada. – E eu acho que o Titus acaba de vender *nós dois*.

7

RETRATO DE FAMÍLIA

Davey escalou as pilhas de antiguidades, reduzindo o valor de cada uma delas cada vez que colocava o pé no lugar errado.

– O que está fazendo? – perguntou Jack.

– Procurando outra saída.

– Só tem uma maneira de sair daqui, e você conseguiu bloqueá-la.

– Pelo menos estou fazendo alguma coisa! – Davey empurrou uma fileira de fotos emolduradas contra a parede, então ficou andando de um lado para o outro, como um animal encurralado, um espelho do seu eu mais velho.

Jack observou-o com uma repulsa evidente.

– Como você pôde simplesmente me vender daquele jeito?

– Pare de choramingar como um bebê! – Davey puxou a maçaneta pela sexta vez. – Você viu como o Oficial reagiu quando eu mencionei a rosa. Ele está lá fora tentando nos vender.

– Assim como você! – Jack disse, com raiva. – E ele sabe o que é, não sabe? Sabe o que é essa coisa da rosa.

– É, eu acho que sabe.

– Mas a gente não sabe! – Jack gritou. – Embora tenha sido você no futuro que me contou sobre ela!

– Eu não sou aquele velho! – contra-atacou Davey.

– Não, você não é. Pelo menos ele tentou ajudar. Eu confiei em você, Davey!

– Bem, quem manda ser burro?! – grunhiu Davey. – São só negócios, nada mais do que isso. Eu devo uma grana pro Titus, e ele ia me matar se eu não pagasse. Então você vira tudo de ponta-cabeça, fazendo o maior estardalhaço com aquela história do futuro, e a minha chance de ganhar um troco vai para o espaço. Quem é o culpado aqui? Ninguém nunca me fez nenhum favor, ninguém vai cuidar de mim, vai? Então eu tenho que me cuidar. E não finja que se importa comigo. Você não é diferente de ninguém. Se a coisa esquentasse você faria o mesmo. Não vai querer me enganar dizendo que se importa. – Davey tirou o cachimbo do bolso e mordeu a extremidade.

– Eu me importo, sim! – respondeu Jack.

– Ah, é? – perguntou Davey, acusador. – Por que se importaria comigo?

A mão de Jack voou para o cachimbo de Davey, arrancando-o da boca do rapaz.

– Porque família significa muito pra mim. Porque eu sou o seu neto, e você é meu avô, seu idiota!

Davey, pela primeira vez, pareceu não saber o que dizer.

– Você é a única pessoa aqui em quem eu podia confiar – continuou Jack, com a voz tremendo de raiva. A traição de Davey tinha trazido seus medos à tona. Seu pai, perdido em algum lugar no futuro, estava abandonando Jack. A mãe tinha feito o mesmo. Agora ele tinha caído na besteira de confiar em Davey, e tinha pago um preço alto por acreditar ingenuamente num estranho. Ele se sentia usado. Seus punhos golpearam o peito de Davey, num ritmo de quem se sente derrotado.

– Você é a *única pessoa* que deveria estar do meu lado! Mas não está! Você me vendeu para salvar a própria pele! Isso não se faz com alguém da família!

– Eu... eu não sabia... – Os olhos de Davey eram como uma barragem contendo a torrente de uma vida inteira de dor. Jack viu a atitude, a petulância, o ar de desafio do outro se desvanecerem, deixando à mostra o garoto solitário e assustado que havia abaixo da superfície. – Eu não sabia – Davey repetiu.

– Você não tem família, Davey? – Jack sondou com cautela.

Davey hesitou.

– Eu... não, não tenho mais.

Ele estava prestes a dizer mais alguma coisa quando a fechadura fez um clique e a porta se abriu. Titus entrou no cômodo.

– Cavalheiros – ele disse, o tom gentil quase ocultando a apreensão que sentia. – Acho que podemos fazer negócio.

– Que tipo de negócio? – perguntou Davey.

– Eu entrei em contato com um associado; ele estará aqui em breve. Vai poder ajudar o Viajante aqui, e a sua dívida será perdoada.

– Em troca de quê?

– Informações, nada mais. Ele gostaria de saber sobre a Rosa.

– Quem é essa?

– Ele logo vai chegar. E se apresentará a vocês.

– Rouland – Davey constatou com amargura. Jack tremeu à menção daquele nome. Reparou que estava ao lado do cavalete do Oficial, com o jornal aberto sobre ele. Foi quando viu a pistola. Sem pensar, agarrou a arma e lançou-a pelo ar na direção de Davey, chamando-o ao mesmo tempo. Davey virou-se e, num movimento ágil, pegou a arma com uma mão, levantou-a e apontou o cano para a cabeça do Oficial.

– Acho que já estamos de partida – disse Davey, o sorriso que era sua assinatura voltando triunfante.

Titus sorriu de volta.

– Não está carregada.

Davey encarou a arma.

– Eu não planejava disparar-la.

Uma expressão confusa brilhou no rosto do Oficial quando Davey o empurrou para trás com força. Titus caiu sobre uma grande tela, rasgou sua superfície pintada e ficou entalado dentro da moldura. Davey puxou o lenço do Oficial do bolso e enfiou-o em sua boca, que protestava.

– Foi um prazer fazer negócio com você! – zombou Davey. Ele abriu a porta e olhou para Jack. – Vamos!

Jack se manteve firme.

– Primeiro eu quero os seus sapatos.

– O quê?

Jack apontou para os pés descalços.

– Não temos tempo para isso! – contestou Davey, apontando para Titus, contorcendo-se para se soltar da moldura.

– Então, vá sozinho! – Jack riu com raiva.

Davey tirou os sapatos, praguejando para si mesmo, e jogou o par para Jack.

– Pronto, está feliz agora?

Jack rapidamente calçou os sapatos de Davey. Eles eram grandes demais para ele, mas isso não importava. Jack tinha conseguido a sua vitória.

Lá fora, o céu cinza pálido insinuava o sol do início da manhã, sua luz outonal ainda escondida atrás dos edifícios em ruínas.

Jack e Davey percorreram as ruas cobertas de entulho, longe do barulho do Mercado de Billingsgate e longe do Oficial.

– Podemos ir mais devagar? – Jack perguntou sem fôlego.

– Não – disse Davey.

– E agora? Para onde estamos indo?

Davey não respondeu. A falta de sapatos não parecia incomodá-lo. Jack se esforçava para acompanhar Davey enquanto o garoto saltava sobre as ardósias dos telhados caídos, os tijolos e as vigas de madeiras.

Eles se aproximaram de uma estação de metrô. Davey desceu os degraus correndo, na direção de um corredor empoeirado com o aroma penetrante de madeira nova misturada com tabaco de cachimbo. Não se parecia com nenhuma estação de metrô com que Jack estivesse habituado. Não havia catracas automáticas que se abriam quando se introduzia um bilhete. Em vez disso, uma fila de máquinas de bilhetes e um fatigado inspetor de passagens eram tudo o que havia entre eles e a plataforma. Cartazes sobre a guerra passavam num borrão pelo canto do olho de Jack: "O QUE FAZER DURANTE ATAQUES AÉREOS", "ABRIGOS POR AQUI", "A SUA VIAGEM DE METRÔ É MESMO NECESSÁRIA?". Os dois garotos se esquivaram do inspetor, que fingiu uma irritação momentânea, e correram em direção às plataformas. O peito de Jack doía, agulhas vermelhas espetadas em seus pulmões, mas de alguma forma ele conseguiu ficar nos calcanhares de Davey.

Desceram correndo por uma das escadas rolantes de madeira, empurrando trabalhadores cansados ao passar, ignorando seus gritos indignados. No piso inferior, com a plataforma à frente deles, Davey finalmente desacelerou até avançar no ritmo de uma caminhada rápida.

A plataforma estreita estava apinhada de gente. Alguns iam para o trabalho: faxineiros, operários, comerciantes, todos tentando se apegar a algum senso de rotina. Outros pareciam ter ficado ali a noite toda, abrigados das bombas que caíam lá fora. As famílias se amontoaram para confortar uns aos outros, algumas com crianças pequenas. Um jovem casal de namorados flertava e ria, para o aborrecimento dos que estavam em volta. Aqui e acolá havia homens de idade solitários, de rosto avermelhado e bafo de uísque. Jack seguiu Davey enquanto atravessavam a multidão caótica.

– O que é aquilo? – perguntou Jack, apontando para as pequenas caixas que a maioria dos passageiros transportava nos ombros.

– Máscaras de gás. Para quando as bombas vierem. Esta é a sétima noite consecutiva – disse Davey, o rosto grave.

– Os alemães?

Davey assentiu com a cabeça e pegou um maço de cigarros. Ofereceu-o a Jack.

– Não, obrigado.

– É como se todo mundo tivesse enlouquecido. Estão todos correndo para se alistar. Eu estou correndo para o lado oposto. – Davey acendeu o cigarro, a mão tremendo um pouco, e jogou o fósforo longe. Então deu uma longa tragada e soprou a grossa fumaça cinza enquanto se acocorava contra a parede.

– Por que estamos aqui embaixo no metrô? – Jack perguntou, se agachando ao lado dele.

– Precisamos ficar longe do Oficial. E precisamos de tempo para pensar. – A voz de Davey era agora um sussurro quase inaudível, os olhos dardejando em todas as direções. – Aposto que o Oficial enviou uma mensagem para Rouland, sobre você e aquela rosa. Então, as Paladinas, elas vão...

– As Paladinas vão vir atrás de nós! – Jack se lembrou dos olhos penetrantes da capitã, na adega de Castilan, e estremeceu.

Davey assentiu tristemente. Terminou o cigarro e jogou-o sobre os trilhos; sua brasa brilhou desafiadoramente, em seguida desapareceu na escuridão.

– Mas elas não vão achar a gente aqui embaixo, vão? – sussurrou Jack.

– Não, se fugirmos rápido, mas, se nos viram, se nos seguiram...

Em algum lugar um velho tossiu violentamente, a tosse catarrenta ecoando ao longo das paredes curvas de azulejos. Davey olhou para checar a origem do barulho e um movimento chamou sua atenção. No final da plataforma, havia três figuras camufladas. Elas avançavam em direção a eles com uma graciosidade traiçoeira, passando pelas massas perplexas. Uma garotinha avistou-as e gritou de susto, puxando a mão do pai.

O homem, ignorando o perigo que se aproximava, silenciou os protestos da filha. Mas Jack e Davey podiam vê-las se aproximando.

– Vem, vamos dar o fora daqui. – Davey puxou Jack pelo braço, num aperto desconfortável, e recuou ainda mais ao longo da plataforma. As pessoas estalavam a língua e reclamavam quando os dois forçavam passagem pela multidão; algumas chegavam a bloquear o caminho. Mas nada iria atrasar o progresso de Davey até ele começar abruptamente a correr pela plataforma. Ele soltou o braço de Jack e saltou para os trilhos.

Jack hesitou.

– Por aqui! – Davey gritou. – Agora.

Vozes se elevaram sobre a plataforma quando as pessoas começaram a se perguntar a razão do tumulto. Alguém gritou atrás deles e o apito de um policial soou. Jack olhou para trás, bem a tempo de ver as três figuras irromperem de suas vestes escuras. A armadura antiga brilhava sob a luz fraca do metrô e o perfil suave de seus elmos era inconfundível: as Paladinas os localizaram!

Jack pulou para os trilhos. Da plataforma acima, ouviu suspiros e gritos, num coro de vozes gritando para eles.

– Moleques idiotas!

– Onde pensam que vão?

– Vão morrer!

– Merecem um bom castigo!

Jack deixou as vozes para trás e seguiu Davey enquanto ele desaparecia na escuridão sombria do túnel do metrô. Como corvos mortíferos, o grupo de Paladinas lançou-se sobre os trilhos atrás deles.

Jack ofegou, um medo instintivo se retorcendo em suas entranhas. Seu pé ficou preso num dos dormentes e ele caiu de cara no chão. Davey parou, os olhos desviando-se de Jack para a ameaça que se aproximava. O rapaz deu um passo incerto para longe dele e na direção do túnel. Então, para surpresa de Jack, correu de volta e se curvou sobre os seus pés.

Jack correu direto para a escuridão. À sua frente estava a forma indistinta de Davey, guiando-o para diante, num ritmo enlouquecido. Atrás dele, ouvia os passos apressados das Paladinas, chegando cada vez mais perto. Apesar do medo, ele olhou por cima do ombro. As Paladinas estavam quase os alcançando! Ele gritou e tropeçou em Davey novamente, dessa vez arrastando ambos para o chão.

A Capitã – Jack a reconheceu no momento em que seu elmo se abriu – puxou a espada e girou-a ao lado do corpo. As outras duas seguiram seu exemplo e assumiram posturas ameaçadoras, com as espadas em riste.

– O que vamos fazer? – Jack gritou para Davey.

O rosto de Davey era uma máscara de pavor e indecisão. Não tinham saída. Davey havia falhado com ele e Jack estava sozinho mais uma vez; não podia confiar em mais ninguém a não ser em si mesmo. Nesse mesmo instante, Jack viu uma luz branca ao longe ficando cada vez mais forte sobre a parede de tijolos atrás das Paladinas.

Levantou-se para enfrentá-las, com os punhos cerrados e trêmulos. Abriu a boca para gritar, mas sua voz soou fraca e hesitante.

– Eu não... Eu não tenho medo de vocês!

A Capitã De Vienne parou por um instante, o reconhecimento estampado no rosto.

– Você! – ela exclamou. – O menino da taverna!

Ouviu-se um estrondo, como um trovão numa tempestade de verão. Quase sem pensar, Jack agarrou Davey e puxou-o para longe dos trilhos. Eles colidiram com a parede de tijolos e se encolheram contra um recuo raso na parede do túnel, enquanto a Capitã De Vienne se virava para descobrir a origem do rugido ensurdecedor que se aproximava. No mesmo instante, a luz branca iluminou o túnel e um trem apareceu na curva, atingindo as Paladinas com toda a força, seus corpos destruídos sendo arrastados sob suas rodas, ao longo dos trilhos. O freio do trem guinchou e uma cascata de faíscas saiu de suas rodas enquanto ele tentava parar. O vagão da frente se ergueu dos trilhos e descarrilou. Jack ouviu gritos dentro do vagão, quando ele tombou de lado. O trem desacelerou, produzindo um ruído de metal contra metal, e finalmente parou, em meio a uma nuvem de fumaça.

Havia três corpos estraçalhados sobre os trilhos, imóveis, em silêncio. Jack sentiu o estômago embrulhar com o que viu.

De repente, um braço fraturado se levantou no ar. Com um estalo repugnante o braço se endireitou, os dedos se contraindo.

– Uma delas está viva! – Jack ofegou, observando com um fascínio mórbido.

– Não – disse Davey, finalmente encontrando a voz. – Elas estão todas mortas. Estão mortas há muito tempo. Vamos.

Os dois garotos correram de volta pelo túnel, em direção à estação. Uma multidão abarrotava a plataforma, atraída pelo tumulto. Jack e Davey correram, passando por homens gritando, crianças chorando e mulheres aterrorizadas, até a escada rolante para a superfície.

Eles estavam muito longe para ouvir o rangido das armaduras enquanto as Paladinas se recompunham, um osso destroçado de cada vez.

8

A FONTE DE ANTEROS

Jack detestava correr. Correr na escola tudo bem, a estatura fazia dele um atleta nato na corrida com obstáculos. Mas corridas de longa distância não eram seu forte. Faziam o seu peito chiar. Bile e saliva enchiam a sua garganta. Suas pernas tremiam e ameaçavam ceder sob seu peso. Jack e a corrida eram duas coisas que simplesmente não se misturavam, de modo que a meia hora que passou correndo atrás de Davey, entrando e saindo de becos e vielas, foi particularmente dolorosa. Mas ele não se atreveu a parar.

De vez em quando o rio aparecia à sua esquerda, uma vista recortada entre os edifícios, mas Jack se sentia muito mal para prestar atenção. Os ataques aéreos já haviam terminado fazia horas, mas uma atmosfera de pânico ainda reinava sobre Londres; as buzinas dos carros e as sirenes dos bombeiros, das ambulâncias e dos veículos militares ecoavam por sobre os telhados.

Subitamente a viela desembocou numa rua mais larga. Jack a reconheceu instantaneamente, mesmo sem seus inúmeros anúncios em neon.

– Piccadilly Circus! – disse para si mesmo.

A maioria dos edifícios continuava igual, mas a famosa fonte e a estátua de Eros estavam no centro de uma grande rotatória. O tráfego da manhã de sábado seguia ininterrupto, como uma infindável esteira transportadora, e a população cansada da guerra em geral seguia para o trabalho encapsulada no seu casulo de torpor, embora alguns transeuntes lançassem um olhar zombeteiro para as roupas incomuns de Jack, fazendo-o ansiar pela chance de trocá-las por algo mais apropriado para a época.

Davey e Jack ziguezaguearam em meio aos veículos, ignorando as buzinas, até o centro da rotatória e da fonte. Jack imediatamente pegou um punhado de água fria para acalmar a garganta irritada.

– O que estamos fazendo aqui? – perguntou, sem esperar resposta.

– As Paladinas estão vindo atrás de nós, não estão? Precisamos sair de cena. – Davey caminhou ao redor da fonte, inspecionando a estrutura.

– O que são aquelas Paladinas? Como conseguiram sobreviver depois de serem atropeladas por um trem? – perguntou Jack.

– Existem doze delas. São a versão feminina, e fantasmagórica, de cavaleiros medievais; alguns as chamam de As Finadas, com centenas de anos de idade, trazidas de volta à vida... por Rouland. Elas trabalham para ele. Ninguém pode detê-las, ninguém pode matá-las e, se elas nos encontrarem, estamos mortos. Então, precisamos ir ainda mais para o fundo – disse Davey, acenando para a fonte.

– Mais para o fundo? Mas acabamos de sair do metrô.

– E as Paladinas nos encontraram. Então, estamos indo mais para o fundo ainda. Estamos deixando para trás a Segunda Guerra Mundial. Estamos entrando no Primeiro Mundo. Com sorte não vai ser tão fácil nos rastrear em meio aos outros Primeiros Mundistas.

Jack olhou em dúvida para Davey.

– Com sorte?

Davey deu de ombros.

– É o melhor que posso oferecer agora. – Ele puxou uma moeda do bolso. Ela brilhou ao sol da manhã, a superfície dourada gravada com uma imagem de um leão alado. Ele jogou no ar a moeda e ela caiu na fonte, espirrando um pouco de água.

– Certo, aí vamos nós! – disse Davey, ao mesmo tempo que pisava na borda da fonte. A água pareceu tremular e um fulgor etéreo ondulou sobre a sua superfície. Davey saltou para a fonte, caiu em suas águas rasas... e desapareceu completamente!

Chocado, Jack olhou em volta, esperando que a visão incomum atraísse a atenção dos passantes, normalmente alheios. Ele se perguntou quantas coisas impossíveis podiam passar despercebidas neste mundo. Subiu na borda e olhou para a água. Ele podia ver o fundo da fonte clara. A água não tinha mais do que meio metro de profundidade, mas não havia nenhum sinal de Davey. E se o garoto o tivesse abandonado novamente?

Jack olhou em volta para a cidade, para os carros que passavam por seus arcos ao redor do chafariz; ele era alguém anônimo e ignorado no coração da capital.

O desejo de voltar para casa fora suplantado pelo espanto diante do passado, pelo terror de ser perseguido. Sua mente era um nevoeiro de dúvidas, mas uma ideia vinha crescendo em algum lugar lá no fundo, uma ideia tão inebriante e sedutora que ele mal ousava pensar nela. Se podia viajar através das Necrovias, se ele realmente podia viver no passado, então talvez, apenas talvez, pudesse voltar a 2008, a uma época em que sua mãe ainda estivesse viva. Talvez, pensou ele, ele pudesse ver a mãe novamente. Ele balançou a cabeça. A ideia era ao mesmo tempo perturbadora e empolgante. E, no entanto, ele suspeitava que, seguindo Davey, confiando em seu avô pouco confiável, surfando nessa onda perigosa de aventura, ele poderia concretizar esse desejo proibido.

Jack afastou a ideia da sua mente e olhou para trás, para a água cintilante, então ficou de pé na borda do chafariz, respirou fundo e mergulhou na água fria.

Quase imediatamente, os seus pés tocaram um piso duro e ele rolou sobre serragem. Estava numa câmara baixa e circular. Pilares esculpidos à toda volta escoravam um belo teto de pedra, onde havia uma grande abertura do tamanho exato da fonte. No centro da abertura, uma grande coluna de metal e pedra esculpida estendia-se para o subterrâneo, sustentando a estátua acima dela. Ela atravessava o plano da água, que pairava como um lago impossivelmente invertido acima da sua cabeça. Jack se levantou e esticou a mão para tocá-lo, causando ondulações na superfície fria.

– Água – disse Davey. – É apenas água.

Jack se virou para ver Davey atrás dele, a luz do amanhecer espalhando-se pelo garoto num padrão dançante, salpicado de manchas. Ele olhou para as próprias roupas, maravilhado.

– Nem estamos molhados!

Davey sorriu.

– Inteligente, não?

– Onde estamos?

– Esta é a Fonte de Anteros – explicou Davey com entusiasmo. – É uma conexão. Uma porta secreta. A água é uma barreira; se tiver a chave certa, ela permite que você passe.

– A moeda?...

– ... Foi a chave, isso mesmo. Era uma moeda do Primeiro Mundo.

– Isso é magia?

– Ciência. Eu não sei como funciona. – Davey deu de ombros. – Mas alguém descobriu um dia. Eles construíram isso para ser uma passagem entre o Primeiro e o Segundo Mundo. Existem dezenas de câmaras de junção espalhadas por Londres. Muitas delas estão fechadas agora, cada vez mais a cada ano.

– Ainda estamos em Londres? – Jack se perguntou se haveria lugares como aquele em sua cidade de 2013.

Davey balançou a cabeça.

– Estamos embaixo dela. Cerca de dez quilômetros abaixo, pelo que eu me lembro. Estamos perto de Ealdwyc, a capital do Primeiro Mundo.

– Podem nos seguir até aqui?

– A passagem vai se fechar em breve, mas ainda podemos ser rastreados pelas Paladinas. Então, precisamos ir mais para o fundo.

Uma gota caiu na testa de Jack. Ele olhou para cima e viu a água borbulhando por um segundo antes de desaparecer completamente, revelando uma extensão sólida de pedra esculpida.

– Pronto – disse Davey. – Fechado. Agora, vamos!

Jack acenou com a cabeça sem muita convicção e seguiu Davey para fora da câmara, na direção de um longo túnel de teto arqueado.

Luminárias embutidas se acendiam quando eles se aproximavam, iluminando o corredor antigo, e em seguida se apagando automaticamente atrás deles, depois que passavam. A luz iluminava alcovas ao longo do corredor. Nelas havia fileiras de crânios humanos empilhados uns em cima dos outros. Jack sentiu o estômago revirar.

– Davey, onde estamos?

– Catacumbas. Este é o lugar para onde os mortos do Primeiro Mundo são trazidos. Já estão aqui há séculos.

Cada crânio tinha uma inscrição: um nome e datas. Alguns tinham estampas florais ornamentadas pintadas no osso, outros estavam pintados inteiramente de vermelho. Os crânios vermelhos eram menores e Jack supôs que fossem de crianças. Um ou dois crânios de tamanho adulto eram azul-cobalto.

– Por que aqueles são azuis? – ele perguntou, casualmente.

– Pessoas ruins, criminosos, esse tipo de coisa. Se Rouland estivesse morto, usariam um balde de tinta azul no crânio dele.

– Me fale sobre Rouland – Jack disse, por fim. – Tudo.

Davey suspirou profundamente, como um pai se preparando para dar más notícias.

– Ele é antigo, tem centenas de anos de idade, é o que dizem. É o cientista chefe e Primeiro Ancião do Parlamento, ou era. Dizem que ele se livrou de todo o Parlamento e assumiu o comando. Eu não entendo muito de política, mas sei que as coisas estão piorando.

– Piorando? Como?

— Eu não sei. É como se as pessoas estivessem desistindo. Eu não penso muito nisso, mas está ficando cada vez mais difícil circular por aí sem as devidas licenças, sem subornar as pessoas ou viver na maior discrição possível. Rouland está deixando o Primeiro Mundo desmoronar, e ele não parece se importar.

Jack estremeceu. Sua mente latejava de tanto tentar encontrar um sentido para aquilo tudo, enquanto continuavam, fileira após fileira de crânios. Quanto mais fundo iam, mais arruinados e apodrecidos os crânios pareciam, até que apenas pó passou a encher as alcovas. E eles prosseguiram cada vez mais fundo. O ar tornou-se denso e quente, e ele achou difícil respirar. Sentia um gosto poeirento e viciado na língua e um sabor metálico na parte de trás da garganta.

— Eu preciso descansar – disse ele.

— Não é longe. Estamos quase lá.

Quase onde? Jack olhou para a frente e divisou uma luz brilhante na extremidade do túnel, onde ele se abria para outra câmara. Colocou os pés cansados novamente em movimento e forçou-os a seguir pelo corredor, entrando finalmente num espaço circular de onde se via uma dúzia de outros túneis que mergulhavam na escuridão. Acima, as paredes se estendiam a perder de vista, o teto ocultado por uma névoa acinzentada. A decoração na câmara era mais fina e elaborada do que no longo túnel, e vários caixões grandes e metálicos jaziam nas alcovas ao redor deles. Doze colunas estendiam-se até o teto. Em cada uma delas havia uma estátua de um cavaleiro de armadura, como um guarda de honra congelado.

Davey analisou as várias saídas.

— Por aqui – disse ele, escolhendo um dos túneis. – Se chegarmos em Newton Harbour, vamos estar seguros. Eu conheço um capitão que pode nos ajudar.

Quando eles se aproximavam da saída, uma pesada laje de pedra caiu no lugar, bloqueando o túnel completamente. Jack olhou, nervoso, para Davey. Sem hesitar, Davey tentou outro túnel, e outra laje de pedra bloqueou seu caminho. Atrás deles, Jack ouviu pedras caindo sobre os outros túneis, num coro de desespero, até que apenas um túnel permaneceu aberto. Jack olhou para dentro dele, com o coração acelerado de terror, e ouviu passos distantes vindo na direção deles.

– Isso não é nada bom... – Davey disse baixinho. – Nada bom mesmo.

Jack congelou. Os passos lentos foram ficando mais altos, ecoando na câmara alta. As sombras escuras dentro do túnel tornaram-se mais distintas, até que Jack pôde ver um homem alto se aproximando. Ele aparentava quarenta e poucos anos, era atlético, forte e tinha o corpo esculpido como uma estátua, com a cabeça coberta por grossos cabelos prateados. Uma impressionante armadura escura se moldava aos contornos da sua pele bronzeada, a superfície feita de filetes de ouro, prata e chumbo entrelaçados em padrões intrincados e deslumbrantes. Um longo manto vermelho caía por sobre os ombros, arrastando-se atrás dele pelo chão. Embaixo, uma espada pendurada na cintura, seu formato parecido com o das armas das Finadas Paladinas. Atrás dele, quase escondido na escuridão, pouco visível atrás do homem de armadura, havia uma criatura esbelta, envolta numa massa de tecido e penas, que expelia uma fumaça escura do rosto oculto pelo capuz.

O homem se aproximou, os olhos brilhando como os de um gavião – e brilhando como poços infinitos de petróleo. Ele olhou diretamente para Jack, fazendo-o se sentir nu, como se o estranho perscrutasse a sua alma. Estremeceu, paralisado enquanto o visitante atravessava a câmara como um deus. Ele ignorou Davey, seu olhar terrível totalmente focado em Jack.

– Quem... quem é você? – Jack perguntou, a voz um mero sussurro.

O homem sorriu.

– Ah, mas você já sabe o meu nome! – disse Rouland.

9

CONVERSAS NO CARLTON HOTEL

Jack acordou com um sobressalto.

Estava numa cama redonda. Lençóis de seda requintados tinham sido perfeitamente esticados sobre o colchão e uma montanha de almofadas acariciava a sua cabeça dolorida. Suas roupas do século XXI tinham desaparecido e sido substituídas por calças limpas, suspensórios e uma camisa branca. No verão anterior, seu pai tinha insistido para que ele se vestisse para um casamento na família e ele se sentira quente e desconfortável durante o dia todo. As calças davam coceira, e ele ficou aliviado quando finalmente pôde abandonar as roupas numa pilha, no chão do seu quarto. Mas as roupas que vestia agora eram de alguma forma diferentes, pois com elas o garoto se sentia bem.

Sentou-se lentamente, curioso para saber se ainda estaria em 1940. Estava sozinho, e ansiava pela reconfortante e irritante presença de Davey ao seu lado. Não estava mais no subterrâneo, mas sim num quarto imponente, cheio de luxo e grandeza. A imensa cama dominava a câmara, mas ainda havia espaço suficiente para um guarda-roupa gigantesco de madeira e uma penteadeira combinando, sem que o ambiente ficasse de modo algum abarrotado. Havia um sofá vermelho-vivo encostado a uma parede e um abajur de época num dos cantos do cômodo. Do lado esquerdo da cama, via-se uma porta. À direita, atrás de cortinas transparentes que balançavam ao sabor de uma brisa fresca, havia um par de portas francesas, que levavam a uma grande sacada. O sol da manhã entrava pelas portas abertas, fragmentando-se e refletindo os grandes arredores até que tudo parecesse brilhar. Por um momento, Jack pensou que ele poderia estar morto.

Ele baixou os pés na lateral da cama e sentiu algo macio entre os dedos. Olhou para baixo e viu a pele de um tigre, com a cabeça e as poderosas patas. Ao lado da fera havia um par de meias e sapatos, que couberam em seus pés perfeitamente. Jack levantou-se, um pouco inseguro a princípio, e tentou abrir a porta. Estava trancada.

Enquanto ia em direção à sacada, ele se perguntou como tinha chegado até ali. Lembrou-se de estar na câmara sob as ruas de Londres. Lembrou-se dos túneis impedindo sua fuga. E então se lembrou de Rouland, a centímetros do seu rosto, sereno e com a aparência de um deus.

O que tinha acontecido depois era mais difícil de lembrar. Ele achou que Rouland o havia tocado, ou talvez tivesse sido algo na respiração do homem. O que precipitara a situação não importava; o que quer que tivesse acontecido fizera Jack mergulhar num sono como nenhum outro.

Ele saiu na sacada, para uma manhã fresca de setembro. Dali tinha uma ampla vista de Londres, o esplendor verdejante do Hyde Park e o lago Serpentine ondulando preguiçosamente através das árvores outonais. A cidade estava frágil e cheia de cicatrizes depois do ataque aéreo da noite anterior. Os esqueletos dos edifícios queimados arranhavam o céu, deixando rastros de cinzas e fumaça, estranhamente embelezados pelo sol glorioso.

As badaladas profundas do Big Ben ecoaram pelo parque. Ele contou onze. Tinha dormido mais tempo do que pensara. Apesar da estranheza que sentiu ao ver os arredores, dos acontecimentos da noite anterior e da lacuna em sua memória, ele não sentia pânico, apenas espanto e admiração. Enquanto contemplava a ampla vista panorâmica, a magnitude de tudo aquilo o atingiu. O passado não era mais uma coisa morta para ele, um evento congelado, escondido atrás do tédio de um livro escolar. Era vívido, cheio de vida, cor e som. Ele se sentia em casa ali, entre a fumaça e as ruínas, como uma estrela cadente enterrada bem fundo em algum recanto distante deste mundo. A lembrança da sua casa, da escola – até mesmo do pai – parecia fugaz agora.

Sua vida no presente estava desaparecendo em seu passado. E ainda assim ele não sentia medo, nem remorso. E se perguntou por quê.

Viu três aviões voando baixo sobre a cidade, caças voltando para a base, suas hélices entoando uma canção de desafio. Eles voavam tão perto, tão baixo, que ele viu os pilotos dentro das cabines. Jack riu sem querer. Seus olhos seguiam os caças enquanto eles faziam uma curva quando, com um sobressalto, viu que não estava sozinho na sacada.

Rouland estava sentado numa cadeira reclinável com um livro no colo.

Sua armadura tinha desaparecido e, em vez dela, ele usava um terno e um longo sobretudo.

– Uma vista deslumbrante, não é? – perguntou ele, sem olhar para Jack.

Jack viu a mão dele pegar uma grande ampulheta ao seu lado. Rouland virou-a, observando a areia branca caindo de uma ampola de vidro para outra. Um sorriso estreito e satisfeito abriu-se em seu rosto e seus olhos terríveis fixaram-se em Jack.

– Como está se sentindo? É Jack, não é? Seu amigo perguntou de você.

– Onde está Davey? – Jack exigiu saber.

– Davey está aqui perto e em total segurança.

Jack ficou tenso.

– Onde estamos?

– Ora, no Carlton Hotel, é claro – disse Rouland. – A Segunda Guerra Mundial deixou poucas coisas que valem a pena, mas esta é uma delas. O luxo deve ser uma opção sempre que possível. Não concorda?

Jack não disse nada.

— Lamento que esta suíte seja um pouco... humilde — Rouland continuou. — Uma bomba caiu perto daqui, noite passada. Tivemos sorte que não tenha explodido, mas ainda assim causou danos estruturais consideráveis; e minha suíte master está passando por uma faxina. Rouland gesticulou para a sacada.

Abaixo, na rua, Jack viu uma grande cratera onde a bomba havia caído. Bombeiros tinham cercado a área, e os transeuntes olhavam para o dispositivo que não havia detonado.

Um mordomo apareceu na sacada empurrando um carrinho de prata carregado de bacon, ovos, salsichas, queijo, pão, bolos e dois grandes bules fumegantes: um de chá e outro de café. O mordomo preparou uma mesinha com copos e pratos.

— Obrigado, Graham — agradeceu Rouland. O mordomo fez uma mesura e saiu. Rouland sorriu e serviu o chá numa xícara de porcelana, que ofereceu a Jack; em seguida se serviu de café e se sentou à mesa.

— Por favor, sente-se, e eu vou responder a qualquer pergunta que você quiser fazer a meu respeito. — A mão dele acariciou o vidro da ampulheta, enquanto a areia caía implacavelmente.

Jack olhou para os pratos de comida quente e sentiu a barriga roncando.

Rouland sorriu.

— Não se preocupe. Eu não me dei ao trabalho de mandar trazer tudo isso só para envenená-lo. Afinal de contas, há dezena de maneiras que eu poderia ter usado para matar você, enquanto dormia.

Jack se perguntou se isso serviria para tranquilizá-lo. Ele hesitou por um instante, então puxou uma cadeira e se serviu de várias salsichas, que comeu com um apetite voraz.

— Assim é melhor. — Rouland riu. — Em primeiro lugar, meu nome é Rouland Delamare. Eu sou um cavalheiro do Primeiro Mundo. Você viveu uma aventura e tanto, Jack! Minhas Paladinas não faziam tanto exercício há algum tempo.

Jack olhou por cima de seu prato.

– Por que você está me perseguindo? Eu não fiz nada.

– Isso é verdade – ponderou Rouland. – Mas a sua chegada aqui não aconteceu sem que houvesse presságios. E eu creio que você tenha mencionado algo sobre uma rosa... – Os modos de Rouland eram amáveis e descontraídos, mas Jack sentiu um arrepio de terror subindo pela espinha.

– Eu não sei do que você está falando – Jack respondeu, evasivo.

Rouland sorriu, a boca transformada numa linha fina que exprimia irritação.

– Ah, vamos lá, Jack. Você falou sobre a Rosa a Titus, o Oficial. Eu prefiro que essa conversa seja civilizada, e acho que você prefere assim também.

Jack deteve o garfo a meio caminho da boca. Seus pés se contraíram sob a cadeira.

– Muito bem – Rouland disse finalmente. – Vamos fazer isso do seu jeito. Eu procuro a Rosa de Annwn. Ela não é uma mera flor, como você sabe, algo que cresce na terra. É um elemento feito de pura energia, algo primitivo, mais antigo do que as estrelas. É uma coisa viva que podemos comungar com o homem, fazê-la se fundir com ele e lhe revelar os segredos do universo. O poder dela é limitado apenas pela imaginação de quem o detém. Mundos ativam o poder da Rosa, Jack, um poder maior do que qualquer exército que a superfície deste reino patético já conheceu. Então, eu ficaria muito grato se você me contasse o que sabe sobre a Rosa.

– Juro – Jack disse rapidamente. – Eu não sei de nada. Só me avisaram sobre ela, nada mais.

– Avisaram? Quem?

Jack olhou em volta, nervoso. Não havia para onde correr.

– Um homem, um estranho.

Rouland se levantou da cadeira e se inclinou para Jack.

– O que ele disse?

– Disse para eu proteger a Rosa; isso é tudo o que eu sei.

Sem aviso, Rouland agarrou o queixo de Jack, seus olhos escuros invadindo os do garoto. Jack sentiu uma pressão desconfortável dentro da cabeça.

– Pare, por favor! O que está fazendo?

Rouland ignorou o grito de Jack, concentrado em outro lugar. Isso era muito diferente de quando Castilan tinha entrado em sua cabeça. Agora a pressão dentro da mente de Jack estava mais forte, e uma série de imagens irrompeu do seu subconsciente. Ele viu o velho David no cemitério, os lábios rachados fazendo uma advertência final a Jack. Em seguida a pressão diminuiu e Rouland caiu em sua cadeira, respirando com dificuldade. Jack se sentia exausto também, incapaz de se levantar. Mas, nesse último momento de contato, ele sentiu algo diferente, uma emoção que Rouland deixou impregnada nele: medo.

Rouland murmurou para si mesmo, os olhos selvagens:

– A Profecia... – Ele respirou fundo e fixou o olhar em Jack. – Você... você tem uma mente incomum, Jack; única, na verdade. – Suas palavras saíram ofegantes e vagarosas. – E você é de correnteza acima. Um Viajante do futuro. De muito longe... 2008. – Rouland sorriu enquanto sua respiração pesada abrandou. – Quem? Quem era o velho? Quem era o homem que eu vi em suas lembranças?

Lentamente Jack recuperou as forças, como se tivessem escondidas bem dentro dele. A raiva cresceu com elas, até suplantar o medo.

– Eu não vou dizer.

– Você vai se recusar? Vai me desafiar?

– Vou! – Jack respondeu com teimosia.

Rouland se levantou rapidamente, seus movimentos lembrando os de um predador felino, e olhou a vista.

– Será que você acreditaria em mim se eu dissesse que tenho mais de 500 anos de idade? Não é pouca coisa, eu imagino. Não sei exatamente quanto tempo vivi... Minha memória é irritantemente perfeita, mas os meus primeiros dias estão envoltos em névoa. Mas eu não minto quando digo que vivi pelo menos um milênio. Durante esse tempo só uns poucos ousaram me desafiar. Nenhum deles ainda está vivo. – Jack sentiu um tom de cansado arrependimento nas palavras de Rouland. – Eu andei por este mundo e vivi muitas vidas. Vi tudo o que um homem pode sonhar, e muitas coisas que ele nunca desejaria ver. Pensei que tivesse visto tudo, mas você, meu jovem amigo, é algo completamente novo.

Jack podia sentir os olhos escuros de Rouland sobre ele, estudando-o com a minúcia de um cientista.

– O que você quer dizer com isso?

Rouland limpou a boca com o guardanapo.

– Você não foi criado como um primeiro mundista, embora eu tenha quase certeza de que seja um, e não conhece as nossas lendas, as nossas profecias. Vejo isso agora. A Rosa existia nas praias de Annwn, uma ilha do Reino do Outro Mundo. Existem muitos reinos, entende? O que vê diante de você é só uma pequena fração do que existe aí fora. É só um pouco do que conhecemos e mapeamos. Outros reinos são mais indefiníveis e ocultos. O mais importante de todos esses reinos ocultos é o Outro Mundo.

– Outro Mundo? – Jack perguntou, enquanto seu cérebro maquinava para encontrar uma forma de sair dessa situação.

Rouland parou por um momento. Quando falou outra vez, sua voz estava mais calma e suave.

– Imagine outra Terra, uma Terra perfeita, numa outra dimensão, num outro reino. Esse é o Outro Mundo, um lugar de beleza e paz. Eu tentei por muitos anos chegar a esse Outro Mundo. O caminho é misterioso e traiçoeiro. Muitos me consideravam louco por tentar, mas acabei topando com ele brevemente. Que visão foi aquela!... Um lugar de eterno verão, sem morte, sem medo ou sofrimento, onde um dia dura mil anos. Eu já tinha certa idade quando encontrei um caminho para o

Outro Mundo, mas lá eu ficava jovem outra vez, e todas as coisas eram novas. A Rosa era a fonte daquela energia, por isso me apossei dela e por um tempo ela viveu dentro de mim. Mas sem a Rosa, o Outro Mundo entrou em decadência. A guerra foi inevitável, uma grande e terrível guerra, e meu direito à Rosa, temporário. Ela foi tirada de mim, perdeu-se, e eu fui expulso do meu amado Outro Mundo. Tive que voltar para este reino cinza e cruel diante de você.

Jack viu lágrimas nos olhos de Rouland e percebeu o sentimento de perda em sua voz embargada.

— Sem a Rosa nunca poderei voltar para lá. Eu sobrevivi durante centenas de anos, graças ao ar que respirei no Outro Mundo. Aqueles à minha volta já morreram, mas eu sou amaldiçoado agora por ainda viver. A minha memória intacta faz com que todas as coisas sejam velhas para mim.

— O que tudo isso tem a ver comigo? — Jack perguntou.

— Nos últimos anos, uma nova lenda surgiu: a de que a Rosa foi encontrada novamente e agora está escondida neste reino, em algum lugar correnteza acima. Eu nunca pensei que essas lendas fossem verdadeiras, até hoje. Porque eu acredito que você tenha tocado a Rosa, Jack.

Rouland olhou para Jack, os olhos escuros fixos como os de um falcão.

— Assim que chegou neste tempo eu senti o perfume da Rosa no ar e, agora que você está aqui comigo, esse perfume é quase inebriante demais para eu suportar. Você tem em si o aroma do Outro Mundo.

Jack estremeceu.

— Eu posso captar algumas coisas da sua mente, Jack, sem causar nenhum dano ao seu cérebro. Mas, se você resistir, os danos podem ser graves. Você sentiu a pressão, não sentiu?

Rouland fez uma pausa e uma expressão forte de comiseração toldou suas feições.

– Você sabe, o crânio de uma criança é algo curioso. – Rouland continuou com calma. – Ele pode esconder muitas coisas. Mas depois que o osso é removido, é muito mais fácil ler os segredos da mente dentro dele. Não é um procedimento simples, o paciente precisa permanecer vivo e consciente durante toda a cirurgia. Já usei essa prática muitas vezes, e em mentes até mais jovens do que a sua. Eu sou hábil o suficiente para abreviar ao máximo o sofrimento, mas não vou fingir que não seja um final terrível para uma vida em seus primórdios. Ninguém quer morrer, Jack, mas eu acredito que sua mente seja a chave para a localização da Rosa. Portanto, as suas opções limitadas tornam a decisão muito fácil: você vai me ajudar a encontrar a Rosa e ela me levará de volta ao Outro Mundo.

Jack lutou contra o impulso de correr e bater na porta até que alguém viesse resgatá-lo. Porque ele sabia que ninguém poderia ajudá-lo.

Os olhos melífluos de Rouland se estreitaram.

– Você vai encontrar a Rosa para mim, Jack, ou eu vou destruí-lo, destruir sua vida e a de todos que lhe são caros. Em algum lugar dentro da sua mente está a chave para a Rosa. Ou você descobre por si mesmo ou tirarei essa informação daí com uma faca. Por favor, perdoe meu ultimato. Eu costumo desprezar a força bruta, mas pela Rosa eu faria qualquer coisa. Eu sou um homem razoável, Jack, um cavalheiro com algum refinamento, mas esteja certo de que *eu iria até o fim do mundo para ter a Rosa.*

– Mas eu não posso ajudar você! – Jack insistiu. – Eu não...

O punho de Rouland socou abruptamente a superfície da mesa e os pratos sacudiram com os efeitos da sua raiva mal contida. Jack olhou fixamente para ele, com os olhos arregalados, enquanto Rouland lentamente se recompunha, com um sorriso tenso substituindo a fúria que roubava sua beleza.

– Queira me perdoar – Rouland falou suavemente.

Jack ouviu novamente o tremor na voz de Rouland e teve certeza de que ele era totalmente louco.

Rouland levantou-se lentamente.

– Sinto muito, Jack. Esse é um fardo terrível para você suportar e eu preferia que fosse dado a alguém com malícia no coração. É injusto que o tenham conferido a você. Mas a vida é injusta, ainda mais quando se trata da Rosa. – Ele dobrou o guardanapo e colocou-o cuidadosamente sobre a mesa. Enquanto caminhava até a porta, acrescentou: – Por favor, aproveite o seu café da manhã; se quiser alguma coisa, é só tocar a sineta sobre a mesa. A ampulheta mostra o tempo que você tem para fazer a sua escolha. Bom dia, Jack.

Rouland fechou a porta atrás de si. O quarto de repente pareceu anormalmente grande, como se uma terrível tempestade tivesse passado, deixando um grande silêncio em seu rastro.

A areia da ampulheta caía impassível através do vidro, a pilha no bulbo inferior crescendo a cada segundo que passava.

Jack pousou o copo na mesa. O chá tinha esfriado e ele tinha perdido o apetite.

10

SOBRE OS TELHADOS

Os pensamentos de Jack aceleraram. A única maneira de sair da suíte era através da porta trancada, atrás da qual, ele tinha certeza, os homens de Rouland o aguardavam. A cabeça de Jack virou-se lentamente para a sacada, sua mente cheia de alternativas terríveis.

Ele estava, no mínimo, cinco andares acima do solo. Um parapeito de tijolos cercava a sacada, e além dele o amplo telhado inclinava-se num declive abrupto. À sua esquerda, ele viu outras sacadas projetando-se do telhado, e uma ideia perigosa se formou em sua cabeça: talvez ele pudesse escapar através de uma das outras sacadas. Jack se sentiu instantaneamente nauseado.

Em seguida, seus olhos recaíram sobre a ampulheta, onde Rouland a deixara. Apenas uma pequena parcela da areia permanecia no bulbo superior – o tempo estava se esgotando rapidamente.

Sua decisão já estava tomada: ele não iria ajudar Rouland. Portanto, sua vida correria perigo se ele ficasse ali mais um segundo. Jack olhou para a porta trancada e então para o telhado inclinado. Seu coração martelava no peito quando ele deu o primeiro passo em direção ao parapeito da sacada. Com cautela, colocou um pé sobre o telhado, em seguida transferiu o peso e colocou o resto do corpo para fora, usando as mãos para se segurar no declive. As telhas gemeram e estalaram sob o seu peso e ele se sentiu terrivelmente instável, com a mente cheia de imagens vertiginosas da rua, vários metros abaixo.

Cuidadosamente, ele começou a avançar sobre as telhas, de forma lenta e desequilibrada, como uma aranha bêbada. Uma telha sob seu pé direito rachou e se soltou. Instintivamente ele tirou o pé, fazendo o outro escorregar para baixo, e teve a terrível sensação de que seu corpo deslizava pelo telhado. Seus dedos se abriram sobre as telhas, desesperados em busca de um apoio, enquanto a borda do telhado se aproximava rapidamente. Jack ofegou, certo de que ia despencar do telhado. Em pânico, ele cravou os joelhos nas telhas, ao mesmo tempo que as pontas dos dedos encontraram uma borda saliente e a agarraram com toda a força. Seu corpo começou a deslizar mais devagar, depois parou, e em algum lugar ao longe ele ouviu o barulho de uma telha solta se estraçalhando na rua abaixo. Seu pé esquerdo tocou o nada, suspenso além da calha, na borda do telhado.

Lentamente, com muita cautela, ele começou a escalar seu caminho de volta pelas telhas em direção à sacada ao lado da sua, até estar a apenas alguns metros de distância dela. Ele estendeu a mão e agarrou o parapeito da sacada. Suando e sem fôlego, ele subiu de qualquer jeito por cima do parapeito e caiu como um saco de batatas no chão da sacada. Ficou ali por um instante, de costas, respirando com dificuldade e olhando para o céu azul do meio da manhã, antes de se pôr de pé.

A sacada levava a outra suíte, semelhante àquela na qual tinha acordado. Um rosto olhou para ele através das portas francesas da sacada, espelhando a mesma expressão de surpresa.

– Davey! – Jack sussurrou.

Jack abriu as portas e correu para dentro.

– Você ficou a noite toda aí? – Davey perguntou, a voz parecendo incrédula.

– É, quase isso – Jack respondeu, pensando na sua breve visita ao telhado. – Você está trancado neste quarto?

– Sim. Eles me deixaram em paz por ora. Rouland entrou por um instante, mas depois que descobriu seu nome foi embora. – Davey fez um gesto em direção à sacada. – Você escalou o telhado? Ou é muito corajoso ou um perfeito idiota.

Jack correu de volta para a sacada e examinou o telhado. Havia uma terceira sacada mais adiante.

– Quer ser um idiota comigo? – perguntou ele a Davey.

Davey foi ao encontro de Jack e olhou por sobre o parapeito da sacada. Seu rosto ficou pálido.

– Sair pelo telhado?

– Você tem uma ideia melhor? – Jack esperou uma resposta; ele realmente achava que Davey pudesse sugerir algo mais fácil, mais seguro. Mas o outro apenas deu de ombros. Jack respirou fundo, tomando coragem, preparando-se mentalmente. Cabia a ele a decisão agora. – Então é o telhado. – Ele voltou a escalar o parapeito e a descer pelas telhas, rezando para que o tremor nas pernas não aumentasse ainda mais, fazendo-o deslizar pelo telhado.

Davey observou-o por um momento, então escalou o parapeito e o seguiu. Jack parou perto de uma chaminé alta, a fumaça do café da manhã serpenteando por ela, e esperou Davey alcançá-lo.

Um barulho chamou sua atenção: havia alguém na primeira sacada, alguém procurando por ele. O homem vestia um uniforme de mordomo e tinha vindo pegar a bandeja do café da manhã. Jack puxou Davey na direção dele e ambos desapareceram atrás da chaminé novamente. Jack ouviu vozes exaltadas, o mordomo gritando para alguém dentro da suíte. Depois de um longo instante de silêncio, Jack espiou de detrás da chaminé. O mordomo tinha desaparecido.

– Agora! – Jack avançou com passos desequilibrados, em direção à terceira sacada, com Davey logo atrás dele. Ambos estavam de pé dessa vez; a lenta segurança de usar as mãos, um luxo esquecido. Pularam o parapeito da sacada aos trancos e barrancos, despencaram no chão e rolaram um sobre o outro até a parede contê-los.

Esta suíte tinha portas francesas, como os quartos em que tinham sido trancados. Jack forçou uma porta e ficou consternado ao descobrir que estava trancada por dentro. Davey rapidamente pegou um vasinho de plantas e levantou-o sobre a cabeça.

– Espere! – Jack gritou. – O que está fazendo? Se estiverem aqui dentro vão nos ouvir!

Davey olhou pelo vidro, em seguida, para o vaso de plantas. Então concordou com a cabeça e recolocou o vaso no lugar. Sem perder tempo, puxou o arame que sustentava a planta e correu para a porta.

– Isso dá pra fazer em silêncio. – Ele sorriu enquanto enfiava o fio no buraco da fechadura e com a destreza de um especialista a destrancava. Em seguida, correu para a suíte, em direção à porta que dava para fora. Jack esperava que estivesse destrancada, e rezou para que ela os levasse para fora daquela loucura. Lentamente Davey virou a maçaneta: a porta cedeu. Ele espiou com cuidado através da fresta, então silenciosamente voltou a fechar a porta.

– As Paladinas estão lá fora – disse com um suspiro. – Rouland deve estar controlando o andar inteiro. Precisamos pensar em outra coisa.

– Como assim? – perguntou Jack, frustrado e com medo.

Davey correu de volta para a sacada e olhou freneticamente sobre o parapeito. Jack seguiu-o para ver o que ele estava olhando. Dois andares abaixo havia um grande terraço aberto, tão grande que tinha uma fonte borbulhante bem no meio dele.

– Ali! – Davey apontou.

– Como é que vamos chegar lá? – Jack perguntou, ofegante.

– Saltamos.

– Saltamos?! A gente vai morrer se saltar desta altura.

Davey apalpou os bolsos e tirou dali uma moeda.

– Não, se usarmos isto – disse ele com um sorriso desafiador. – Lembra da Piccadilly Circus? Lembra da fonte?

Jack viu o emblema do leão alado na moedinha. Então olhou para trás, por cima do parapeito, para o chafariz bem abaixo.

– Você quer que a gente salte dentro dele? Daqui?

– É.

– Como você sabe que há uma câmara dentro desse chafariz?

Davey acenou com a cabeça para a moeda em sua mão.

– Ela está formigando. Confie em mim.

Jack olhou com ceticismo para Davey; a moeda parecia completamente imóvel e sem vida aos olhos dele. Então ficou tenso ao ouvir vozes vindas do corredor, do lado de fora do quarto.

Davey correu de volta para dentro e começou a empurrar um enorme armário de madeira, gritando:

– Preciso da sua ajuda!

Jack correu e se pôs atrás de Davey. Juntos, eles empurraram até o armário antigo cambalear e se estatelar no chão com estrondo, bloqueando a porta.

– Tanto esforço para não fazer barulho! – Davey reclamou, enquanto pegava almofadas e cadeiras, jogando-as em cima do armário.

A porta bateu contra o armário quando alguém tentou entrar.

– Pegue os lençóis da cama! – ele gritou, enquanto lançava vários livros encadernados à mão sobre a pilha crescente de móveis. Jack puxou os lençóis desarrumados da cama e arrastou-os por sobre o armário, onde Davey tirou os fósforos e o acendeu na ponta da roupa de cama. Em seguida, ateou fogo num dos livros e jogou o retângulo ardente sobre a pilha. Em instantes as chamas se espalharam, tomando conta de tudo; a fumaça subiu, agarrou-se ao teto, avolumando-se numa massa escura. As batidas na porta aumentaram e o armário balançou com os golpes.

– Isso vai manter esses caras ocupados por um tempinho.

À medida que o fogo aumentava, o mesmo acontecia com as dúvidas de Jack. A única maneira de sair agora era pelo telhado ou saltando lá para baixo, e partes de seu cérebro pareciam ter se desligado quando a adrenalina inundou seu corpo. Davey estava gritando por sobre os golpes da porta e o crepitar do fogo, puxando-o de volta para o parapeito da sacada. Jack olhou para o chafariz e, por um instante, congelou. Então se virou e percebeu que podia ver pessoas nas outras duas sacadas – figuras de armadura brilhante à luz do sol da manhã.

Davey também viu e rapidamente jogou a moeda sobre o parapeito, mirando com precisão o pequeno alvo mais abaixo.

Ele estendeu a mão aberta para Jack, pedindo que ele esperasse enquanto contava até três e observava a trajetória da moeda até o chafariz. Ela bateu na água fazendo-a espirrar para os lados. Ao ver as ondulações cintilantes, Davey gritou:

– Pula!

Jack pegou a mão de Davey e sentiu seu braço sendo puxado. Suas pernas empurraram fracamente o parapeito e ele saltou no ar. Atrás deles, as Paladinas corriam desequilibradamente pelo telhado na direção deles, como insetos blindados à caça das suas presas. Uma sombra cintilou sobre Jack quando a capitã paladina saltou do telhado, acima deles, com os braços estendidos.

Jack olhou para o chão do terraço que se aproximava; o chafariz parecia estar mais à direita. Eles iriam cair fora dele. Davey puxou seu braço e seu peso deslocou-se um pouco para a direita, apenas o suficiente. Bateram na água, bem dentro do chafariz, com apenas um centímetro de sobra, fazendo uma coluna de água jorrar para cima.

Jack sentiu a água fria batendo com força contra o seu rosto, em seguida sentiu o ar passando rapidamente. Seus olhos se abriram e ele viu Davey ainda ao lado dele, rindo de alívio enquanto eles caíam serenamente no chão. Eles tinham atravessado a superfície do chafariz e pousado suavemente no chão empoeirado de uma câmara de junção.

Jack olhou para o portal de chafariz acima, no teto alto. Através da água ondulada viu a Paladina caindo, sua forma dançando entre as ondulações, cada vez maiores. Quanto tempo *esse* portal ficaria aberto?

A Capitã De Vienne puxou sua espada e apontou-a para baixo na frente dela, mas a água se agitou, contorceu-se e, em seguida, transformou-se em rocha sólida, quando o portal se fechou.

Jack ouviu um grito terrível. A bela espada da Paladina caiu do teto, cravando-se no chão entre os dois rapazes; a mão decepada da Capitã De Vienne ainda segurava firmemente o punho.

11

ELOISE

Jack olhou, incrédulo, a espada balançando levemente entre ele e Davey. A mão que a segurava se contraiu e estremeceu, enquanto sangue branco escorria de um corte limpo onde havia um braço um segundo antes; em seguida, ela perdeu a aderência à arma e caiu no chão, imóvel.

Jack suspirou.

– Será que elas não vão desistir nunca?

– As Paladinas? – Davey perguntou enquanto olhava em torno da câmara circular. – Não, elas fazem qualquer coisa por Rouland. Quando a pessoa já está morta, tende a perder o medo... Vamos lá, temos que fechar esse portal completamente antes que elas voltem a abri-lo.

– Quanto tempo temos? – perguntou Jack, espanando a poeira das roupas novas.

– Não muito.

O espaço era semelhante ao da câmara de junção, abaixo do Piccadilly Circus, mas este parecia parcialmente em ruínas. Um lado tinha desabado e uma pilha de escombros subia até o portal da fonte, no teto. Davey escalou o monte de escombros e começou a jogar dali lajes de pedra.

Jack ouviu algo. Ele olhou para cima e viu uma pequena moeda aparecer momentaneamente no teto, antes de se vaporizar em poeira dourada. O portal tremulou e a pedra virou água. A luz inundou a câmara, passando pela abertura, e gotas d'água pingaram no rosto de Jack. Uma silhueta apareceu acima da água ondulante. Sem pensar, Jack pegou a espada e a arrancou do piso.

– Davey, elas estão chegando! – Jack gritou, balançando a pesada espada na frente dele, enquanto recuava vários passos.

Davey virou de lado uma pesada laje de pedra, sem quase suportar o seu peso. Embaixo dela havia uma massa de cabos elétricos. Ele os puxou para fora e gritou para Jack:

– Corte!

– Qual deles?

– Todos!

Jack levantou a espada e correu na direção de Davey, imprimindo todo o seu peso no golpe. Seus braços finos mal sustentaram a espada quando ela arqueou para baixo e atingiu os cabos, cortando-os ao meio. Faíscas voaram de ambas as extremidades e a corrente passou para a espada, arremessando Jack para trás, do outro lado da câmara. Acima deles, a água brilhou e tornou-se pedra mais uma vez. A câmara ficou escura, com exceção do brilho que se desvanecia nos cabos rompidos.

– Davey? – Jack chamou fracamente.

– Estou aqui – disse Davey, a voz soando distante e sem fôlego.

– Estamos seguros?

– Sim, acho que sim – respondeu Davey. – A câmara de junção não está mais funcionando.

Algo se moveu à esquerda de Jack. Um ruído de metal arranhando a pedra.

– Jack, é você? – Davey sussurrou.

– Não – respondeu Jack, perguntando-se onde a espada poderia estar.

Ele se levantou e avançou cautelosamente na direção da voz de Davey.

– Não estamos sozinhos – Jack sussurrou.

– Eu sei.

De repente, a sala iluminou-se com tal intensidade que a princípio Jack não conseguiu ver a fonte de tamanho brilho. Quando a luz se apagou, Jack olhou com admiração para a sua origem: a espada da Paladina brilhava como se estivesse viva, uma energia verde tremulante insinuava-se sobre a lâmina. Enquanto Jack e Davey assistiam, a luz avançou pelo punho da espada, passando por um braço que agora segurava a espada, até o rosto pálido de uma Paladina sem elmo. Ela analisou a espada em sua mão como se fosse algo há muito esquecido. O corpo esguio da guerreira pareceu adquirir uma incandescência sobrenatural, crescendo, nutrindo-se, curando-se. Sua pele tinha a mesma palidez fria que a de suas irmãs paladinas, mas seus olhos cintilavam com um brilho azul intenso que suavizava sua expressão. Uma juba de cabelos longos e negros caía sobre o rosto e os ombros como os de um animal selvagem. Ela não parecia ter mais do que 17 anos, mas era uma morta-viva, e ninguém poderia adivinhar sua idade. Sua armadura antiga pendia frouxa, a superfície perfurada e cheia de depressões.

– Como ela chegou aqui? – Jack sussurrou.

– Eu acho que ela estava aqui antes de nós. – Davey apontou para os grilhões pesados que pendiam de seus pulsos e tornozelos; saindo deles correntes quebradas balançavam.

A Paladina, ainda aparentemente entorpecida, baixou a espada e olhou diretamente para Jack. Ela abriu a boca e fez um gesto como se fosse falar, depois tossiu, limpou a garganta e tentou novamente. Lenta e dolorosamente, as palavras começaram a se formar.

– Eu estou perdoada... afinal? – Sua voz tinha apenas um leve sotaque francês. Ela estava áspera como um instrumento esquecido e fora de uso por muito tempo. Seus olhos aflitos imploravam a Jack uma resposta.

– Sim – disse Davey. – Você está perdoada.

Quando a Paladina virou-se para vê-lo, Davey bateu na cabeça dela com um pedaço quebrado de alvenaria. O golpe foi pesado e a Paladina cambaleou para trás. No início, ela pareceu confusa, mas então, num piscar de olhos ela agarrou Davey pelo pescoço, até deixar os pés do garoto balançando no ar.

– Eu cuspo em você e em Rouland – ela disse, seu aperto ficando mais forte, com a intenção de quebrar o pescoço de Davey.

– Espere! – gritou Jack, lutando para fazer sua boca falar. – Rouland não nos enviou, nós estamos fugindo dele!

A Paladina pareceu pensar por um instante, em seguida voltou-se para Davey. Seu aperto vacilou e ela o deixou cair, ofegando por ar. Ela deu um passo incerto para trás e caiu no chão ao lado de Davey, lágrimas escorrendo de seus olhos misteriosos.

Davey tossiu, desesperado por oxigênio, enquanto a cor voltava às suas faces. O olhar frio da Paladina fixou-se em Jack.

– Eu sou Eloise de Montauban – disse ela, enxugando o rosto e afastando o cabelo preto imundo.

– Eu sou Jack e esse é Davey. – O coração de Jack bateu mais rápido em seu peito, desejando fugir dessa terrível caçadora.

– Você está presa aqui? – Jack acenou com a cabeça para as algemas quebradas de Eloise.

– Sim, eu suponho que esteja – ela disse lentamente. – Eu estou aqui há muito tempo, um tempo muito longo, sozinha na escuridão. – Sua voz vacilou. Ela se recompôs e continuou: – Estou fraca, mas esta espada está me curando. – Ela ainda segurava a lâmina brilhante, a sua luz latejante como o pulsar de um coração. – A Paladina e sua espada são uma coisa só. Esta espada não é minha, mas ainda assim ela me recompõe.

Enquanto falava, ela levantou a arma no ar e atingiu um dos elos de metal. Ele rachou em dois e caiu no chão. Eloise pegou a espada com a mão livre e continuou a quebrar os grilhões de seus membros.

– Quem deixou você aqui? – Jack perguntou.

– Meu mestre. Eu o desobedeci. Mais do que isso: eu reuni um exército contra ele e fui derrotada.

– Há quanto tempo você está aqui?

– Não sei. Eu não vejo o sol, nem a lua. Em que ano estamos?

– 1940. Setembro – Jack respondeu.

À medida que ela absorvia as palavras, novas lágrimas irrompiam dos olhos da Paladina. Seus lábios tremeram.

– Faz muito tempo... – disse ela.

Jack se aproximou de Davey e sussurrou no ouvido dele:

– O que vamos fazer com ela?

Davey deu de ombros.

– Isto é novidade para mim.

– Onde estamos, afinal? – Jack perguntou.

– É outra câmara de junção – disse Davey. – Eu pensei que conhecia todas elas, mas nunca tinha passado por aqui antes.

– Ela foi esquecida – explicou Eloise. – Você é o primeiro a vir aqui desde que fui presa. Foi você quem trouxe o trovão sobre a câmara? – Ela apontou para o muro desabado.

– Deve ter sido uma bomba que explodiu, do lado de fora do hotel – Jack explicou.

Davey olhou pensativamente para o teto.

– Não pode ser; estamos muito abaixo da superfície aqui.

– Há uma guerra acontecendo lá em cima – Jack disse a Eloise. – A bomba fez isso.

– Sou muito grata – disse ela. – O trovão me libertou das correntes.

– Ah, entendi! – Davey andava de um lado para o outro, entusiasmado. – Este lugar deve ter uma parede de moedas sobre ela, e os nazistas devem tê-la derrubado. – Ele agarrou Jack. – Não vê? A parede de moedas mantém longe das câmaras de junção pessoas como eu – como nós. Fazem com que sejam secretas.

– É Rouland tentando me manter presa aqui – disse Eloise tristemente.

Davey continuou, mal ouvindo Eloise.

— Se essa bomba não tivesse caído ontem à noite, teríamos apenas pulado em uma fonte normal! — A ideia divertia muito Davey e ele ria enquanto falava. — Tóóóin!

— E você acha isso engraçado? — Jack perguntou, desgostoso. — Você é doente!

— Eu me sinto muito bem!

Eloise caminhou lentamente em direção a um dos túneis que levavam para fora da câmara.

— Ei, ela está indo embora — disse Jack, a raiva desaparecendo. — Aonde ela está indo?

— Como é que eu vou saber? — perguntou Davey.

— E Rouland? — perguntou Jack. — Ele vai encontrar um caminho para cá e vir atrás de nós, não vai?

— Sim, provavelmente. Ele não vai desistir, isso é certo.

— Então talvez seja melhor seguirmos Eloise — Jack sugeriu com um tom de urgência.

— Seguir uma Paladina?

— Ela lutou contra ele e, se vamos lutar contra Rouland também, vamos precisar de alguns aliados.

— Lutar contra Rouland? — Davey disse com preocupação.

— Como você disse, ele não vai desistir — Jack observou sombriamente.

À medida que Eloise avançava túnel adentro, a luz na câmara de junção foi se desvanecendo rapidamente, deixando Jack e Davey na escuridão.

— Você vem? — Jack perguntou, enquanto corria para alcançar a luz, antes que a Paladina desaparecesse para sempre no labirinto de túneis.

12

CONTOS DE TAVERNA

— Você se lembra da Rosa? — Jack perguntou, pensativo.

Davey fez uma careta.

— A que te disseram para proteger? Claro que me lembro.

Jack acenou com a cabeça tristemente.

— No hotel, Rouland disse que ela era chamada de Rosa de Annwn. Ele disse que ela era de um lugar chamado Outro Mundo.

Davey zombou:

— O Outro Mundo não existe. É um conto de fadas para criancinhas, nada mais do que isso. Eu só acredito no que posso ver com os meus próprios olhos.

Jack riu, espantado com a maneira de pensar de seu companheiro.

— Mas as coisas que você já viu, elas eram contos de fadas para mim até eu conhecer você.

Davey começou a responder, parou, depois deu de ombros.

— Só vou acreditar quando vir.

Eles caminharam ao longo do túnel escuro, seguindo Eloise a distância, como duas ovelhas cautelosas.

— É o que Rouland quer — disse Jack. — Ele diz que eu toquei a Rosa. Ele quer que eu a encontre para ele.

Davey pareceu surpreso.

— Nós pulamos de um prédio por causa de uma rosa?

– Não é uma planta comum – Jack respondeu de mau humor. – É algo poderoso.

– Ainda assim nós pulamos por causa de algo que nem sabemos o que é.

– Nós não estaríamos lá se você não tivesse me vendido para o Oficial.

Houve uma longa pausa desconfortável, então Davey respondeu:

– As coisas eram diferentes na época. – Ele olhou para o chão. – Sinto muito. Se eu soubesse que você era...

– Seu neto – disse Jack.

– É verdade? Sou realmente seu avô?

– Temo que sim.

Davey deu um meio sorriso.

– Eu não tenho família há muito tempo, não uma família de verdade. Devo ser uma grande decepção para você.

– É, pode-se dizer que sim – Jack disse suavemente. – Onde estão seus pais?

– Morreram faz muito tempo. – Davey fungou despreocupadamente. Despreocupadamente demais, pensou Jack. Queria perguntar mais, mas ele sentiu em Davey um crescente desconforto sobre o assunto. – Como eu sou? Sou um avô legal? – o jovem perguntou.

– Eu não sei – Jack disse, hesitante, medindo cada palavra. – Nós só nos conhecemos no dia em que você me enviou para cá.

– Bem-vindo à família, a propósito!

Mais adiante, Eloise parou em frente a uma enorme porta arqueada. Quando Jack e Davey a alcançaram, ela enfiou a espada numa fenda do arco superior e um conjunto de enormes engrenagens de metal abriu a porta pesada. Um rio de água escura e fedorenta fluiu pela abertura e só parou de subir quando chegou aos joelhos dos três.

Davey ficou quieto por alguns momentos. Quando falou, sua voz ecoou pelas paredes de tijolos curvos.

– Eu não sei nada sobre essa Rosa, Jack, mas se eu puder ajudá-lo pode contar comigo, está bem?

Eloise parou abruptamente e se virou para os dois meninos.

– Vocês estão em busca da Rosa?

Jack estremeceu. Desde que tudo aquilo começara, ele sentia como se estivesse sempre um passo atrás de todos os outros: o aluno novo no primeiro dia de aula. Ele olhou para trás e viu a mesma frustração no rosto de Davey, escondido atrás do sorriso e do ar de coragem.

– Depende – Davey respondeu com um encolher de ombros. – Você sabe o que ela é?

– A Rosa de Annwn – Eloise disse impaciente. – É isso o que vocês procuram?

Davey parecia querer se esquivar da pergunta, a incerteza enrubecendo suas feições imundas. Jack olhou para Eloise e decidiu que tinha que confiar nela.

– É – respondeu ele. – Rouland quer que eu a encontre para ele. Eu não posso deixar de pensar que ela tem alguma coisa a ver com a minha família, com a minha mãe...

– Com a sua família? – perguntou Davey.

A boca de Jack secou. Ele queria dizer mais. Queria contar sobre a mãe, sobre a morte dela, sobre o sacrifício do velho David. E por baixo daquilo tudo estava a ideia de que um menino que viaja no tempo pode ser capaz de impedir coisas que já aconteceram, para salvar pessoas que já morreram, para unir sua família novamente. Ele olhou para o chão antes de Davey poder ver a dor em seu rosto.

– O que aconteceu com a sua família? – Havia uma urgência na voz de Davey, uma urgência que Jack não podia mais ignorar.

– Minha mãe – Jack sussurrou. – Sua filha, eu acho que ela está em perigo. Ela... – As palavras ficaram presas em sua garganta. Ele tentou novamente, mas não conseguiu dizer em voz alta. Sua mãe estava morta, e todas as perguntas raivosas que ele tinha enterrado borbulharam de volta à superfície.

Davey não disse nada. Ele andou até o lado de Jack e colocou um braço em volta de seu ombro.

– Acho que precisamos encontrar a Rosa antes de Rouland, ou impedi-lo de chegar até ela, não acha?

Jack olhou para a frente e concordou com a cabeça, perguntando:

– Podemos impedir que isso aconteça? Podemos salvá-la?

Davey suspirou profundamente.

– Sinceramente, eu não sei. Eu nunca acreditei em destino e nesse disparate todo. Mas eu acho que podemos tentar.

Jack sorriu, uma mistura de alívio e medo em seus olhos.

Eloise tinha ficado em silêncio, mas agora ela puxava a espada da fenda na porta e a segurava na frente dela, a lâmina brilhando sob a iluminação fraca.

– Você está combatendo Rouland. Vai precisar de proteção. Minha espada é sua.

– Obrigado – Jack conseguiu dizer.

– Então, o que você sabe sobre a Rosa? – Davey perguntou, demonstrando submissão.

– Eu sei que Rouland a procurou, que era preciosa para ele, algo de um poder terrível. – Eloise continuou: – Antes da minha prisão, meu conhecimento foi... violado. Rouland foi o responsável por isso.

– Como se não soubéssemos... – disse Davey.

– O que devemos fazer agora? – perguntou Jack, mil pensamentos dando voltas em sua cabeça. – Se Rouland pensa que eu sei alguma coisa sobre a Rosa, talvez seja por isso que a minha mãe morreu. Talvez tudo esteja ligado.

– Bem, se é de informação que precisamos, então só há um lugar para ir: de volta à Taverna do Enforcado – disse Davey com um sorriso irônico.

* * *

A Taverna do Enforcado parecia um fantasma sombrio numa rua de edifícios mortos. Os clientes ruidosos que Jack tinha visto na sua primeira visita tinham ido embora, e o bar parecia oco e vazio sem eles. Ele parou do lado de fora quando um pensamento inquietante lhe ocorreu.

– E se Rouland estiver esperando por nós?

– Ele não está aqui – disse Eloise, uma expressão distante no rosto. – Suas Paladinas estão procurando por nós, mas eu não sinto ninguém leal a ele por perto.

Jack levantou uma sobrancelha, com um ar de interrogação nos olhos.

– Como você pode ter certeza?

Um lampejo de inquietação brilhou no rosto de Eloise.

– Eu posso sentir Rouland. Sei quando ele está próximo. Estamos seguros por enquanto.

Jack e Davey trocaram um olhar de cautela.

– Vamos torcer para que ele não possa senti-la – Davey sussurrou.

Eles circularam em torno da taverna, até a entrada lateral.

Davey puxou o trinco.

– Fechado.

Ele sacudiu insistentemente a porta até que, finalmente, a silhueta imensa de Betty destrancou-a.

– Nós só vamos abrir às seis e meia – disse ela, olhando de soslaio para os visitantes.

Davey abriu um amplo sorriso.

– Boa tarde, Betty, como vai...?

– Você está proibido de entrar aqui! – Betty exclamou.

– Eu sei, eu sei – disse Davey, com as mãos erguidas –, mas nós realmente precisamos falar com Castilan. É importante. – Ele apontou por cima do ombro para Jack e Eloise.

Betty inspecionou-os estreitando os olhos.

— Eu disse que você está barrado, até que pague o que deve.

— Eu tenho dinheiro. — Davey sorriu e tirou uma volumosa carteira de dentro do casaco.

— Onde você conseguiu isso? — Jack sussurrou.

Davey lhe deu uma cotovelada nas costelas e Jack se calou.

Davey tirou um maço de notas e ofereceu a Betty.

— Eu acho que deve cobrir o que eu devo. Vocês aceitam moeda do Segundo Mundo aqui?

Betty pegou as notas da mão de Davey e as colocou contra a luz, inspecionando uma nota por vez.

Davey contou mais notas.

— E nós gostaríamos de alguns quartos para hoje à noite. E comida: o bife especial. E bebidas. Muita bebida.

Betty tirou a carteira dos dedos de Davey e pegou o resto das notas que havia sobrado.

— Ei! — Davey protestou, pegando a carteira de volta.

— Juros — disse Betty rispidamente. — Cas! — ela gritou, reparando de repente em Eloise. — Visitas!

— Estou ocupado! — veio a resposta distante.

— *Agora!* — Betty gritou num tom que não permitia argumentos.

Passos frustrados vieram de dentro.

— O que é agora? — Castilan perguntou irado, aparecendo na porta. Quando viu os visitantes esperando por ele, o seu comportamento mudou. Ele arriscou um sorriso, enquanto olhava nervosamente ao redor, para o beco. — Você não é bem-vinda aqui — disse ele com os dentes cerrados, fazendo cara feia para Eloise.

— Nós não vamos embora enquanto não falarmos com você — disse Davey, com obstinação. — Você quer que as pessoas vejam a gente aqui fora?

— Ele pagou a dívida — disse Betty para Castilan — e mais um pouco. Pagou pelos quartos.

– Adiantado? – Castilan perguntou, pasmo.

– Adiantado. – Ela acenou com o maço de notas para Castilan.

As sobrancelhas do homem se arquearam em descrença. Ele olhou para Eloise e suspirou.

– Entrem, antes que você seja vista – disse, contrariado.

Jack, Davey e Eloise passaram em fila por Betty, na direção do bar às escuras.

– Rápido, rápido, por aqui – apressou-os Castilan, nervoso. – Betty vai nos trazer bebidas.

– Vou coisa nenhuma! – respondeu Betty, de mau humor.

Castilan chegou mais perto da esposa. Ela se elevou sobre o marido baixinho e gorducho.

– Bebidas, Betty. Por favor.

Castilan cuspiu as palavras rispidamente através dos lábios finos antes de gesticular bruscamente para os visitantes.

Eles seguiram Castilan pelos degraus de madeira irregulares atrás do bar, depois ao longo de um corredor estreito, passando por vários quartos, até um cômodo nos fundos. Ali dentro havia uma mesa redonda, arrumada para um jogo de cartas que Castilan obviamente planejava para mais tarde naquela noite, e várias cadeiras, nenhuma delas combinando.

O dono do bar fechou a porta e se virou para Davey. Agarrou-o pelo colarinho e segurou-o com força contra a porta.

– O que te trouxe aqui, Davey? – perguntou, acenando com a cabeça sobre o ombro para Jack. – Esse menino é encrenca.

– Não há nada de errado com ele, Castilan.

– E ela é o que eu acho que é? – Castilan resmungou em voz alta. – É uma Pala...

Jack estava prestes a interrompê-lo quando Betty abriu a porta de repente, batendo-a na cabeça de Davey. Castilan soltou-o e Betty entrou com uma bandeja de bebidas.

– Você quer que eu deixe cair tudo? É só ficar atrás da porta desse jeito! – Ela bateu a bandeja sobre a mesa, derramando espuma e cerveja para todos os lados. Quando saiu, bateu a porta atrás dela.

Castilan estremeceu, os olhos ainda fixos na porta.

– Que mulher! Formidável, não é? Sou um homem de sorte. – Ele se sentou à mesa, pegou um copo e bebeu o conteúdo num longo gole. Em seguida, limpou a espuma da boca e olhou para Davey e Jack. – O que vocês querem?

– Informações – disse Davey, puxando uma cadeira para mais perto da mesa.

– Queremos saber sobre a Rosa de Annwn. – Jack se juntou a eles na mesa. – Precisamos saber como encontrá-la.

Castilan fez uma careta.

– Não. Não até que você me explique quem ela é. – Ele apontou um dedo gordo para Eloise.

– Esta é Eloise – disse Jack. – Ela costumava ser uma Paladina e...

– Eu posso ter ficado sepultada nestes últimos cem anos – disse Eloise calmamente –, mas ainda posso falar por mim mesma, obrigada, Jack. – Ela andou lentamente até a mesa e puxou uma cadeira.

Castilan recuou, como se temesse pegar uma doença contagiosa de Eloise.

– Eu de fato fui uma Paladina um dia – Eloise continuou –, mas não sou mais. Eu peguei em armas contra o meu mestre e pela minha traição fui presa e esquecida. Agora eu sou... nada.

Castilan sorriu.

– Mesmo sendo nada ainda pode ser um problema. – Seus olhos se fixaram no rosto antigo da moça.

– Você é um Manipulador? – Eloise perguntou, inclinando a cabeça para o lado.

– Você pode sentir isso? – perguntou Castilan surpreso.

— Eu permiti sua rude intrusão. Você pode ver que a minha mente é sincera.

— Oh, sim, é como você diz. Muito interessante.

Jack se perguntou o que Castilan podia ver. Que horrores Eloise teria testemunhado?

— Eu não chamaria a longa eternidade que durou a minha prisão de "interessante" — disse ela amargamente.

— Por que você e Rouland se desentenderam? Ser uma das assassinas dele deixou de ser divertido?

Eloise hesitou.

— Minhas razões só dizem respeito a mim.

— E eu tenho que ficar feliz com isso? Espera que eu confie em você assim?

— Não espero nada de você. E você não deve esperar nada de mim.

Um sorriso inflamou o rosto de Castilan enquanto ele analisava Eloise.

Ele cheirou o ar e franziu o nariz com nojo.

— Que cheiro horrível é esse?

Jack de repente percebeu:

— Nós andamos pelos esgotos da cidade — confessou.

— Vocês fedem mesmo a esgoto! Vejam se tomam um banho antes de se deitarem numa das minhas camas — disse Castilan. Então abriu uma gaveta debaixo da mesa e vasculhou-a até encontrar um longo cachimbo e tabaco. Ele preparou seu cachimbo sem pressa antes de acendê-lo.

— Melhor que essa nossa reuniãozinha seja breve... e arejada. — Ele se levantou e abriu as janelinhas o máximo possível, a rica fumaça do cachimbo espalhando-se pelo ar da noite.

— Bem... a Rosa — Jack o lembrou, com o rosto iluminado pela luz do lampião pendurado acima dele. — O que você pode nos dizer sobre ela?

— Não há muito a dizer. Por que você quer saber sobre a Rosa, afinal?

– Rouland quer que eu diga onde ela está, ou vai me matar. Ele acha que eu toquei a Rosa.

– Sério? E você a tocou?

– Eu nunca nem tinha ouvido falar nela antes de ontem. Você sabe onde podemos encontrá-la?

– Por quê? – perguntou Castilan. – Vai dá-la a Rouland, como ele quer? Acha que assim vai salvar a sua pele? Ele vai matar você de qualquer maneira.

– Eu sei... – disse Jack, pensativo. – É por isso que eu quero encontrá-la antes dele. Por favor, você tem que me ajudar!

Castilan fez uma expressão de zombaria.

– Uma lenda, é isso o que a Rosa é. Faz muito tempo que ninguém nem sequer fala nela. É difícil lembrar.

– Você sabe mais – Eloise disse laconicamente.

– Você é uma Manipuladora também? – perguntou Castilan.

– Eu não preciso ler mentes para saber quando alguém está escondendo informações de mim.

Castilan sorriu.

– Eu gosto cada vez mais de você. De qualquer forma, se costumava servir Rouland, deve saber tanto quanto eu sobre a Rosa.

– Minha memória foi violada. – Eloise lhe retribuiu o sorriso, mas parecia uma ação antinatural. Jack olhou cautelosamente para Davey.

– Tudo bem – disse Castilan, enquanto voltava para sua cadeira.

– Eu sei que a Rosa é supostamente do Outro Mundo e que ela foi trazida para cá e ficou aqui durante um longo período.

– Rouland disse que ele esteve no Outro Mundo – Jack explicou.

– Ele é perigoso, Jack. Pode se parecer com um homem, mas consegue fazer coisas que até mesmo as melhores mentes do Primeiro Mundo não podem entender. – Castilan fumou o seu cachimbo. – Quanto à Rosa, bem, a lenda diz que ficou desprotegida, em algum lugar desconhecido.

Ele fez uma pausa para causar efeito.

– Ela ainda existe, mas está correnteza acima. Um dia, quando a recuperarmos, haverá uma guerra. Não uma guerra como esta, com bombas e balas de canhão. Esta vai ser uma guerra entre mentes. E o Primeiro Mundo deverá decair. Existe uma profecia. Ela diz que quem tiver a Rosa estará destinado a governar o Primeiro Mundo e promover o seu fim, e um Artífice do Tempo, o Último Artífice do Tempo, vai fazer com que isso aconteça. Isso não é algo que você deva levar a sério. – Ele soprou anéis de fumaça que dançaram acima de sua cabeça. – Claro, tudo pode não passar de uma lenda. A questão é: quando você pode viajar no tempo, a profecia parece mais uma história ao contrário. Isso é o que acontece com as lendas, você nunca sabe.

– Artífice do Tempo? – Jack perguntou, pensativo.

– Um Artífice do Tempo é uma coisa rara. Você é um Viajante, não é?

– Acho que eu sou.

– Então, o Viajante só pode viajar correnteza abaixo, para o passado, não é? Ele pode voltar pelo mesmo caminho que veio, mas é só. E não há um limite para a distância que um Viajante pode percorrer. Mas o Artífice do Tempo é um Viajante sem limites, alguém que domina as Necrovias. Ele pode seguir correnteza acima, correnteza abaixo, para onde quiser.

Jack virou-se para Davey, confuso.

– Mas você disse a Titus que achava que eu poderia viajar correnteza acima. Você estava mentindo pra ele?

Davey hesitou, mas antes que pudesse explicar, a porta se abriu e Betty entrou novamente, carregando uma grande bandeja de comida: sanduíches quentes de carne e uma enorme travessa de batatas fritas. Ela jogou a bandeja em cima da mesa. Os pensamentos de Jack sobre a Rosa, Artífices do Tempo e profecias desapareceram quando ele olhou para a comida fumegante com expectativa.

– Obrigado, Betty – disse Castilan.

– Não enche! – Betty marchou para fora e bateu a porta atrás dela.

Davey foi o primeiro a pegar um punhado de comida, e Jack também não esperou até ser convidado. Pegou um sanduíche de carne e devorou-o com a fúria de um animal selvagem.

Ele enfiou um punhado de batatas fritas na boca, queimando a língua e os lábios enquanto mastigava. A comida tinha um gosto bom, e o medo implacável da perseguição e de que Rouland pudesse encontrá-los diminuiu por um tempo.

Castilan deixou seu cachimbo de lado e pegou um sanduíche de carne da pilha. Apenas Eloise se absteve de comer, assistindo impassível enquanto os outros se serviam.

– Então – Castilan disse finalmente, com a boca ainda cheia de comida. – Como é que você vai encontrar essa Rosa antes de Rouland, se é que ela existe de fato?

Jack engoliu em seco.

– Eu não sei.

– E a sua amiga aí? – Castilan acenou para Eloise. – Ela deve se lembrar de algo.

– Rouland vasculhou este mundo inteiro atrás da Rosa e não a encontrou – disse Eloise, com o rosto expressando confusão, como se ela se esforçasse para trazer à tona suas lembranças fugidias.

– Então, talvez, as lendas sejam verdadeiras; talvez ela esteja correnteza acima, no futuro.

– E um Viajante do futuro poderia ser capaz de encontrá-la – disse Davey, olhando para Jack atentamente.

A mente de Jack analisou as possibilidades.

– Mas ela poderia estar em qualquer lugar – disse ele. – Por onde eu começo?

Castilan respondeu com um sorriso:

– Há pessoas que podem ajudá-lo, pessoas que podem encontrar coisas.

– Ele quer que a gente encontre um Descritor. Davey apontou para Castilan de um jeito acusador.

– O que é um Descritor? – Jack perguntou.

– Descritores são mais lendários do que a Rosa – zombou Eloise.

– O que é um Descritor? – Jack repetiu, tentando moderar sua crescente frustração.

– A única pessoa que pode ajudá-lo agora, garoto – disse Castilan entre as baforadas do cachimbo –, e é quase impossível encontrar um.

– *Quase?* – Jack perguntou.

Castilan recostou-se, com as mãos atrás da cabeça e um sorriso maroto atrás do cachimbo. – A menos que você conheça as pessoas certas.

13

O MENOR DOS CÔMODOS

Jack acordou com o barulho de Davey roncando como um porco agonizante ao dar seu último suspiro. Ele abriu os olhos e espiou através da penumbra para a forma escura do seu futuro avô na cama em frente.

Presumiu que fossem cerca de seis horas da manhã. O sol infiltrava-se pelas bordas das cortinas, mas do lado de fora as ruas ainda dormiam. Ele tinha ouvido mais ataques durante a noite, sirenes seguidas por um silêncio tenso, e, em seguida, bombas caindo ali perto. Apesar de tudo, Jack havia, não se sabe como, conseguido cair no sono, tão exausto que tinha até dormido bem. Ele também estava com fome de novo.

Levantou-se e se vestiu no escuro, em seguida abriu as cortinas apenas o suficiente para olhar pela janela, esquecendo-se do papel pardo que estava colado no vidro e mal deixava a luz do dia passar. Deixou a cortina fechada, saiu do quarto e desceu a escada de madeira íngreme até o bar no andar de baixo, sentindo o cheiro do café da manhã sendo preparado.

Betty estava diante de um pequeno fogão, numa cozinha minúscula, na extremidade do bar. A fumaça rala enchia a cozinha, deslizando até o teto, enquanto um coro de salsichas chiava no fogão. A boca de Jack encheu de água.

Betty deve ter percebido a presença dele, pois se virou, os cabelos soltos sobre os ombros e o rosto relaxado, feminino, acolhedor.

– Você ainda está aqui? – ela disse asperamente, e todas as ilusões de que seria bem recebido se evaporaram. – Ou muito me engano ou você está esperando seu café da manhã?

– Sim, por favor – disse Jack, educadamente. Sentou-se numa das mesas próximas e desejou que tivesse esperado Davey acordar para ter alguém com quem conversar.

– Você é um Viajante? – Betty perguntou, sem tirar os olhos do fogão.

– Mais ou menos.

– De correnteza acima?

– Sim. E você, você é do Primeiro Mundo. Você tem... algum poder? Sabe, um dom?

– Eu? – Betty rosnou. – Não. Devia ter?

– Todos os primeiros mundistas não têm?

– Só alguns, como você. O resto de nós cozinha e serve bebidas, nada mais.

Betty riu consigo mesma enquanto depositava um banquete de deliciosas frituras num grande prato.

– O futuro... de onde você veio... como é lá?

– Diferente – disse Jack. – É mais agitado, e os prédios são maiores. – Suas lembranças do futuro eram de certa forma estranhas para ele agora; distantes e irreais. Ele olhou para Betty enquanto ela trabalhava no fogão. – Temos computadores... são muito legais.

– O que são?

– Você sabe o que é televisão?

– Não tenho nenhuma.

– Ah, certo. – *Isso vai ser duro*, Jack pensou. – Bem, eles são um pouco como um aparelho de televisão, mas você pode fazer todo tipo de coisas neles.

– Como o quê?

– Sei lá, qualquer coisa.

– Cozinhar?

Jack sorriu.

– Não. É difícil explicar. – Ele adorava o seu computador. Era uma de suas coisas favoritas. Nada parecia importar mais. Tudo tinha acontecido tão rapidamente que ele mal teve tempo de sentir falta de sua antiga vida. Ele se lembrou do seu quarto do tamanho de uma caixa de sapatos, no apartamento que dividia com o pai; ele era sujo e barulhento, numa torre antiga de concreto, cheia de medo. Havia pouco do que sentir falta, mas era sua casa. Ele pensou no pai, e na rotina tensa que tinha sido a sua vida desde que a mãe morrera.

Seu pai havia perdido seus alicerces e Jack, por sua vez, tinha perdido o melhor de seu pai. Ele só sentia pena por ele, pela cadeia inevitável de acontecimentos que tinham levado o pai à prisão.

– Me diga – Betty disse enquanto colocava o farto café da manhã na frente de Jack –, quando é que esta guerra vai acabar? Nós ganhamos?

– Ora, ora, Betty. Você já sabe que não deve perguntar sobre o futuro. – A voz pertencia a Castilan.

Jack virou-se para ver o senhorio descendo as escadas vestindo um roupão curto, o cachimbo já fumegando no canto da boca. Betty resmungou e voltou para a cozinha. Jack estremeceu.

– O futuro é como uma serpente – disse Castilan enquanto andava até a parte de trás do bar e se servia de uma grande dose de uísque. – Podemos segurar a cabeça, mas a cauda vai continuar balançando como se fosse uma... bem, uma serpente. – Ele engoliu a bebida e serviu-se de outra.

Jack estava prestes a perguntar o que ele queria dizer, mas Betty resmungou em voz alta, olhando o copo de Castilan.

– Não é um pouco cedo para isso?

– Ter hora pra tudo é uma invenção absurda! – Castilan resmungou. – Assim como o futuro! E você nunca deve saber demais sobre o próprio futuro. Não é verdade, Betty?

O grunhido de Betty foi quase inaudível, mas o seu desagrado era claro. Castilan sorriu e voltou sua atenção para Jack.

– Eu fiz algumas consultas noite passada, e acho que posso levá-lo a um Descritor.

Jack se lembrou das conversas enigmáticas da noite anterior sobre alguém chamado Descritor.

– Isso é bom, não é?

– Sim! – Castilan respondeu, indignado.

– Desculpe – disse Jack, sem querer ofendê-lo.

– O Descritor pode ver coisas, coisas ocultas. É a pessoa perfeita para encontrar algo escondido. Algo como a Rosa. Como muitas coisas no Primeiro Mundo, os Descritores desapareceram, foram quase esquecidos. Mas... – Castilan deu uma batidinha no nariz e piscou.

Jack conteve um sorriso diante do ego pomposo de Castilan.

– Algum problema, rapaz? – Castilan perguntou abruptamente.

– Sim! Não! – Jack disse sem pensar. – Aonde é que vamos encontrar o Descritor?

– Você não vai – Castilan riu. – Mas um Papão vai.

Ele se inclinou para trás, atolado em sua própria superioridade presunçosa.

– O que é um Papão? – Jack perguntou a contragosto.

O orgulho de Castilan se esvaziou.

– O que é um Papão? Você realmente não sabe nada! Você não é do Primeiro Mundo?

– Sim, eu sou. – Jack não pôde deixar de se sentir indignado.

– Os Papões – Castilan pigarreou – são os donos dos menores cômodos em cada casa deste reino. – Ele apontou para um pequeno armário debaixo da escada. – Aquele ali é o dele.

Jack olhou para o pequeno armário e se lembrou de um cômodo parecido no apartamento em que ele tinha crescido.

– Às vezes é um armário – Castilan continuou –, às vezes é um banheiro, sempre o menor cômodo. Você nunca ouviu barulhos no meio da noite? Arranhões ou uma tosse, talvez um sussurro? Você já perdeu algo num armário? Já viu algo no escuro, olhando pra você? – Castilan fez um gesto teatral. – Esse é o Papão.

Jack estremeceu ao pensar na ideia de encontrar tal criatura.

– Ele pode visitar qualquer casa, em qualquer lugar, por meio daqueles quartinhos. Eles estão todos ligados ao Reino do Esquecimento – explicou Castilan. – E às vezes levam as pessoas com eles, por um certo preço, é claro.

– Como isso vai nos ajudar?

– A única pessoa que sabe como chegar a um Descritor é um Papão.

– E por que você está me ajudando? – Jack perguntou.

Castilan fez uma careta para Jack.

– Quando isso acabar eu posso precisar de um ou dois favorzinhos de um Viajante de correnteza acima... Sabe o que quero dizer?

– Não – respondeu Jack.

– Eu ajudo você e você me ajuda. É assim que o mundo funciona, rapaz. – Castilan riu sombriamente. – Vamos ver o que o futuro nos reserva, hein?

– Você pode ver o futuro? – Jack engoliu em seco.

– Às vezes. – Castilan inclinou-se para Jack. – Você sabe o que eu posso ver agora?

Jack balançou a cabeça. Ele sentiu o suor frio escorrer por sua nuca.

– Eu posso ver... – Castilan sussurrou – um grande prato de comida vindo na minha direção. – Ele se inclinou para trás novamente e falou para Betty, rudemente: – O que é que um homem tem que fazer para ganhar um café da manhã por aqui, mulher?

Betty virou-se para Castilan, a raiva fervendo sob a expressão congelada de desprezo.

– Você ainda quer ter dentes para mastigá-lo?

– Betty, minha querida – Castilan acalmou-a –, um café da manhã seria maravilhoso. – Ele esfregou as mãos gorduchas em expectativa, apreciando a brincadeira.

Betty despejou um ovo e duas salsichas num prato e levou até a mesa de Castilan, jogando-o sob o nariz torto do homem. Quando ela se virou, Castilan pegou seu avental e a puxou de volta para ele, sufocando-a com um abraço apaixonado. Jack corou. Onde estava Davey quando precisava dele?

– Obrigado, minha querida – disse Castilan, enquanto soltava Betty e pegava o garfo. Betty sorriu para si mesma e voltou para a cozinha, estimulada por um tapa saudável no traseiro dado pela mão de Castilan.

O velho teto rangeu e gemeu. Jack olhou para cima e viu Davey no topo das escadas, cansado e desgrenhado.

– Aí vem o poderoso guerreiro! – Castilan brincou. – Pronto para a batalha?

Davey grunhiu quando se sentou à mesa, seus olhos cansados inspecionando os pratos de comida. Betty se aproximou com um prato para Davey.

Nesse instante, a porta do bar se abriu e uma lufada de ar fresco da madrugada acariciou as pernas de Jack. A silhueta majestosa de Eloise encheu a moldura da porta. Ela havia descartado sua armadura antiga e agora usava um vestido longo e escuro, adornado com um cinto pesado do qual pendia a espada poderosa. Seu cabelo escuro estava sedoso e limpo e puxado para trás num rabo de cavalo frouxo, fazendo-a parecer menos temível e revelando pela primeira vez o seu rosto pálido e bonito. Uma capa com capuz emoldurava o pescoço, e por cima do ombro ela carregava quatro raposas sem vida amarradas numa vara. Ela deu as raposas para Betty, que as aceitou sem emoção.

Jack olhou com admiração silenciosa. Ela parecia mais viva agora, animada e vibrante, pronta para enfrentar o mundo.

O rosto de Castilan avermelhou de consternação.

– Onde você esteve? – perguntou, exigente.

– Eu não caçava fazia muito tempo – disse Eloise com o lampejo de um sorriso. – É bom estar ao ar livre de novo.

– Mas eu sou o único com a chave dessa porta – Castilan protestou. – Esta é a *minha* taverna. Eu sei quem entra e quem sai. Sei quem está aqui. Como? Como você fez para... – A voz dele desapareceu.

– Então – perguntou Eloise, ignorando Castilan. – Temos de encontrar um Papão. Certo?

Castilan sorriu, tentando recuperar a compostura.

– Sim, bem, eu já tenho tudo planejado.

– Isso não é necessário – disse Eloise, seu sotaque francês de repente muito mais forte. – Já entrei em contato com um.

– Você o quê? – Castilan ficou de pé, quase incapaz de conter a raiva. Atrás dele, Betty riu.

– Já consegui passagem para mim, Jack e Davey. Ele já está a caminho daqui.

– Mas, mas a que preço? – Castilan balbuciou. – Eu posso negociar um acordo justo. Eu posso...

– Os termos já foram estabelecidos.

Castilan gritou:

– Eu não vou ter um Papão na minha casa, não sem a minha autorização!

Jack fez o possível para conter um sorriso. Ele sentia uma admiração cada vez maior por Eloise.

– Lamento – disse Eloise, o tom impassível. – O Papão está a caminho. Talvez fosse melhor você explicar...

– Não! Eu não vou explicar – Castilan balbuciou, o sentimento de alarme espalhado em seu rosto vermelho. – Que ótima maneira de retribuírem a minha hospitalidade, depois de tudo o que eu fiz por vocês! – Ele se virou para encarar Davey, com a mão estendida em direção a ele.

O rapaz tirou os olhos da comida.

– O quê? Você quer mais? Eu já paguei o suficiente.

– Estragos, quebra-quebra... Papões nunca são sutis.

Jack colocou a mão no braço de Davey e disse baixinho:

– Pague a ele, Davey. Não seja idiota.

Davey ergueu as mãos, derrotado, e tirou a carteira roubada novamente.

– Ok, eu vou pagar – disse ele. – Mas não pense que você vai ficar com tudo o que eu tenho!

Castilan se fingiu de ofendido com o comentário, mas sua mão permaneceu estendida.

De repente, a sala começou a tremer, como se um trem expresso estivesse passando do lado de fora. Os copos nos fundos do bar agitaram-se e vibraram violentamente, um caiu e se estilhaçou no chão de pedra. Enquanto as vibrações aumentavam e o assoalho estufava debaixo de seus pés, Jack viu as paredes se deformando, se expandindo e contraindo, como se algum objeto grande passasse por trás delas. A distorção espiralou na direção das escadas e da portinha de madeira embaixo deles, em seguida as vibrações diminuíram e o ruído se extinguiu. Quando os copos pararam de chacoalhar, Jack ouviu um assobio, como uma grande válvula se abrindo, e uma nuvem azul de fumaça se espalhou por baixo da porta de madeira. O gás se dissipou no ar e uma calma sinistra recaiu sobre o bar.

A maçaneta da porta de bronze sacudiu e, em seguida, girou lentamente no sentido anti-horário. A portinha de madeira se abriu e mais fumaça azul espiralou; quando a fumaça diminuiu, Jack viu algo emergindo lá de dentro. Uma mão longa e fina agarrou a moldura da porta, em seguida outra, no lado oposto. As mãos se tensionaram e um ombro foi empurrado para fora, na parte superior da porta. Em seguida, uma bota apareceu no chão de pedra, seguida de uma perna longa e fina, com uma panturrilha quase da altura da porta. Quando o corpo forçou sua passagem pela porta, a estrutura rangeu e ameaçou ceder no momento em que uma cabeça desgrenhada emergiu e a figura de um Papão se libertou da porta. Seu corpo pareceu se revelar diante dos olhos de Jack, a cabeça subindo e batendo no teto com um baque. A criatura desajeitada deveria ter quase três metros de altura e era tão magra que os ossos pareciam irromper da sua pele grossa. Seus olhos afundados na cabeça eram protegidos por uma testa protuberante, que lançava sombras escuras sobre o rosto, e seu nariz pontudo coroava uma barba negra, que se fundia com uma longa juba de cabelos emaranhados até os ombros, presos em tranças sujas. Ele usava um macacão velho, que era pequeno demais e obrigava seu corpo a pender para a frente, fazendo-o parecer um macaco curioso.

A coisa bizarra tossiu, e dois olhos cintilantes saltaram das órbitas profundas e perscrutaram o cômodo.

– Bom dia! – ele disse com uma voz seca. – Qual de vocês chamou um Papão?

– Saudações, Papão! – cumprimentou Eloise, avançando na direção dele. – Meu nome é Eloise e eu o chamei. Posso saber o seu nome?

– Torbalan, senhora. – Ele apontou para um retalho sujo e desbotado costurado no macacão, na altura do peito, com as letras do seu nome escritas nele.

– Obrigada por ter vindo, Torbalan. – Eloise curvou-se graciosamente e o Papão também fez uma leve reverência.

– Desejamos o conselho de um Descritor. – Enquanto ela falava, a criatura magricela arranhava as paredes e o teto, sentindo o ambiente através de suas longas unhas amareladas.

– Complicado... – disse Torbalan, esfregando a barba espessa e puxando-a em um ponto mais desbastado. – Eu não tenho visto um Descritor desde, hum... cerca de 1918, acho. Pensando bem, poderia ter sido de 1917. – Ele balançou a cabeça, parecendo intrigado com as próprias palavras. – ... 1916, provavelmente. Não importa.

– Você pode encontrar um? – Eloise perguntou, sua voz transmitindo a frustração que Jack estava sentindo.

– Sim, provavelmente, esperem um instante. – O Papão se arrastou de volta pela portinha, empinando o traseiro ossudo enquanto engatinhava em busca de alguma coisa. Por fim, ele se levantou e puxou um grande saco de pano, de onde tirou um mapa de aparência antiga, rasgado e amarelado nas bordas. Desdobrou-o cuidadosamente e estudou os caracteres semelhantes a runas que recobriam sua superfície.

– Difícil... – disse Torbalan, enquanto torcia o nariz para o mapa, virava-o de cabeça para baixo e o colocava embaixo da luz. Ele voltou a virá-lo e o estudou, apertando os olhos.

– É, difícil, mas não impossível. – Ele fez uma pausa para considerar sua declaração, a expressão distante no rosto. – Provavelmente impossível – disse como se se desculpasse, enquanto dobrava o mapa e o enfiava de volta no saco. Então ele endireitou as costas quanto podia, com a cabeça raspando no teto, e sorriu para Eloise. – Sim, eu tenho certeza de que provavelmente é quase impossível, mas vamos fazer uma tentativa, não é? – Ele entrelaçou os dedos e estralou-os, ruidosamente. – Quantos somos?

Eloise apontou para Jack e Davey.

– Três, incluindo eu.

– O pagamento é adiantado – Torbalan disse. – Calotes demais. Não se pode confiar em ninguém hoje em dia. Sinto muito.

Jack viu a carranca no rosto de Castilan, mas Eloise assentiu com a cabeça e puxou uma pequena faca do cinto. Ela juntou o cabelo preto na mão e cortou todo o rabo de cavalo com a lâmina afiada. Deu o cabelo a Torbalan, que o tirou da mão dela, cheirou-o e sentiu o gosto como um animal faminto. Jack observou, num silêncio atordoado, quando Torbalan pegou o cabelo e colocou-o no bolso da frente do macacão.

– De boa qualidade! Muito antigo. – Ele sorriu com aprovação e virou-se para rastejar desconfortavelmente pela portinhola, arrastando o saco nas costas. – Queiram vir à bordo, por gentileza.

Eloise inclinou-se graciosamente e seguiu Torbalan pelo espaço minúsculo.

Jack virou-se para Davey.

– Primeiro as damas.

O sorriso torto de Davey espalhou-se pelo rosto. Ele deu uma palmadinha em Jack, de brincadeira, enquanto desaparecia dentro do armário.

– Obrigado por cuidarem de mim – Jack disse a Betty e Castilan com um sorriso.

Castilan fez uma careta, completamente descontente com a reviravolta dos acontecimentos, mas Betty conseguiu dar um breve sorriso antes que seu rosto voltasse à expressão pétrea de costume.

– Vá, ande logo! – disse ela abruptamente. Jack engatinhou para dentro do armário e a porta de madeira bateu atrás dele.

14

A TUBULAÇÃO

O pequeno armário era abafado e sujo. Jack acotovelou e empurrou os três companheiros, desesperado para encontrar uma posição mais confortável. Os objetos atravancados ali dentro chacoalharam e assumiram a aparência de um espectro ameaçador; nesse minúsculo esquife, as vassouras, baldes e bugigangas tornavam-se enormes e opressivos. Os velhos casacos e sapatos os oprimiam e, sem aviso, uma onda incontrolável de claustrofobia recaiu sobre ele, como um cobertor pesado sufocando seu rosto. Seus pulmões clamaram por ar enquanto o pânico o dominava, e seu braço tateou no escuro em busca da maçaneta da porta, enquanto ele lutava para respirar.

De repente, o chão se abriu e Jack afundou dentro dele. Seu estômago embrulhou e o conteúdo do armário desapareceu acima da sua cabeça, levando com ele a sua claustrofobia entorpecente. Ele gritou, tanto de alívio quanto de terror.

Todos caíram por vários minutos, o ar gelado passando pelo rosto de Jack, aliviando seu enjoo, até que a queda se interrompeu com uma trepidação. Quando seus olhos se ajustaram à fraca luz avermelhada, ele viu que Davey, Eloise e Torbalan ainda estavam por perto. As paredes do armário e o teto tinham desaparecido, e tudo o que restava agora era uma pequena plataforma de madeira com cabos e fios ligando-a à sua parte inferior. Jack olhou por cima da borda do pequeno pedaço de chão e outra sensação tomou conta dele: vertigem. Tudo o que havia em torno deles era um vazio – um vazio negro e infinito.

– Onde estamos? – ele perguntou, temeroso.

– Esta é a província dos Papões, o reino do Esquecimento – Eloise disse calmamente.

Torbalan murmurou alguma coisa enquanto vasculhava seu saco, procurando alguma coisa. Com um puxão ele tirou dali um lampião aceso na ponta de uma longa vara e enfiou-o num buraco na ponta da plataforma, de onde ele lançava uma luz cálida. Em seguida, o Papão puxou o velho mapa novamente e um lápis grosso, com a ponta desgastada e mastigada. Inspecionou o mapa à luz bruxuleante e começou a desenhar uma longa linha em forma de aranha entre dois símbolos rúnicos. Quase imediatamente Jack ouviu algo vindo na direção deles no escuro, guinchando e chiando, e um grande tubo metálico surgiu da escuridão. A forma serpentina ficava maior à medida que se aproximava e ele podia ver uma infinidade de cabos menores sobre sua superfície esburacada, como vermes devorando a carne. Jatos de vapor quente escapavam das articulações em toda a sua extensão, enquanto ela crescia, cada nova seção mais fina do que a anterior, até que, no momento em que chegou à plataforma, não tinha mais do que alguns centímetros de diâmetro. Ele se encaixou agressivamente numa ranhura na parte inferior da plataforma e uma enorme explosão de vapor assobiou através das fendas da plataforma instável, aquecendo as pernas de Jack até uma temperatura desconfortável. Não havia como Jack se esgueirar do vapor, mas ele desapareceu abruptamente quando a miríade de cabos menores chegou ao tubo central. Com uma grande quantidade de cliques, assobios e silvos, eles se ligaram à plataforma, até que, como uma hera crescendo sobre o tronco de uma árvore, tomaram conta do tubo principal.

O tubo chiou e gemeu quando a pressão aumentou lá dentro, fazendo a plataforma vibrar, suavemente no início, depois com muito mais força, até que Jack teve certeza de que a coisa toda ia explodir. O ruído tornou-se ensurdecedor, com cabos batendo uns contra os outros, o vapor assobiando e o metal rangendo contra a madeira. Ele instintivamente se agachou, com as mãos agarradas às laterais da plataforma. Eloise e Davey logo estavam ajoelhados ao lado dele, e apenas o Papão permanecia de pé.

– É preciso aumentar a pressão! – Torbalan gritou, sua voz quase inaudível sobre o barulho. – Vai durar só um pouquinho. Sinto muito. – Ele escreveu algo sobre o mapa, e a plataforma de repente impulsionou-se ao longo do tubo, sacolejando e dando pinotes, enquanto cruzava a pista irregular.

Na escuridão ao redor deles, Jack viu fugazes vislumbres de formas passando rapidamente – outros cômodos de mil casas diferentes, todos de alguma forma ligados à província dos Papões.

– Isso deve ser mágico – disse Jack, pensando em voz alta.

– Não é magia – respondeu Eloise. – Um tratado fez isso acontecer. Séculos atrás, os Papões eram uma poderosa e orgulhosa raça de arquitetos. Eles ensinaram aos fundadores do Primeiro Mundo os grandes segredos da geometria. Isso permitiu que os homens mais esclarecidos construíssem mais cidades, cada vez maiores, tanto no Primeiro quanto no Segundo Mundo. Em troca, pediram uma porção de todos os nossos edifícios. Assim, os menores cômodos passaram a ser deles, para que usassem como elo de ligação entre os reinos. Desde então, o número de Papões tem diminuído, sua sociedade entrou em decadência.

Torbalan grunhiu, como se lembrasse de algum tempo distante.

– Tecelões, aquelas pragas. Eles nos caçam. Tomam nossas almas.

Depois de vários minutos, o tubo mudou de direção e a plataforma começou a descer, como um vagão num aterrorizante passeio de montanha-russa. Eles foram sacudidos em todas as direções; às vezes para baixo, às vezes para cima, e à certa altura se reviraram de tal forma que, por um momento, Jack teve a impressão de que estavam viajando de cabeça para baixo.

Da escuridão outros tubos apareceram, cada um tão longo e retorcido quanto o deles, suspensos de maneira incrível no espaço, sem nenhum apoio. Às vezes eles passavam pelo que pareciam encruzilhadas, onde dois ou mais tubos cruzavam uns com os outros, e Torbalan desenhava uma rota em seu mapa que os levava a um novo tubo.

Passaram por nuvens de vapor, que se condensavam em gotas de chuva e caíam de volta na tubulação; a chuva pinicava o rosto de Jack e manchava a plataforma, deixando anéis escuros de cinza para trás. À frente, um bando de criaturas semelhantes a pássaros, formas escuras do tamanho de um homem, se alimentava dos cabos, puxando e bicando suas tripas.

Quando a plataforma acelerou na direção deles, os pássaros elevaram-se bruscamente no ar, circulando em cima deles, gritando e cacarejando, até ficarem para trás.

Enquanto viajavam ao longo do gasoduto, Jack sentiu uma crescente melancolia em Eloise; olhando para ela, viu, sob a luz suave do lampião, lágrimas umedecendo as suas faces.

– Eloise – disse ele, estendendo a mão para tocar sem jeito a mão dela. Você está bem?

Ela forçou um sorriso.

– Eu não posso senti-lo mais.

– Quem? – Davey ouvia atentamente. – Está se referindo a Rouland, não é?

Eloise assentiu, enquanto enxugava o rosto.

– Ele me trouxe de volta à vida, há muito tempo. Ele me deu o seu alento. Eu sempre o senti desde aquele dia. Nunca saí do lado dele. Mesmo em minha longa prisão ele nunca esteve longe de mim. – Ela balançou a cabeça. – Mas agora, aqui, neste reino, não me sinto inteira. Quanto mais longe fico dele, menos viva me sinto. Eu o odeio. Gostaria que estivesse morto. E se ele morrer, eu vou morrer também. – A esperança cintilou em seus olhos.

– Eu pensei que você já estivesse morta – disse Davey.

– Eu não estou viva, isso é verdade. Não como vocês. Mas para morrer, para realmente deixar de existir, para ser libertada deste poço de culpa sem fim... – Eloise sacudiu a cabeça. – Quando vocês tiverem vivido tanto quanto eu, tiverem feito as coisas que eu fui obrigada a fazer, vocês também vão receber a morte de braços abertos.

A mente de Jack se encheu de pensamentos sobre a morte da mãe e ele de repente ficou com raiva.

– Você não diria isso se fosse morrer.

– Jack, eu já morri antes. Sei do que estou falando.

Jack virou-se para Davey e tentou imaginá-lo como o velho que conheceu num cemitério, o mesmo que sacrificou sua vida para que Jack pudesse escapar. Ele sentiu raiva e um sentimento de vazio, mas, apesar de tudo o que já tinha perdido, sabia que a vida – qualquer que fosse – era preciosa.

A brisa fria afastou esses pensamentos tristes; ele olhou para cima e viu a plataforma se desconectar da extremidade do gasoduto e aterrissar dolorosamente sobre outro, vários metros abaixo.

– Eu vou viver para sempre! – disse Davey alegremente.

Jack fez uma careta.

– Não deseje uma coisa dessas – avisou Eloise. – Mesmo livros grandiosos sempre acabam, e eles são melhores por causa disso. Você acha que uma bela história fica melhor se ela nunca terminar? Mesmo a mais nobre aventura se torna tediosa, sem sentido. A maioria dos heróis virtuosos seria corrompida pelo tempo e se tornaria homens comuns e hediondos. Não, há uma boa razão para morrermos.

Eles viajaram em silêncio até que a plataforma fez uma parada brusca. Jack olhou para o Papão. Ele estudava o mapa e resmungava para si mesmo novamente.

– Ele está perdido – disse Davey.

– Não, não, não perdido – respondeu Torbalan, ouvindo-o. – Só não sei bem onde me encontro... Talvez tenhamos que ir para as Terras Baixas pegar a trilha. Não vou para lá desde 1880, ou 1885. Lugar ruim. Cheio de Tecelões. – Ele virou o mapa ao contrário e levantou o lápis no ar.

– O que é um tecelão? – perguntou Jack.

Mas Torbalan nem sequer ouviu sua pergunta.

– Você pode não gostar disso – disse ele se desculpando. Então balançou a mão e furou o mapa com o lápis.

Quase ao mesmo tempo o oleoduto se desconectou e se afastou da plataforma, golpeando-a na lateral. Eles começaram a cair, aumentando de velocidade a cada segundo. O ar em torno deles crepitava e soltava faíscas, iluminando a plataforma com rajadas de luz azul. Abaixo deles o ar formava um redemoinho de gás e relâmpagos, e Jack ofegou quando o turbilhão furioso envolveu a pequena plataforma.

Relâmpagos caíam sobre ela, minúsculos choques elétricos pinicando seu corpo, em meio a um cheiro forte, parecido com o de ovos podres. A umidade em sua boca e nos olhos evaporou e ele já não podia ver nada exceto uma luz branca. Cada centímetro de seu corpo gritava de dor, mas ele não podia fazer nada, a não ser se agarrar à plataforma e ficar à mercê dela, com os olhos bem fechados.

Então os relâmpagos cessaram. Por um momento, ele ficou deitado quieto, recuperando o fôlego. Tentou abrir os olhos novamente. Ele se sentia esfolado e ressequido, como depois de uma aula de natação, mas muito pior. Formas indistintas apareceram diante dele: Eloise e Davey.

Para a surpresa de Jack, Torbalan estava em pé e descascava uma banana que havia tirado do saco.

– Isso sempre me deixa com fome – disse ele, enquanto engolia pedaços grandes da fruta macia, antes de comer a casca dela também. Ele esfregou as mãos para limpá-las e abriu um sorriso com os dentes sujos de banana.

– Bem-vindos às Terras Baixas.

O ar em torno deles rodopiava numa névoa verde com cheiro de decadência. Os olhos de Jack se ajustaram à luz e ele espiou por sobre a plataforma; estavam flutuando acima de um lago infinito de uma água lamacenta e escura, que borbulhava e fervia, expelindo bolhas fedorentas de névoa verde.

Torbalan farejou o ar, em seguida pegou o saco e tirou dali um grande objeto esférico que pendia de um pedaço de cordão trançado. Erguendo a mão, ele deixou a esfera oscilar para trás e para a frente como um pêndulo. Ela se abriu para revelar uma grande pupila dilatada – um olho gigante injetado de sangue que se movia rapidamente em todas as direções, levando com ele o cordão.

– Ele tem um olho radiestésico! – Davey disse com espanto.

– O que é isso? – Jack perguntou, enojado.

– Preciso dele para achar a trilha – explicou Torbalan. – O olho radiestésico vai localizá-la.

Eloise não estava olhando para o globo ocular oscilante; tinha se voltado para o vazio enevoado.

– Não estamos sozinhos aqui – disse ela.

– O quê? – perguntou Jack.

Torbalan olhou para cima, os olhos profundos brilhando de medo.

– Tecelões!

– Isso provavelmente não é boa coisa, não é? – perguntou Jack.

– Tecelões são abominações, condenadas a navegar pelo Lago das Planícies – disse Eloise. – Eles usam a alma das pessoas para tecer casacos.

Davey riu.

– Eles vão nos tricotar até virarmos uma blusa?

Jack riu também, apesar da situação. Mas a expressão preocupada de Eloise fez o riso estancar em seus lábios.

Um sino soou e a forma indistinta de um barco apareceu na névoa. Ele flutuava acima do lago malcheiroso, erguendo-se lentamente na direção da pequena plataforma. O navio era de um tamanho descomunal.

Silhuetas de figuras retorcidas balançavam no convés e, quando o sino soou novamente, Jack pôde ouvir os gritos estridentes de mil almas torturadas à deriva na névoa. Não importa quanto tempo ele ainda vivesse, nunca mais se esqueceria daquele lamento. Ele tremia quando se virou para implorar a Torbalan que os levasse para longe dali. Ele abriu a boca, mas o pânico deixou o ar preso em sua garganta – ele nunca havia sentido um terror tão absoluto. Eloise e Davey pareciam paralisados também, incapazes de resistir.

A força para lutar drenada dele, deixando apenas um sentimento sombrio de inevitabilidade.

Torbalan, no entanto, avançava lentamente, o olho ainda vasculhando o lugar, em busca do caminho certo a seguir. O navio dos Tecelões seguia na direção deles, a proa de madeira singrando através da névoa enquanto vozes gritavam ordens. E o tempo todo a tristeza sem fim das almas perdidas emitindo um lamento, cada vez mais alto, cada vez mais perto. Isso era um milhão de vezes pior do que viajar através das Necrovias.

Jack não aguentou mais. Desabou no chão, batendo a cabeça nas pranchas de madeira. Sentiu os corpos de Eloise e Davey caírem pesadamente ao lado dele, os dois de bruços, imóveis e indefesos.

Torbalan caiu de joelhos, o grito começando a afetar até mesmo ele. Sua mão ainda estava estendida na frente, e o olho radiestésico balançava loucamente, enquanto a outra mão agarrava o lápis com força, a ponta pairando sobre o mapa aberto no piso da plataforma.

O sino do navio dos Tecelões tocou novamente, seguido pelo raspar metálico dos arpões disparados pelos canhões. Mísseis no formato de longas agulhas foram disparados na direção deles, com a intenção de arrastar a pequena plataforma para o convés do navio e colher as almas a bordo.

Naquele exato momento, o olho radiestésico ficou imóvel, apontando para a escuridão.

– Finalmente! – sussurrou Torbalan. Com o que restava de suas forças, ele traçou uma linha fina em seu mapa.

A plataforma deu um solavanco e um longo gasoduto serpenteou em direção a eles em alta velocidade. Bateu violentamente na plataforma, fazendo-a desviar para o lado justamente quando uma saraivada de arpões-agulha passava por eles assobiando, errando o alvo por centímetros. Quando Jack deslizava para a borda da plataforma, sentiu o cano segurá-los, tirando-os abruptamente do alcance dos Tecelões.

Outra rajada de arpões passou sibilando através da névoa e errou por pouco a plataforma, que acelerava e desaparecia pelas águas lodosas mais abaixo. Os gritos lamentosos diminuíram até se desvanecer, e Jack sentiu que recuperava as forças. Torbalan já estava de pé e concentrado no mapa, como se nada tivesse acontecido.

– Encontrei! – ele disse, emocionado. – Encontrei um Descritor.

Eloise e Davey sentaram-se, ambos com um olhar de desespero no rosto banhado de lágrimas. Jack tinha certeza de que seu aspecto era o mesmo, e não sentiu nenhuma alegria pela fuga bem-sucedida; ele sentia só a dor das almas perdidas que haviam deixado para trás...

15

A PROPOSTA DE MONTY

A pequena plataforma acelerou rumo ao Reino do Esquecimento, até que, depois de várias horas, começou a desacelerar. Eles estavam com frio e molhados depois de voar através da névoa durante tanto tempo, e o vento gelava seus corpos ainda mais. Quando sentiram um solavanco no momento em que a plataforma parou, receberam um jato de ar mais quente que levantou o ânimo de seus espíritos prostrados.

Torbalan sorriu para Jack, Davey e Eloise.

– Nada é impossível, não é mesmo? – Ele piscou para eles e, ao fazer um rabisco em seu mapa, a plataforma começou a subir rapidamente. O ar esfriou novamente e a névoa escureceu e ficou turva. Ouviu-se um estrondo como o de um trovão e a plataforma sacudiu até parar com um solavanco. Jack abriu os olhos e viu que a plataforma tinha paredes e um teto novo. Mas esse não era o pequeno armário sob as escadas da Taverna do Enforcado; eles estavam agora numa despensa bem abastecida.

O cômodo era pequeno, mas pelo menos o teto era alto o suficiente para ficarem de pé. As prateleiras rangiam sob o peso das carnes, dos pães, dos vidros de conserva e das garrafas empoeiradas de vinho. Na frente deles, uma porta fechada.

– Última parada! – anunciou Torbalan.

– Estamos na casa do Descritor? – perguntou Eloise.

Torbalan estudou seu mapa.

– Pelo que me consta, sim.

Jack testou a maçaneta, estava destrancada. Com uma trepidação, ele a girou e saiu da despensa.

– Obrigado a todos – disse Torbalan, enquanto conduzia Davey e Eloise para fora do armário, com um sorriso formal. – Avisem se precisarem dos meus serviços novamente. – Ele fechou a porta atrás deles e, quase imediatamente, soou um estampido trovejante e uma nuvem de fumaça azul surgiu debaixo da porta. O Papão tinha partido.

Jack encontrava-se numa grande cozinha, escura e deserta. De acordo com um relógio na parede, eram duas e meia. Aviões zumbiam do lado de fora, bombas explodiam à distância e sirenes ecoavam pelas ruas vazias. Eles tinham retornado à Londres de 1940.

Silenciosamente, aventuraram-se para fora da cozinha; Eloise na frente, com a mão no punho da espada, Jack e Davey atrás dela. Enquanto percorriam um longo corredor até um amplo saguão, Jack imaginava a quem a casa podia pertencer, que novos estranhos poderia encontrar. Uma grande escada fazia uma curva graciosa para cima a partir do chão de mármore, seu corrimão de carvalho polido refletindo o luar azul. Flashes do fogo antiaéreo iluminavam o salão em rajadas esporádicas, tirando os objetos da escuridão: um quadro impressionante na parede, uma coleção de vasos finos sobre uma delicada mesa de mogno, um relógio de pêndulo soberbamente entalhado.

– Bem – disse Davey –, parece que não tem ninguém em casa; podíamos muito bem nos servir daquela despensa lá atrás.

– Tem alguém aqui – Eloise disse baixinho.

– Sua amiga morta está certa – ecoou uma voz grave da escuridão. Eloise se virou instantaneamente, a espada desembainhada, enquanto tentava localizar a origem da voz.

– Por favor, guarde sua espada, não é preciso hostilidade. – A voz vinha de uma sala ao lado do saguão de entrada. A porta estava aberta e Eloise entrou com cautela, com Jack e Davey atrás dela, nervosos.

Prateleiras carregadas de livros intercaladas com todo tipo de antiguidade de aparência estranha e objetos colecionáveis cobriam as três paredes do pequeno cômodo. No centro havia uma grande poltrona de leitura. Um ancião de cabelos brancos, vestindo um paletó de veludo roxo, olhava para eles, acariciando a barba bem aparada.

– Eu presumo que vocês tenham viajado até aqui com um Papão – disse ele enquanto colocava o livro que estava em seu colo sobre uma mesa ao lado da poltrona. – Eu realmente preciso colocar um cadeado na minha despensa.

– Você é um Descritor? – perguntou Eloise, a espada erguida à sua frente. – Você pode ver além do visível?

A pergunta ficou sem resposta.

– Na verdade, eu não tenho estômago para lutas com espadas, abaixe a arma.

Eloise lentamente colocou a espada na bainha.

– Obrigado – disse o homem. – Agora, vamos começar de novo? Meu nome é Montgomery Falconer, e esta é a minha casa. Todos me chamam de Monty. Vocês podem me chamar de Monty se quiserem.

Jack se aproximou e disse:

– Olá, Monty. A dama com a espada é Eloise, este é Davey e meu nome é Jack. – Ele estendeu a mão para Monty.

– Não! – Eloise gritou e tentou puxar Jack de volta, mas ele já estava apertando a mão do homem. Monty segurou a mão dele pelo mais breve dos instantes, mas o tempo pareceu se alongar indefinidamente. A mão do homem era fria e delgada, o que fez Jack se lembrar da mão da sua babá. Mas ele sentiu algo mais – uma explosão de imagens dentro da cabeça. Foram tão fugazes que ele não conseguia entender o que tinha visto, como se algo tivesse acabado de estimular lembranças havia muito esquecidas; no entanto, ele se sentia ligado a lugares e acontecimentos que nunca tinha visto, a uma história que se estendia para além do seu nascimento. Era como se estivesse viajando pela sua própria Necrovia. Jack recuou, surpreso, trêmulo e sem fôlego.

– Sinto muito, Jack – desculpou-se Monty, com a voz triste. – Eu não deveria ter tocado em você sem primeiro explicar. Presumi que sua amiga Paladina já tivesse se encarregado dessa pequena tarefa, mas não importa. – Monty esfregou a própria mão.

– Você... você leu a minha mente? – Jack perguntou, ainda atordoado.

– Ele é um Descritor – disse Eloise laconicamente. – Sente através dos dedos. Vê através dos dedos.

– Uma explicação bem romântica, Eloise – disse Monty, recuperando a compostura –, mas verdadeira. Ao tocar você, eu me liguei momentaneamente a tudo o que você já tocou. Pude ver a cadeia de acontecimentos que trouxe você até aqui, até mesmo aqueles que você mesmo nunca testemunhou diretamente. Cada vida é um único fio de uma teia muito maior. Eu posso ver essa teia.

– O que isso significa? – perguntou Jack.

– Isso significa que eu sei o que o trouxe aqui. Você está procurando a Rosa de Annwn. – O rosto de Monty era ilegível, como uma máscara mortuária. – Você não é o primeiro, sabe? Muitos a têm procurado ao longo dos anos, e ninguém a encontrou. Mas todos acham que eu posso ajudar. – O Descritor encolheu os ombros.

– Você pode? – perguntou Davey.

– Como eu disse, muitos me perguntaram a mesma coisa. Até hoje eu nunca soube onde ela estava.

– E agora você sabe? – Jack inclinou-se na direção de Monty, ouvindo atentamente.

– Agora eu sei. A Rosa tocou você, Jack. E agora você me tocou. Um Descritor, pelo menos um que mereça esse título, pode ver além da mera luz e sombra. Vemos através das fissuras do espaço e do tempo, na direção do infinito além deles. E, se formos muito, mas muito bons, podemos ver coisas que nenhum outro homem pode ver. E eu sou muito, muito bom. Graças a você, agora posso ver a Rosa. Estranho que ela tenha se escondido de mim esse tempo todo, mas agora eu entendo por quê. – Monty sorriu, ele estava apreciando a situação. – Suponho que você esteja se perguntando – continuou ele – se eu vou ajudá-lo a encontrá-la ou se vou correr para dizer a Rouland onde ela está.

– Não temos muito a oferecer, mas...

– Isso não é verdade, Jack. Vi muitas coisas quando nós apertamos as mãos. Você é um Viajante, não é?

– É o que dizem – Jack respondeu com ar de dúvida.

– E um dos mais notáveis, se estou correto. Então podemos fazer um trato. Eu tenho pouco tempo para Rouland. Ele não deseja outra coisa que não seja controle. Eu prefiro o mundo com um pouco de caos, o que contribui para que a vida seja muito mais agradável. Mas Rouland ofereceu-me muito no passado para encontrar a Rosa, e eu teria aceitado sua oferta se soubesse como cumprir a minha parte do acordo, algo que eu fui incapaz de fazer até hoje. Se as lendas são verdadeiras, a Rosa é algo de grande poder. Rouland procura o poder para que possa governar o Outro Mundo e todas as outras esferas, inclusive a nossa. É tudo um absurdo, é claro, mas Rouland acredita na Rosa, diz que esteve no Outro Mundo. A crença numa coisa pode ser muito perigosa.

– Mas a Rosa existe?

– Ah, existe com certeza – disse Monty. – Eu já não questiono o valor da Rosa. Já o folclore que a cerca... – Ele fez um gesto de desdém com a mão.

– Onde vou encontrá-la?

– Primeiro você tem que me dar o que eu desejo, então a localização da Rosa será sua para fazer o que achar melhor, e Rouland não precisará jamais saber disso.

– O que você quer? – Jack perguntou, inquieto.

Monty abriu um sorriso largo.

– Direto ao ponto. Muito bem, jovem Jack. O que eu desejo é algo que só você pode me dar. Eu sou um colecionador, como vê. – Monty apontou para as várias prateleiras cheias de livros e ornamentos raros. – Quando eu era jovem, usava meu dom de encontrar coisas, objetos raros que tinham valor no Segundo Mundo. Eu vivia uma vida confortável aqui nesta casa, e aprendi a amar a minha coleção mais do que você poderia imaginar. Mas o problema com o fato de colecionar coisas bonitas é que você nunca fica satisfeito. Tem sempre uma coisa mais bela para colecionar.

Monty levantou-se lentamente, os seus velhos ossos rangendo sob seu peso leve. Ele mancou até sua estante e estudou os títulos, correndo os dedos pelas lombadas.

– Quanto você pode voltar no passado? – perguntou Monty. – Até que ponto as Necrovias podem fazê-lo voltar no tempo, Jack?

– Eu não sei, eu...

– Ele é o melhor que eu já vi – Davey interrompeu. – Se alguém pode buscar algo pra você, esse alguém é o Jack.

Monty riu.

– Você é um excelente negociante, Davey. Preciso de um livro: *Sobre a Natureza dos Reinos Ocultos*, de Magnus Hafgan.

Os olhos de Eloise se arregalaram.

– Você quer *esse* livro? Seu preço é muito elevado.

– Sem dúvida. – Monty riu. – Esqueci que você saberia disso.

– Rouland procurou esse livro também. – disse Eloise. – Ele é um guia, um caminho para voltar ao Outro Mundo. Isso, combinado com a Rosa, daria a ele tudo o que deseja.

– É verdade – confirmou Monty com uma risadinha. – É uma edição muito rara. Na verdade, existe apenas uma cópia, impressa em janeiro de 1813. – Ele disse a data lentamente, deixando a enormidade do seu pedido pairando no ar.

Davey ficou horrorizado.

– 1813? Ninguém nunca foi assim tão longe!

– Eu sei. – Monty sorriu. – Você acha que eu não tentei antes? Já contratei muitos Viajantes no passado, e ninguém jamais conseguiu. Mas sinto que o nosso jovem amigo aqui é muito especial.

– O que você quer com esse livro? – Eloise disse laconicamente.

– Eu sou um colecionador. – Monty apontou para as muitas prateleiras cheias de livros.

– Você vai dar a Rouland.

– Talvez. – Os lábios de Monty se esticaram num sorriso frio.

– Mas há muito para estudar nesse livro. Muitos segredos estão escondidos em suas páginas, e eu preciso saber o seu verdadeiro valor antes de fazer uma venda. Levaria anos para eu digerir devidamente seu conteúdo. Então, e somente então, eu escolheria um proprietário digno. Você vai ver que eu sou um homem paciente.

– Eu vou fazer isso – disse Jack impulsivamente.

Davey puxou o braço do menino.

– Jack, é perigoso. Se você voltar tantos anos no passado, pode se perder, ou pior do que isso.

Eloise concordou solenemente.

– Davey está certo, Jack. A tarefa é muito perigosa.

– Ora, ora – disse Monty, acenando com um dedo de advertência em frente a ele –, não vamos encher a cabeça do menino com histórias de terror. É uma escolha simples. Você pode concordar com meus termos, me trazer o livro, e eu vou lhe dizer onde encontrar a Rosa, ou nos despedimos aqui como cavalheiros. Talvez eu possa fazer um acordo com Rouland.

Eloise puxou a espada novamente, mas Jack ergueu a mão.

– Eu já disse que vou. – Ele sabia que tinha que seguir essa ligação com sua família para encontrar o seu lugar no Primeiro Mundo.

– Jack... – Os olhos de Davey insistiam com ele.

– Onde eu posso encontrá-lo? – Jack perguntou, ignorando as preocupações de Davey.

– Aqui em Wren Street – disse Monty. – Não foi por acaso que comprei este imóvel. Esta casa pertencia à última proprietária conhecida do livro, uma tal Jane McBride. Você vai encontrar uma igreja no final desta rua, a Grey Inn Road: a Igreja de São Bartolomeu. Há uma lápide lá, datada de 13 de janeiro de 1813: Timothy McBride, o marido de Jane. Após a morte dele, o livro desapareceu. Esse livro deve perdurar para sempre. Se você o trouxer para mim, eu vou garantir que isso aconteça.

Eloise agarrou o braço de Jack.

– Esse livro – disse ela – é uma coisa perigosa. Talvez seja melhor que fique perdido.

Jack balançou a cabeça.

– É a nossa melhor chance de encontrar a Rosa.

– Talvez isso seja exatamente o que Rouland quer: a Rosa e o livro a seu alcance.

O mesmo pensamento ocorrera a Jack. Ele sabia que os riscos eram grandes.

– Eu tenho que tentar, pela minha família.

Eloise deu um passo na direção de Monty.

– Eu vou ficar aqui até Jack voltar. Nenhum outro acordo será feito.

Monty suspirou enquanto voltava a se sentar na sua poltrona de leitura.

– Como quiser.

Jack acenou com a cabeça e caminhou em direção ao saguão de entrada sem dizer mais nada. Davey correu atrás dele.

– Jack, espere por mim!

Lá fora ainda estava escuro e silencioso. Davey alcançou Jack quando ele atravessava a rua.

– Você está louco? – Davey perguntou.

– Não acho. Que opção eu tenho?

– Ninguém nunca foi tão longe assim. Cinquenta anos talvez, alguns conseguiram voltar até sessenta. Mas um século? É impossível!

– Eu voltei mais de setenta para chegar aqui – disse Jack.

– Você tem sorte. Você não sabe dos perigos. Não foi nem treinado.

– Então me treine!

– Eu não sou um Viajante. – Davey suspirou. – Não tenho o mesmo dom que você.

– Seu eu mais velho disse que tinha. Ele prometeu me treinar.

– Eu digo muitas coisas, Jack – disse Davey num tom de voz triste e cheio de aversão por si mesmo.

– Mas você ainda sabe mais do que eu – respondeu Jack. – Você pode me ajudar a ir.

– É loucura!

– Tem razão – admitiu Jack. – Mas eu vou tentar de qualquer maneira. Então, você vem comigo ou vai esperar com Eloise?

Jack olhou para Davey, à espera de uma resposta, torcendo para que o seu medo não fosse evidente. Davey não respondeu. Jack encolheu os ombros e voltou a caminhar em direção à igrejinha no final da rua.

– Espere! Estou indo, estou indo.

16

UMA BUSCA INÚTIL

– Aqui está! – Jack gritou. – Timothy McBride, 13 de janeiro de 1813.

O cemitério da igreja era pequeno e decadente, e havia apenas algumas lápides intactas ainda de pé, por isso não demorou muito para Jack encontrar a certa. Uma grande estátua de pedra de um anjo com as asas estendidas marcava a sepultura.

Ele parou e se virou para Davey, com uma nova pergunta pipocando na sua cabeça.

– Posso carregar coisas comigo?

– Por acaso você chegou aqui pelado? – perguntou Davey.

Jack sorriu, aliviado por isso não ter acontecido.

– Você pode trazer coisas com você, mas vai ser mais difícil se elas não forem muito grandes – explicou Davey. – Lembre-se disso e tudo deve dar certo.

– *Deve*? – Jack perguntou, a mistura de dúvida e apreensão aumentando em seu estômago.

– Veja, *você* quis fazer isso, não eu. Então, você vai encontrar a Necrovia ou não? – Davey perguntou, impaciente.

Jack colocou a mão na velha lápide.

– Consegue sentir alguma coisa? – Davey perguntou.

– Não, ainda não.

– Eu disse que era loucura. É muito tempo! – lamentou Davey. – A Necrovia já deve ter desaparecido.

De repente, uma imagem passou pela cabeça de Jack: um cavalo puxando uma carroça carregada.

– Captei alguma coisa.

– O quê? Não acredito! – Davey colocou a própria mão sobre a pedra.

– Foi muito vago – disse Jack –, mas está ficando mais forte agora.

– Eu não consigo sentir nada.

Jack abriu os olhos e olhou para Davey.

– Você sempre foi um Viajante?

– Não – Davey confessou. – Meu velho era, então todo mundo pensava que eu seria também, então fui treinado por um Oficial durante algum tempo. Ele me mostrou como abrir uma Necrovia, o básico, mas eu nunca tive jeito pra isso. Eu simplesmente não tenho o dom que você tem. – Ele tirou a mão da pedra.

– Espere – disse Jack. – Está desaparecendo outra vez. Coloque a sua mão de volta.

Davey fez o que Jack pediu e fechou os olhos. Jack sorriu.

– É, apareceu novamente. – Ele pegou a outra mão de Davey e apertou-a com força.

Jack podia sentir isso agora, o toque de Davey por algum motivo ampliava o seu próprio. Uma torrente de imagens tomou conta dele. Jack viu o enterro, e o acidente que causou a morte; a dor dos ossos quebrados pulsou dentro dele.

– Eu senti isso! – exclamou Davey, rindo, apesar da leve dor. Jack empurrou a pedra e sentiu a Necrovia.

– Consegui! – ele sussurrou.

Inesperadamente sua mão começou a doer, como se ele estivesse sendo puxado para longe. Ele tentou largar a mão de Davey, mas já era tarde demais. Ele estava na Necrovia. Não podia gritar, não podia se mover, mas a dor aumentava. Sentia como se o braço estivesse sendo esticado, partido ao meio, uma fibra de cada vez. Dentro da dor havia um dilúvio de imagens, muito mais vivas do que nas suas duas viagens anteriores pela Necrovia.

Ele era um menino chorando pela mãe morta, embora ela nem fosse sua...

Seu pai bêbado segurando-o sob as águas frias do Tâmisa, desejando que ele morresse, e ele sentindo o horror de ser traído por uma pessoa querida...

Ele foi arremessado de volta, e de repente estava livre, correndo descalço pelas ruas escuras de Londres...

Ele estava sozinho na chuva, tremendo e com fome...

Ele fez uma amizade, e então foi traído por um menino de cabelos brancos...

Dois homens estavam batendo no rosto dele, arrastando-o sobre pedras, levando-o para o subsolo...

Ele foi jogado num navio estranho, e então lançado para fora dele, para o desconhecido...

Ele estava de volta a Londres, dolorido e quebrado, sem ninguém para ajudá-lo...

O medo e a solidão anestesiavam a dor, mas ela não diminuiu. Ele desejou que tudo acabasse, não podia mais suportar...

Ele sentiu uma corda em volta do pescoço, sentiu seu próprio medo, seu próprio arrependimento, sua própria covardia...

E então viu seu próprio rosto olhando para ele...

Jack estava se afogando em lembranças.

Justamente quando achava que não conseguiria aguentar mais, sentiu o chão congelado embaixo dele, flocos macios de neve caindo em seu rosto. Sua cabeça parecia pesada, cheia de novas lembranças, e uma tremenda sensação de perda e fracasso o enchia de tristeza. Seu braço ainda doía e, quando ele tentou movê-lo, algo o segurou para baixo. Ele virou a cabeça para ver o que havia de errado: o corpo inconsciente de Davey estava caído sobre ele. Ele libertou o braço e rolou Davey até o garoto ficar de costas e deu uma checada rápida. Sim, ele ainda estava respirando.

Jack olhou ao redor do cemitério coberto de neve. A grande estátua do anjo tinha desaparecido. Ele olhou para Davey com descrença: será que seu amigo tinha realmente viajado com ele pela Necrovia?

– Davey – ele sussurrou –, acorda. – Ele bateu suavemente no rosto do outro e os olhos de Davey se abriram.

– Por que você está me batendo? – A voz de Davey estava áspera e rouca.

Jack riu.

– Sabe o que aconteceu?

Davey sentou-se com um sobressalto.

– Nós dois viemos através da Necrovia – Jack explicou. – Estamos em 1813.

– Tem certeza?

– Sim, acho que sim. A lápide sumiu e, olha, está nevando!

– Mas o que *eu* estou fazendo aqui?

– Você veio também, Davey. Juntos, ficamos fortes o suficiente para transportar nós dois. Suponho que esse dom esteja no sangue da família, no final das contas. – Jack mal podia controlar a alegria. Ele não tinha ousado admitir quanto estava apavorado com a ideia de viajar para 1813, com o que podia acontecer, de fazer a viagem sozinho. Ele estendeu a mão para Davey e o puxou para que ficasse de pé. Davey a princípio ficou instável e, por um instante, Jack achou que ele poderia estar passando mal, mas depois de aspirar várias vezes o ar gelado, a cor começou a voltar ao rosto dele.

– Estamos realmente em 1813?

– Sim – confirmou Jack. De alguma forma ele sabia.

– E eu vim com você?

– Veio. Você é um Viajante também, Davey!

– Eu... Acho que sou. – Davey abriu um leve sorriso, que em seguida se transformou num grande sorriso cheio de dentes. Ele arqueou as sobrancelhas e então riu alto. Abruptamente Davey parou, girando como um animal assustado.

– O que foi? – Jack perguntou.

Davey estremeceu.

– Não sei. Apenas senti como se estivéssemos sendo observados.

Jack estudou o terreno em volta da igreja, mas não viu ninguém nas proximidades.

– Vamos embora – disse ele, com cautela. – Vamos sair daqui.

Davey assentiu com a cabeça, e os dois meninos refizeram lentamente o caminho que tinham acabado de percorrer em 1940 – para fora da igreja, de volta à rua e para a grande casa que um dia pertenceria a Montgomery Falconer.

A rua coberta de neve fervilhava com o barulho das charretes e carroças, cavalos andando cautelosos pelas estradas cheias de gelo. Homens lidando com suas ocupações. Alguns falavam e riam, sentindo as espessas lufadas de vento gelado na cabeça. Outros andavam apressados no caminho branco, pensando em seus negócios. Aqui e ali havia crianças pequenas, brincando alegremente, aparentemente sem serem afetadas pelo frio, enquanto ignoravam a neve que caía. Jack olhou para as diferenças contrastantes da cidade que ele tinha conhecido em 2013 e 1940. Muita coisa ainda era familiar e continuava inalterada ao longo das décadas, mas outras partes eram irreconhecíveis. As ruas precárias, estreitas e sinuosas, cheias de cavalos e carroças faziam Londres parecer um parque temático histórico, construído nos campos de uma fazenda.

Jack e Davey chamavam pouca atenção; suas roupas sujas de 1940 não pareciam tão estranhas aqui quanto pareceriam na época de Jack.

– Você acha que vamos conseguir voltar? – Jack perguntou.

– Não sei – disse Davey. – Eu não achava que íamos conseguir chegar aqui; vai ser um milagre se conseguirmos voltar e tudo mais. – Ele sorriu ainda, mas seus olhos tinham um brilho distante de preocupação.

Jack estremeceu.

– Nós temos que voltar. – Ele tinha que salvar a vida de sua mãe.

Em 1940, as casas enfileiradas pareciam desgastadas e decadentes, e ostentavam cicatrizes de reformas malfeitas. Agora, num passado muito mais remoto, as casas eram novas e vistosas, seus contornos suavizados pelo manto de neve cada vez mais espesso.

Quando se aproximaram da casa dos McBride, Jack hesitou.

– O que vamos fazer? Não podemos apenas bater na porta e pedir o livro.

Davey pensou por um momento, em seguida, anunciou:

– Deixe comigo; isso é especialidade minha.

Jack observou a autoconfiança exagerada de Davey e uma percepção súbita apoderou-se dele: as visões sombrias que ele tinha visto na Necrovia, a vida vivida nas ruas, os anos de sofrimento, a tragédia de uma juventude interrompida... Nem todas aquelas lembranças dentro da Necrovia eram de Timothy McBride. Algumas tinham sido arrastadas até a superfície das partes ocultas da mente de Davey. Ele olhou para o amigo e lamentou o que ele tinha passado.

Davey bateu com confiança na porta do casarão. Depois de um instante eles ouviram alguém no grande saguão de entrada; então a porta se abriu e um homenzinho olhou para eles com desconfiança. Ele estava vestido com um uniforme apertado; sem dúvida era o mordomo dos McBride, supôs Jack.

– Bom dia, senhor – disse Davey com um sorriso.

– São três da tarde – disse o mordomo, seco.

– É mesmo? – Davei olhou para o céu acinzentado. – Queira me desculpar. Meu patrão me enviou, senhor. Somos da Morrow e Vale Encadernações, a seu serviço. Ele me pediu para recolher um livro para reparo.

Jack ficou impressionado com o raciocínio rápido de Davey. Ele disfarçou instantaneamente seu sotaque evidente, lembrando Jack do David mais velho que ele tinha conhecido em 2008.

O mordomo olhou para Davey e Jack, e tirou um par de óculos em formato de meia-lua que apoiava na ponta do longo nariz. Qual é o nome do seu patrão, rapaz?

– Sr. William Vale, senhor. Morrow e Vale Encadernações.

– Nunca ouvi falar dele – o mordomo sibilou. – Espere aqui.

Ele bateu a porta com firmeza, deixando Jack sem saber se ele iria voltar.

Por fim, a porta se abriu novamente e um homem alto e elegante apareceu no vão.

– Que história é essa de livro? – perguntou o homem. – Eu não solicitei nenhum reparo.

– Acredito que tenha sido a dona da casa quem fez o pedido – Davey disse rapidamente. – Chama-se *Sobre a Natureza dos Reinos Ocultos*. Se puder trazê-lo não o incomodaremos mais, senhor.

À menção do título do livro, o homem ficou visivelmente tenso.

– Minha esposa está ocupada – ele respondeu. – E eu não tenho nenhum interesse por esse livro detestável.

– Sua esposa? – Jack perguntou, horrorizado.

– Sim – disse o homem. – Qual o problema?

– O senhor é Timothy McBride – perguntou Jack, com um nó no estômago. Em que data estamos?

– Não entendi. – Timothy McBride fez uma careta.

– A data de hoje – Jack exigiu. – O senhor pode me dizer que dia é hoje? Estamos no dia 13?

– Jovem, suas maneiras são tão polidas quanto a sua compreensão do tempo é apurada. Hoje é dia 12.

Jack cambaleou para trás, tropeçando nos degraus altos.

– Vou informar a senhora McBride – Timothy McBride disse secamente para Davey. Ela entrará em contato com o seu patrão diretamente, se é que ele realmente existe. Tenham um bom dia.

A porta se fechou com firmeza.

– O que foi aquilo? – perguntou Davey, puxando Jack pelo ombro. – Você estragou tudo. Parecia um lunático.

– Alguma coisa está errada, Davey. Hoje é dia 12, não 13. Chegamos no dia errado.

– Nós voltamos um pouco demais, é só isso – disse Davey rapidamente. – Acontece. Viajar por uma Necrovia não é como tomar um trem para uma estação. Quanto mais longe você vai, mais o ponto final fica... digamos... difuso. Ele se desvanece. Fica, tipo, mais vago. Chegamos no dia 12 e não no dia 13, e daí?

– E daí? – Jack disse, incrédulo. – Timothy não está morto. Ele só morre amanhã. Era ele, aquele era Timothy.

– E daí? – repetiu Davey despreocupadamente.

– Ele vai morrer amanhã! – Jack gritou. – Você não vê? Se pudermos avisá-lo, então talvez ele não morra.

Davey balançou a cabeça com firmeza.

– Não, você não vai avisá-lo! Você não pode começar a brincar com esse tipo de coisa. Você vai interferir na ordem natural das coisas.

– Acabamos de voltar mais de cem anos no tempo para buscar um livro. Como isso pode ser natural?

Davey deu de ombros, desconfortável.

– Ele vai morrer num acidente com um cavalo e uma carroça – Jack continuou. – As lembranças estavam na Necrovia, nós dois sentimos que isso vai acontecer. Se pudermos avisá-lo, se pudermos mudar as coisas, então... então...

– Então o quê? – Davey disse com raiva.

Eu posso salvar a minha mãe! Jack queria gritar. Em vez disso ele se virou.

– Jack, já aconteceu. Isso tudo já é história.

– Mas... que sentido faz?

– O que você quer dizer?

– Se não podemos mudar as coisas, se não podemos fazer as coisas melhorarem, então para que serve um Viajante?

– As coisas acontecem por uma razão. Não cabe a nós questionar...

– Não cabe a nós? – Jack interrompeu com raiva. – Se não cabe a nós, então cabe a quem?

– Eu não sei – disse Davey, pouco à vontade. – Quem vai dizer qual é a coisa certa a fazer? Se Timothy não morrer, então outra pessoa pode morrer no lugar dele. Quem você vai escolher, Jack? Quem?

Jack se atrapalhou com a resposta.

– É uma coisa muito séria para a gente adivinhar – continuou Davey. Então ele parou e uma expressão solidária se estampou em seu rosto.

– Por mais que queira, você não pode ajudar a sua mãe. Esqueça essa ideia de mudar coisas, antes que você piore tudo.

O raciocínio de Davey só fez Jack se sentir mais determinado.

Uma imagem de sua mãe nublou seus pensamentos e ele olhou para a casa grande, direto nos olhos de Timothy McBride, parado numa das janelas cobertas de gelo. Um impulso primitivo o fez correr de volta até os degraus da frente e bater na porta.

– Jack! – Davey gritou, mas o garoto mais novo não deixaria que nada o detivesse. Ele bateu de novo, impaciente por uma resposta.

O mordomo abriu a porta devagar.

– Eu preciso falar com o senhor McBride! – Jack gritou. – A vida dele está em perigo.

– Saia daqui, rapaz! – disse o mordomo disse, empurrando-o para longe da porta.

– Por favor, eu tenho que dizer a ele. Ele vai morrer amanhã.

– Será que preciso chamar a polícia? Caia fora, antes que eu faça isso. – O mordomo tinha quase fechado a porta na cara de Jack quando uma voz calma ordenou que ele parasse. Timothy foi até a porta, passou pelo mordomo, que suspirou, relutante em dar passagem.

– Obrigado, Wainwright – disse Timothy, dispensando-o com um aceno educado.

O mordomo se afastou, recuando para a escuridão do saguão de entrada.

– Bem, vamos logo com isso, garoto – disse Timothy, inspecionando Jack com uma postura austera e decidida. – O que você tem a me dizer?

– Eu sei que pode parecer maluquice – Jack gaguejou. – Mas fique em casa amanhã. Não saia. Cancele qualquer compromisso que tiver. – Ele podia ouvir o desespero em sua voz e se perguntou se Timothy também teria ouvido.

– Amanhã? Impossível! – Timothy respondeu, impassível. – Tenho um compromisso na hora do almoço.

– Se sair amanhã, o senhor vai ser atropelado por uma carroça e... e vai morrer.

Timothy considerou as palavras de Jack por um momento e, em seguida, seus lábios finos se abriram num sorriso.

– Mas que coisa totalmente absurda! Você é cigano? Receio dizer que não acredito nessas tolices místicas, e certamente não vou lhe dar nenhum dinheiro, se é isso o que pretende.

Timothy começou a fechar a grande porta. Jack estendeu o braço para detê-lo.

– Por favor. O que posso fazer para convencer o senhor?

Timothy sorriu, mas o ar condescendente tinha desaparecido do seu rosto.

– Você já me convenceu, meu jovem, já me convenceu. Agora, por favor, retire-se da minha porta. Bom dia.

Jack hesitou, depois recuou, deixando a mão escorregar pela porta. Sentia-se como um carrasco ao condenar um homem inocente à morte.

E enquanto a porta se fechava devagar, Jack soube o que era se sentir totalmente impotente. Com um aspecto cansado, ele recuou para a rua.

Davey colocou a mão no ombro de Jack.

– Bem, o que você achou que ele iria dizer?

– Eu não sei. Eu tinha que tentar.

– Isso faz de você um cara legal, Jack. Pelo menos você tentou. Mais do que eu teria feito.

– Talvez pudéssemos vê-lo amanhã – Jack sugeriu. – Nós poderíamos mantê-lo fora de perigo. Ou...

– Jack, você não está pensando nisso direito – disse Davey, ao mesmo tempo que segurava o amigo pelos ombros. – Se ele não morrer, não haverá uma Necrovia e nós não teremos como voltar a 1940. Vamos ficar presos aqui para sempre. Ele tem que morrer. Você não vê?

Jack olhou novamente para a casa grande, a fumaça subindo de suas chaminés, e as lágrimas caindo dos olhos. Lágrimas por Timothy McBride, mas acima de tudo pela sua mãe. A morte dela se repetindo várias e várias vezes na sua cabeça. Ele estava desesperado para evitá-la, mas aos poucos foi compreendendo.

Davey estava certo; ele não tinha pensado nas consequências de suas ações.

– Vamos lá! – disse Davey. – Vamos encontrar outra maneira de entrar.

A neve caía sobre os dois rapazes. Logo, Jack sabia, as ruas estariam todas cobertas por um espesso manto branco.

Davey caminhava na frente, sua figura se desvanecendo rapidamente na névoa azul-acinzentada. As pegadas frescas já estavam se enchendo de neve quando Jack deu as costas para a casa.

Não havia alternativa a não ser ficar em 1813 até Timothy McBride estar morto.

17

EFEITO E CAUSA

Davey e Jack caminharam pelas ruas estreitas em torno da grande residência dos McBride, procurando um ponto fraco, a melhor maneira de entrar na casa. Quando a luz fraca foi vencida pelas nuvens acinzentadas, Davey descansou na porta de um bar barulhento. O calor que vinha de dentro os atraía, mas os dois rapazes resistiram ao seu canto de sereia. Ficaram no frio, voltados para os fundos da casa, um muro alto separando-a deles.

– O que vamos fazer? – perguntou Jack.

– Vamos pular este muro – disse Davey, com a sugestão de um sorriso de esperança nos lábios.

– Como? Ele deve ter o dobro da minha altura.

Davey acenou em silêncio para uma árvore seca plantada perto do muro, os galhos retorcidos quase atingindo a superfície de alvenaria.

– Vai ser mais fácil do que fugir do Carlton! – Nesse mesmo instante ele correu para a estrada e começou a pular, na tentativa de alcançar o tronco retorcido. Lançou um sorriso travesso para Jack, incitando-o a fazer o mesmo.

Jack marchou penosamente pela rua. A árvore parecia mais ameaçadora a cada passo que dava em direção a ela.

– Vamos! – Davey estimulou-o com ar de brincadeira. Ele já estava no alto dos galhos, longe da iluminação de rua. Jack não se saiu tão bem.

A superfície estava escorregadia e, com medo de se estatelar no chão, ele perdeu o equilíbrio várias vezes.

Um galho gemeu, então estalou sob o seu peso. Desajeitado, ele segurou num deles e subiu rapidamente até onde Davey estava empoleirado. Com um gemido ofegante, Davey saltou para a frente, distanciando-se da segurança relativa da velha árvore, em direção ao muro.

Seus dedos sujos se cravaram nos tijolos como um gato desesperado, e ele conseguiu um apoio onde se segurar. Sua perna balançou para cima, e quando Davey ficou de cócoras, Jack pôde ver o alívio no rosto do outro garoto.

Jack afastou-se do tronco, meio saltando, meio correndo em direção ao muro. Os braços esticados na frente dele, desesperados para se segurar em alguma coisa. Em seguida, como um borrão, ele saltou até onde estava Davey no alto do muro. Sua camisa tinha ido parar no pescoço, um punhado do tecido apertado no punho de Davey.

– Pode ir agora – disse Jack, por fim, depois que seu coração parou de bater tão forte. – Acho que consegui.

Davey riu com alívio e soltou a camisa amassada do amigo. O outro lado do muro era um espaço turvo e escuro, então Davey acendeu um fósforo e deixou-o cair no vazio. A luz fraca iluminou as formas de arbustos cobertos de neve, antes do frio do crepúsculo consumi-los. Davey se pendurou no mundo e caiu nas sombras com um baque pesado.

– Rápido! – sussurrou. – Antes que alguém o veja. – Jack acenou com a cabeça, em silêncio, desejando que não houvesse nenhum cão, ou pessoa, lá embaixo esperando, quando ele jogasse as pernas por sobre o muro e se atirasse rumo ao desconhecido.

Ele caiu em cima de um arbusto espinhento, que rasgou as suas calças, picando a pele fria embaixo delas. Rolou com a queda, até parar de costas no gramado congelado. O rosto sorridente de Davey pairava sobre ele.

– Tudo bem?

– Até agora, sim – Jack respondeu, se levantando.

Na outra extremidade do imenso gramado estava a casa opulenta dos McBride, escondida na penumbra do fim de tarde.

Davey foi na frente, seguindo a orla das árvores, em direção às portas do pátio. Cortinas escuras cobriam as vidraças, mas um leve halo de luz dourada brilhava nas bordas. Davey testou a maçaneta da porta. Quando a pressionou para baixo, Jack ficou surpreso ao ver que ela se baixou e abriu. Ele sentiu uma angústia ao pensar no que aconteceria com eles se fossem pegos invadindo a propriedade e entrando na casa, mas então seguiu Davey porta adentro, fechando-a com um estalido atrás dele. Eles se espremeram um contra o outro, enquanto examinavam rapidamente o cômodo. Estavam num salão. À luz dos dias de verão, com as cortinas abertas, devia ser um espaço gloriosamente agradável, mas na escuridão do inverno dava lugar a terríveis sombras geométricas que se assemelhavam a fantasmas assassinos.

Davey afundou em direção a uma porta semiaberta que supostamente levava para os outros cômodos da casa, fazendo uma pausa enquanto apurava os ouvidos. Jack deslizava ao lado dele e viu o olhar perturbado no rosto do amigo.

– O que foi?

– Vozes – disse Davey, num tom abafado indicando que Jack devia ficar em silêncio. Jack não ouvia nada.

– Agora – disse Davey, entrando pela porta. Jack correu atrás dele, por um longo corredor que levava à grande entrada que tinham visto da rua.

Davey virou-se novamente e, pela segunda vez, Jack se viu na sala de leitura da casa, uns 127 anos *antes* da primeira ocasião.

Apesar de um fogo baixo queimando na lareira, o cômodo estava mergulhado na escuridão, mas Jack já podia dizer que sua aparência era estranhamente semelhante à que conhecia.

– Estamos à procura de um livro, certo? – Davey perguntou, acenando para a pequena biblioteca na qual se alinhavam várias prateleiras.

Jack acenou com a cabeça.

– Vamos precisar de um pouco mais de luz.

Davey viu um lampião sobre uma mesa de carvalho na direção da grande janela da sacada. Ele tirou uma caixa de fósforos do bolso e acendeu o pavio. Jack se perguntou o que mais Davey guardava nos bolsos. Quando a luz do lampião ganhou vida, os meninos levaram um susto.

Eles não estavam sozinhos.

Uma jovem mulher, cuja aparência se misturava com a paleta fantasmagórica do mundo congelado lá fora, estava sentada à mesa. Seu cabelo era de um tom cobre profundo, puxado severamente do seu rosto de porcelana. Jack reprimiu um arrepio. Como eles não a tinham visto antes?

Ela se levantou e caminhou em direção a Jack e Davey, parecendo completamente à vontade com a presença deles ali.

– Por favor, sentem-se. Tomem um chá comigo – disse a mulher.

Jack olhou para Davey, esperando que ele fugisse na direção da porta. Em vez disso, ele acenou com calma para Jack e se sentou numa das cadeiras que estavam diante da mesa. Nervosamente Jack também se sentou.

A mulher tocou uma pequena sineta e uma criada apareceu. Ela pediu que a moça lhes trouxesse uma ligeira refeição e, após um breve período, a criada voltou com um carrinho de prata, colocando-o cuidadosamente ao lado da mesa da senhora. Um bolo de frutas com aparência maciça estava sobre o carrinho, ao lado de um bule pesado, com vapor subindo preguiçosamente pelo bico.

– O meu marido me contou uma história e tanto – disse a mulher por fim. – Ele está lá em cima cuidando da sua papelada e não vai descer até Wainwright nos chamar para jantar. Estamos sozinhos. – Seu tom abafado parecia tanto reconfortante quanto ameaçador. Jack olhou de relance para Davey. Ele parecia relaxado, mas Jack já tinha aprendido a ver além do seu verniz de autoconfiança: seus olhos traíam o olhar de um animal pego numa armadilha. Jack sentia o mesmo.

– Você... você é Jane McBride? – perguntou Jack.

Ela sorriu e começou a servir o chá em três xícaras de porcelana delicada.

– Timothy falou-me de um jovem – ela acenou para Jack, que já estava aquecendo os dedos na xícara de chá –, um jovem que o avisou de sua morte iminente, uma morte que vai acontecer amanhã, sob as rodas de uma carroça e seu cavalo.

O olhar de Jane era penetrante. Jack limpou a garganta.

– É verdade, eu sinto muito. Sei que parece impossível, mas a senhora precisa confiar em mim.

Davey lhe lançou um olhar de advertência.

– E como você sabe de uma coisa dessas? – Jane perguntou.

– Timothy acha que você é de origem cigana, mas eu posso ver que vocês não são. Talvez essa seja uma brincadeira muito divertida criada por dois moleques decididos a roubar os mais afortunados. Ou por acaso vocês são loucos e merecem ser trancados num hospício? – Suas sobrancelhas se arquearam quando ela olhou para o par de garotos. Brasas brancas flutuaram do fogo e dançaram no ar, circulando ao redor da sala.

– Nós não somos loucos – Jack assegurou.

– E depois existe a questão da presença de vocês aqui. Eu poderia mandá-los para a forca. – O sorriso dela era como gelo.

Uma sensação terrível de alarme tomou conta de Jack. Aquilo não estava indo bem. Cada fibra de seu corpo lhe dizia que ele deveria fugir, mas suas pernas pareciam discordar. Seus olhos se fixaram na lareira. O fogo foi se intensificando, as chamas se tingindo de um verde-esmeralda, fazendo as brasas voarem cada vez mais alto.

– Ladrõezinhos baratos – Jane continuou. – Por que vocês seriam outra coisa que não fosse isso? E, no entanto, suas roupas são estranhas, suas maneiras não são como deveriam ser. Assim, uma outra opção se apresenta a mim: vocês são do futuro. – Ela pousou na mesa o bule de chá e esperou pacientemente que Jack dissesse alguma coisa.

Quando não houve resposta, ela sorriu e pegou uma grande faca no carrinho. Jack não pôde deixar de notar a lâmina afiada brilhando à luz do fogo.

– Bolo? – perguntou ela.

Nenhum dos dois respondeu, e ela colocou a faca de lado.

– Isso mesmo – ela disse –, vocês estão aqui por algo precioso.

– Eu não sei o que a senhora quer dizer – mentiu Davey, baixando a xícara de chá vazia. A voz dele soou afetada, arrastada.

– É mesmo? – O sorriso de Jane desapareceu. – Que interessante. – Ela tirou um livro fino de dentro de um bolso oculto do corpete. Virou-o carinhosamente em suas mãos, a superfície de couro antiga refletindo a luz.

– Vocês vieram por causa de um livro – disse ela com raiva. – *Este* livro. – As palavras escritas em dourado na capa entraram em foco diante dos olhos de Jack: *Sobre a Natureza dos Reinos Ocultos*.

Jack deu um grito silencioso com a visão de seu objetivo ao alcance da mão. Ele lutou contra a vontade de esticar o braço e pegá-lo.

Jane devolveu o livro ao bolso.

– Talvez o meu mestre possa revelar a verdade.

– Não precisa incomodar o senhor McBride – Davey murmurou.

Jack recuou: havia algo errado com Davey. Era hora de partir, ele sabia disso. Ele deu um impulso para se levantar da cadeira, mas era como se as suas pernas estivessem mergulhadas numa piscina de piche.

– Deve ser um mal-entendido, não é mesmo? Vamos embora, Jack.

Davey fez que ia se levantar, mas as pernas do garoto fraquejaram e ele caiu de volta na cadeira. Seu rosto pálido refletia o brilho verde fantasmagórico que emanava da lareira.

– Eu não estou falando do meu marido irresponsável ou de qualquer outro Segundo Mundista – respondeu Jane. – Ele não tem noção da estrutura real da Terra. Eu só tenho um verdadeiro mestre, aquele que vai nos trazer a salvação.

Os pelos do pescoço de Jack se arrepiaram. Ele sabia o nome que ela estava prestes a proferir, e isso o aterrorizava.

– Mestre Rouland ficará satisfeito em lidar com dois Viajantes perdidos numa busca inútil.

Tinham sido pegos numa armadilha! Mas os sentidos de Jack estavam entorpecidos. Ele tentou mais uma vez ficar de pé, mas, como Davey, não conseguiu. Suas pernas e braços estavam pesados. Deixou-se afundar na cadeira, seus lados envolvendo-o à medida que a escuridão toldava seus olhos.

Era madrugada quando Jack acordou com um tapinha no rosto. Ele ainda estava na sala de leitura, mas a senhora McBride tinha saído do cômodo e o fogo tinha se reduzido a algumas brasas. Davey estava de pé diante dele.

– Shhh – Davey sussurrou. Ele se afastou e se esgueirou até a porta.

– Essa bruxa nos drogou.

– O chá? – Jack adivinhou.

– Talvez. Há centenas de maneiras de ela ter feito isso – Davey sussurrou. – Eu estava escutando. Ela está no saguão, conversando com algumas pessoas.

Jack se juntou a ele e olhou pela fresta da porta para o saguão de entrada à luz de velas. Ele podia ver e ouvir Jane McBride discutindo com o marido.

– Isso não lhe diz respeito! – disse ela, com a voz entrecortada e dura. – Quando esta noite tiver acabado, Rouland governará tudo, e eu vou estar ao lado dele. E você – ela olhou o marido com desprezo –, você será esquecido. Vai virar comida de Homem Pó.

– Jane, por favor – pediu Timothy. – Eu não entendo o que isso significa. Você está doente, receio. Você não tem sido a mesma nestes últimos seis meses. Apoiei sua paixões, no entanto você está contra mim, talvez até contra Deus! Não é tarde demais para se arrepender. – Timothy se aproximou da esposa, mas ela o empurrou rudemente e ele caiu de costas sobre o piso frio.

– Me arrepender? – ela zombou. – Não tenho nada do que me arrepender. Minha alma é limpa e pura. Primeiro olhe dentro de si mesmo.

– Esse livro blasfemo é a fonte do seu desequilíbrio. – Timothy ficou de pé, apontando com o dedo trêmulo para a esposa. – Ele corrompeu sua mente.

A mão de Jane puxou o livro do bolso do vestido.

– Você não compreende o legado de Hafgan, você nunca poderia compreender – Jane riu. – Vá para a cama, Timothy e, quando acordar, tudo isso estará esquecido.

Davey colocou a boca perto do ouvido de Jack.

– Vamos dar no pé.

– Mas e o livro? – Jack perguntou, agora com a certeza de que ele tinha que escondê-lo de Rouland.

Com um senso de oportunidade perfeito, Davey abriu a larga porta e, num único movimento, irrompeu da sala de leitura e foi direto para cima de Jane. Seu assalto pegou-a de surpresa e ela caiu no chão de mármore com um baque pesado, os olhos frios se revirando. Timothy assistiu em choque Jack correr para a porta da frente atrás de Davey, que já a abrira e saltava os degraus em direção à noite.

Jack correu para a rua vazia, trêmulo e aterrorizado. Em algum lugar ao longe, um sino começou a tocar, anunciando a hora. Quando o sino chegou à décima segunda badalada – meia-noite! –, ele ouviu Timothy McBride gritando, perseguindo-os pela rua. Os meninos correram pela rua, desviando-se de um cavalo solitário e uma carroça. O cavalo empinou, assustado com o barulho, e acelerou o passo. Enquanto Jack e Davey assistiam, Timothy derrapou numa esquina, perdendo o equilíbrio no gelo e caiu sob os pés do animal em galope, os cascos esmagando-o.

Jack ouviu os gritos. Ele não conseguiu olhar para trás, mas continuou correndo com as lágrimas escorrendo pelo rosto.

Eles pararam a várias ruas de distância. Jack apoiou-se numa parede para se firmar, enquanto Davey andava nervosamente de um lado para o outro, roendo as unhas. Um apito rompeu o ar e um vozerio soou acima deles.

– Nós causamos isso, Davey – admitiu Jack, por fim. – Nós causamos a morte dele.

– Não fomos nós que o matamos – negou Davey.

– Eu sei, mas fizemos com que ela acontecesse. Se não tivéssemos voltado aqui, ele ainda estaria vivo.

– Nós viemos pela Necrovia dele; não poderíamos ter vindo se ele já não estivesse morto. – Davey balançou a cabeça. – É bobagem nos culpar. Se você quer culpar alguém, culpe Rouland. Ele nos colocou nessa encrenca.

Jack estremeceu. A noite estava muito fria.

– Mas não adiantou nada! – disse ele, batendo o queixo com uma mistura de frio e adrenalina. – Nós nem sequer pegamos o livro.

Davey permitiu que o brilho de um sorriso aparecesse em seus lábios ao colocar a mão no bolso. Ele puxou dali um pequeno objeto e o entregou a Jack, que olhou para ele com descrença. *Sobre a Natureza dos Reinos Ocultos* repousava em suas mãos dormentes.

– Como? – perguntou, pasmo.

– Peguei-o quando a empurrei – explicou Davey. – Tenho um certo talento para encontrar objetos colecionáveis.

Jack sorriu com admiração, em seguida enfiou o livreto bem no fundo do bolso da calça.

– Vamos para casa – disse Davey.

Mantiveram-se nas sombras, evitando os últimos pedestres madrugadores que povoaram as ruas escuras.

– Ele não teve a menor chance, pobre alma – disse uma mulher gordinha para a amiga.

— Ouvi dizer que o charreteiro estava mais bêbado que um lorde – a companheira respondeu.

— Ele vai pagar por isso.

— Dizem que não foi culpa dele. Dizem que dois moleques travessos causaram tudo isso.

Jack estremeceu, escondendo-se atrás de um muro.

As mulheres passaram por eles, entretidas na conversa.

— Temos que sair daqui! – Jack sussurrou para Davey. – Antes que seja tarde demais.

Levou quase meia hora para voltarem à igrejinha e, quando chegaram, os dentes de Jack batiam incontrolavelmente. Seus dedos gelados doíam de frio e o vento passava direto pela camisa, pinicando o peito.

— Aí está! – disse Davey, apontando para um matagal coberto de neve.

— Tudo parece diferente, coberto de neve. Tem certeza?

— Positivo – confirmou Davey em tom tranquilizador.

— O que eu faço?

— Como assim?

— Eu nunca fui para o futuro antes.

— É o mesmo que viajar para o passado: basta sentir o caminho – disse Davey. – Depois que você viaja por uma Necrovia, ela permanece aberta para você.

— Mas não há nenhuma lápide ainda.

— A Necrovia ainda está aí.

Jack ajoelhou-se na neve com os braços estendidos à sua frente e fechou os olhos. Não sentiu nada.

— Ela não está aqui! – apavorou-se Jack.

— Tente de novo – disse Davey, impaciente. Jack podia sentir a pressão sobre ele aumentar.

— Tente você também. – Jack puxou o braço de Davey.

Davey deu de ombros e agachou-se ao lado de Jack, colocando uma mão em seu ombro, a outra estendida, imitando o amigo.

Jack sorriu. Mesmo com os olhos fechados sentiu o calor da mão de Davey através da camisa fina. Ele se lembrou do dia, muitos anos atrás, em que estava brincando com o pai no parque. Tinha nevado na noite anterior e, embora a camada de neve fosse fina e já estivesse derretendo, Jack tinha insistido com o pai até que ele o levasse para brincar. Com muito esforço conseguiram fazer algumas bolinhas de neve, mas Jack tinha adorado cada minuto. Foi uma das poucas vezes, depois que a mãe morreu, que ele e o pai riram juntos, temporariamente descontraídos em meio à lama. Quando voltaram para casa, molhados e cansados, sentaram-se juntos na grande poltrona perto da janela e beberam chocolate quente vendo o sol derreter a neve, transformando-a em água suja. O pai tinha passado um braço em torno do pescoço de Jack, descansando a mão quente em seu ombro, assim como Davey estava fazendo agora. Jack se deixou levar pela lembrança, esquecido da realidade.

De repente, ele sentiu a Necrovia. Alcançou-a com sua mente e...

– Ei!

A voz rouca chamou a atenção de Jack. Ele se virou e viu um homem corpulento com um grande bigode, gingando pela neve em direção a ele, e outro homem mais alto, com um antiquado uniforme de polícia – um agente paroquial, como eles eram chamados, lembrou-se Jack de suas aulas de história – bem atrás dele.

O homem apontou, gritando para Jack e Davey, e o policial começou a correr.

– Vamos sair daqui! – Jack disse a Davey.

– Tarde demais para correr! Você tem que encontrar a Necrovia.

– Não dá tempo – Jack disse desesperadamente, enquanto se esforçava para se concentrar outra vez.

– Rouland! – Davey ofegou.

Jack abriu os olhos novamente. Ali, subindo calmamente os degraus da porta da igreja, estava Rouland com Jane McBride. As roupas dele eram desse período, mas tão simples e elegantes quanto na ocasião em que Jack o conhecera em 1940. Opulentas, mas com uma grandiosidade discreta. Seu rosto esculpido parecia atemporal, como o de uma estátua, com olhos penetrantes que poderia cortar a alma de um homem ao meio.

– Como ele pode estar aqui, em 1813? – Jack perguntou. – Ele seguiu a gente?

– Não, ele já estava aqui. Ele vive há séculos. Mas não conhecia você ainda.

– Ele parece o mesmo.

– A Necrovia! – Davey o lembrou. – Concentre-se!

– Mas, se ele me vir aqui, vai se lembrar de mim em 1940.

– Então nos tire daqui!

O policial estava quase sobre eles. Jack fechou os olhos e expirou lentamente, afastando todas as distrações da mente. Ele sentiu uma mão áspera em seu ombro, e então ela desapareceu. Ele tinha pego o final da Necrovia e já estava sentindo toda a sua poderosa emoção enquanto corria ao longo dela para o futuro. Ele sentia agora a familiar sucessão vertiginosa de lembranças alheias, os lamentos de outras pessoas, e então se viu de bruços no solo seco mais uma vez.

Abriu os olhos e viu a antiga estátua do anjo esculpido pairando sobre ele. Dirigíveis antiaéreos pontilhavam o céu mais acima. Ele estava em 1940. Riu ao se lembrar de quão perto tinham chegado de serem capturados e rolou para o lado, lançando a Davey um sorriso de alívio; mas o sorriso desapareceu instantaneamente do seu rosto. Sua cabeça girou rapidamente e ele ficou de pé num piscar de olhos. Andou aos tropeços em volta da parte de trás da estátua do anjo para checar, mas ele já sabia a verdade: Davey tinha ficado lá atrás, em 1813.

18

SOPA E NECROVIAS

Jack entrou na sala de leitura de Montgomery Falconer num passo cansado. Monty estava sentado em sua poltrona, enquanto Eloise mantinha-se de pé perto da porta com um ar resoluto, a mão acariciando o punho da espada. Havia se passado algum tempo desde a viagem de Jack e Davey para 1813, mas Eloise parecia não ter se movido um milímetro. Lá fora o sol estava mais alto e o mundo tinha acordado, mas o cômodo parecia parado no tempo.

– De volta assim tão cedo? – exclamou Monty, enquanto observava Jack por cima dos óculos de leitura. Então, quando ele viu Jack com a camisa suja, os pés molhados e a expressão derrotada, uma carranca surgiu no seu rosto envelhecido.

– Quanto tempo eu estive fora? – Jack perguntou, ofegante.

Monty bufou enquanto abria seu relógio de bolso, franzindo a testa ao ver as horas.

– Por volta de dez horas.

– O que aconteceu? – Eloise perguntou.

Jack sentou-se perto do fogo, esfregando os pés frios com as mãos entorpecidas.

– Nós voltamos; conseguimos.

– Nós? – perguntou Monty.

– Eu e Davey, nós dois voltamos para 1813.

– Impossível! – Monty zombou.

Jack ignorou.

– Voltamos para esta casa, encontramos Jane e Timothy McBride. Ele ainda estava vivo, nós voltamos um dia antes e...

– Você está com o livro? – Os olhos de Monty se arregalaram e ele se inclinou para a frente, escutando atentamente.

– Jane estava trabalhando para Rouland, ela ia nos levar para ele. Fugimos, mas fomos perseguidos, vimos Timothy morrer... – A voz de Jack desapareceu. Ele observou as chamas na lareira, dançando e estalando.

– Mas você está com o livro? – Monty estava na ponta da poltrona. Ele parecia não se importar com os detalhes da história.

A mão de Jack tocou as calças, ele podia sentir o livro no bolso.

– Davey está com o livro – Jack mentiu, esperando que o velho não suspeitasse de nada. Sentiu uma súbita necessidade de proteger o livro misterioso. Ele tinha que protegê-lo, até que Davey estivesse a salvo de novo. Ele manteve distância, certificando-se de que Monty não pudesse tocá-lo e descobrir o esconderijo do livro.

Monty caiu para trás na cadeira.

– Onde está Davey? – perguntou Eloise.

– Ele deve estar em 1813. Ele não voltou comigo. Estávamos sendo perseguidos e eu pensei que ele tivesse entrado na Necrovia também, mas quando abri os olhos eu estava sozinho.

– Lembro-me de uma história – disse Monty por fim. – Muitos anos atrás, Rouland me disse que dois meninos Viajantes de correnteza acima, vindos de Londres, tinham roubado dele algo muito valioso.

Eloise assentiu tristemente.

– O livro é importante para Rouland.

Jack queria fazer mais perguntas à sua mais nova amiga, para saber o que Rouland queria com o livro, mas hesitou, não querendo falar mais nada na frente de Monty.

– O livro é *vital* para Rouland – Monty interrompeu a frase, seu olhar perfurando Jack. – Eu sei disso porque Rouland me procurou em várias ocasiões para que eu o encontrasse novamente.

O olhar de Monty voltou-se para a janela.

– Eu falhei com ele em todas as ocasiões. O livro está perdido no tempo.

– Você nunca nos disse que Jane McBride era uma seguidora de Rouland! Poderíamos ter sido capturados – acusou Jack.

– Rouland tem seguidores em todos os lugares, você já sabe. Mas Jane é um caso interessante. Não são muitos Segundo Mundistas que aprenderam os segredos do Primeiro Mundo e tornaram-se uma parte muito importante dele, mas Jane conseguiu tal façanha.

– O que aconteceu com os Viajantes na história a que Rouland se referiu?

– Bem, eu não tenho certeza – Monty ponderou. – Se bem me lembro, Rouland disse que os dois meninos – provavelmente você e seu amigo – foram perseguidos, mas conseguiram escapar antes que pudessem ser pegos.

– Isso significa que Davey ainda está vivo! – Jack disse, aliviado.

– Como você sabe? – perguntou Eloise.

– Rouland não capturou Davey, então ele deve ter conseguido ir embora depois que eu desapareci.

Monty suspirou e disse:

– Receio que essa não seja a única alternativa. Não faz muito tempo que você é um Viajante, não é, Jack?

– Não.

– Portanto, você não conhece ainda as consequências. Pode-se pagar um preço muito alto por se viajar pelas Necrovias.

– Que tipo de preço? – perguntou Jack.

– Receio que nem todo mundo que entra numa Necrovia saia de lá ileso. Alguns retornam, mas não são mais eles próprios; outros nunca mais são vistos de novo; são consumidos. Quando comparada a outras possibilidades, a morte pode ser um destino preferível.

– Ele ainda está vivo – Jack disse com firmeza.

Monty acenou com a mão despreocupadamente.

– Se você insiste.

– Eu insisto, e vou voltar para buscá-lo.

Eloise ofegou.

– Voltar para onde? Para 1813?

– Sim. Vou trazê-lo de volta.

O rosto de Monty abriu um sorriso condescendente.

– Você tem alguma ideia do que está sugerindo? As Necrovias não são meras estradas por onde você pode avançar e retroceder no tempo a seu bel-prazer. Elas são fios delicados, entrelaçados pela perda e o arrependimento. Se você viajar ao longo da mesma Necrovia muitas vezes, ela vai se partir. E o que dizer de duas pessoas na mesma Necrovia? Imagino que vocês já tenham causado danos irreparáveis. Talvez seja essa a razão por que Davey não conseguiu voltar com você. – Monty suspirou profundamente.

– Eu não posso deixá-lo lá. Tenho que tentar! – disse Jack, com desespero.

Monty jogou as mãos para cima.

– Você, meu jovem, é mais teimoso que a minha falecida esposa, e provavelmente tão tolo quanto ela. Pois que seja. Afinal de contas, talvez seja a única esperança de me apoderar do livro. Mas eu não vou permitir que você vá neste estado. Primeiro precisa descansar, comer e se vestir adequadamente.

– Ele precisa de mim! – Jack gritou.

– Bobagem! – Monty zombou. – Davey é só um instantezinho suspenso no tempo. E esse instante vai esperar por toda a eternidade se necessário. Você não trará nenhum benefício nem para mim nem para ele se estiver exausto e com fome, não é verdade?

Jack acenou com a cabeça. Ele temia que, se fechasse os olhos, dormiria em segundos.

– Então descanse primeiro. – Monty se levantou devagar, seus velhos ossos protestando. – Uma refeição quente, roupas secas e depois direto para a aventura! Ou para a morte – acrescentou baixinho.

O aroma de sopa de legumes e pão fresco tirou Jack do sono profundo. Ele estava sonhando com a mãe, mas não conseguia entender o que estava acontecendo. Quando esfregou os olhos, as imagens desapareceram, recusando-se a voltar.

Eloise ainda mantinha guarda na porta da sala de leitura, como uma estátua letal, ainda incapaz de confiar em Monty. Uma bandeja esperava Jack perto da lareira. Um vapor aromático exalava da sopa, e legumes frescos picados flutuavam no líquido espesso, convidando-o a matar sua fome. Ele pegou uma grande colher de prata da bandeja e mergulhou-a no caldo apetitoso. Impaciente, queimou os lábios e a língua enquanto a sopa o aquecia por dentro, mas se sentiu instantaneamente desperto e revigorado.

– Melhor agora? – Monty perguntou, ao entrar na sala.

– Sim, obrigado. Muito melhor. – Jack partiu um pedaço de pão e mergulhou-o na sopa.

– Eu trouxe as botas; acho que devem servir – disse Monty. – Também trouxe meias e uma blusa de lã, uma jaqueta, um cachecol e um chapéu. Eles podem ficar um pouquinho grandes – ele deu um tapinha na barriga –, mas vão manter você aquecido. Estava frio em janeiro de 1813, não estava?

– Sim – disse Jack. – Nevando muito.

– Foi o que pensei – Monty disse, entusiasmado. – Como você pode ver, eu gosto de ler sobre uma grande variedade de assuntos, e lembro-me de que as temperaturas naquele ano foram um tanto baixas. – Ele se levantou, despreocupado, dando uma pancadinha na prateleira de livros.

– Com efeito, invejo você e sua capacidade, Jack. Ser capaz de penetrar na História e revivê-la, não apenas ler sobre ela num livro – explicou ele, ecoando os próprios pensamentos de Jack. – Deve ser emocionante. Mas, infelizmente, ser Viajante é algo raro e especial. É um dom que corre no sangue de apenas algumas famílias. Eu nunca esperaria aprender essa habilidade, não mais do que um pardal poderia me ensinar a voar.

– Está levando em conta os riscos?

– Tenho certeza de que valem a pena.

Jack olhou para as roupas.

– Você na verdade não se importa com o que pode acontecer comigo, não é? Você só se preocupa com o livro.

Monty riu.

– Meu rapaz, eu não sou seu inimigo.

– Contanto que eu faça o que você quer.

– Os nossos interesses convergem – disse Monty severamente.

– Por quanto tempo?

Monty pegou a tigela de sopa vazia.

– Você precisa se vestir.

Quando Jack estava vestido com as roupas novas – o precioso livro ainda em segurança no bolso da calça –, Monty voltou com um rolo de papel, que abriu sobre a mesa.

– Refleti um pouco sobre a sua situação – disse ele.

– Que situação?

– As Necrovias, caro amigo, as Necrovias. Você já viajou corrente abaixo por longas distâncias. As Necrovias podem ser instáveis. Pode haver outra opção. – Ele apontou para o papel.

– O que é isso? – perguntou Jack.

– Um mapa! Um mapa das sepulturas do cemitério. Túmulos, locais, datas. Outra Necrovia pode ser mais segura, se conseguir encontrar uma.

O mapa mostrava fileiras de retângulos. Cada uma contendo um nome, uma data e um número de referência.

– A-ha! – Monty exclamou, depois de vários minutos estudando o mapa. – Isto pode servir! – Ele apontou para um dos retângulos no lado direito do mapa. – Três de janeiro de 1813, uma garotinha de apenas 5 anos.

– Três? – Jack repetiu. – É... – Ele tentou calcular os dias de cabeça.

– Dez dias – disse Monty instantaneamente. – Dez dias inteiros só pra você em 1813. É um grande desafio, não é?

Jack esfregou o queixo, pensando rapidamente. Esse seria o maior desafio de sua vida.

– O inverno vai ser rigoroso, você terá que encontrar comida e abrigo, um lugar para ficar e esperar até o dia 13. Gostaria de aconselhá-lo a não tentar levar nada com você através da Necrovia. Sua viagem já será perigosa o suficiente sem complicar as coisas. Você terá de ser criativo. – Monty sorriu.

Jack hesitou. Ele abriu a boca para dizer que a tarefa seria difícil demais. E então se aprofundou nas lembranças que Davey tinha involuntariamente compartilhado, de uma criação severa em que tinha sofrido muito mais do que Jack. E com essas lembranças ele ganhou uma nova visão, uma nova determinação que o impulsionou para o passado desconhecido.

– Tudo bem – disse ele, antes que pudesse mudar de ideia. – Eu vou encarar essa.

As sobrancelhas de Monty arquearam-se.

– Sério? Você colocaria essa amizade acima da sua segurança, jovem Jack?

O garoto assentiu com a cabeça, decidido.

– Você é muito generoso com a sua vida – Monty continuou, um tom intrigado em sua voz baixa. – Você desafia Rouland, quando sabe que é inútil, e arrisca tudo por um amigo perdido.

– Você não?

– Não, eu não faria isso. Você e eu não somos iguais, definitivamente. – Monty vacilou, com o rosto repleto de perplexidade. – Tão jovem, com tanto a perder! E eu, tão velho, sem nada que não possa comprar ou vender. Você me confunde, jovem Jack.

Jack levantou-se para sair. No mesmo instante, Monty barrou sua passagem, as incertezas aparentemente esquecidas.

– Se você voltar – disse ele com firmeza –, se você realmente voltar e encontrar Davey, pegue o livro dele. – Ele deu um meio sorriso. – Só no caso de encontrá-lo.

Enojado, Jack passou pelo velho e caminhou na direção do saguão. Quando se aproximou, Eloise lhe sorriu debilmente. Ele teve certeza de que suas próprias dúvidas deviam ser evidentes em seu rosto, como uma criança implorando ajuda. Ele desviou o olhar rapidamente, esperando que ela não tivesse percebido nada. A mão firme da Paladina pegou o braço dele. Forte, poderosa.

– Vou estar aqui quando você voltar – disse ela. – Você vai voltar. – Suas palavras eram como uma ordem. Ele acenou com a cabeça, entendendo, e ela largou o braço dele.

Jack deixou a casa, e 1940, para trás novamente.

19

O COVEIRO

Em algum lugar ao longe, um relógio bateu meia-noite, e Jack sabia que o dia 13 tinha finalmente chegado.

Ele se agachou perto da igreja, tremendo. A neve caía copiosamente, assim como Jack se lembrava, e todas as lápides do cemitério estavam encobertas, o que fazia com que suas superfícies sólidas e acinzentadas ganhassem um topete branco que as faziam parecer um pequeno avião a jato.

Ele estava cansado e com fome, e sua mente exausta repetia os acontecimentos desde que tinha retornado a 1813, com imagens nítidas e viscerais. Tinha sido muito mais difícil do que ele havia imaginado.

A viagem pela Necrovia tinha sido simples, depois que ele havia encontrado o ponto de entrada. Quanto mais Jack viajava, mais ele ia se acostumando com a sensação e prevendo os acontecimentos. Até mesmo Necrovias mais velhas e decadentes como aquela se abriam para ele sem exigir nenhum esforço.

Uma vez lá dentro, as coisas tinham sido bem diferentes. As sensações tinham sido perturbadoras, e mexeram profundamente com Jack. Havia algo dolorosamente tocante numa garotinha tão jovem, de apenas 5 anos – a tristeza que irradiava era diferente, uma mistura de raiva e arrependimento. Jack sentiu cada instante do declínio da menina. As primeiras dores de doença, a esperança de recuperação, temperada com a constatação do inevitável e, em seguida, o rápido declínio para a morte.

Sentiu só um pouco de dor, mas chegou a 1813 com o peito transbordando de tristeza. Ele abriu os olhos e ouviu seu próprio grito, como um animal órfão chamando pela mãe morta. É lamentável que ele tivesse chegado um pouco antes da missa de domingo. Os fiéis aterrorizados, com suas melhores roupas, testemunharam o seu grito, e temeram que ele pudesse estar possuído. Por fim, uma das mulheres abordou-o com um misto de preocupação e medo. Ele ficou de pé e correu pelas ruas sinuosas, ainda se recuperando das sensações por que tinha passado.

Em sua jornada anterior a 1813 com Davey, ele havia testemunhado apenas uma pequena fração da grande cidade, envolta em neve e escuridão. Mas, à medida que ele vagava sem rumo pelas ruas estreitas, banhadas por um sol fraco de inverno, reparou na sua grandiosidade. Uma fumaça espessa pairava sobre os telhados como um cobertor sinistro sobre Londres, privando-a de luz e absorvendo todas as cores do mundo, deixando apenas tons de marrom e cinza. O fedor era inacreditável, uma mistura insalubre de esgoto não tratado, hortaliças em decomposição e carne de açougue.

Ele via cavalos em todos os lugares, o esterco misturado com palha e cinzas num tapete irregular que cobria as laterais das ruas, cobertas em alguns lugares pela primeira nevasca.

Jack deu preferência às ruas secundárias, escondendo-se entre caixas e barris, lixo e sujeira, detritos e refugos, até o horror dentro dele diminuir, como uma lenta maré flutuando preguiçosamente para o mar. Ele não sabia nada dessa época, e ficou assustado com a realidade chocante de tudo aquilo, a torpeza da vida.

Ele perambulou assim pela maior parte do domingo, sem comer ou dormir, mas não tão desesperado ainda a ponto de roubar comida. Já estava exausto e com fome. Se queria ser de alguma utilidade para Davey, sabia que tinha de encontrar alimento e abrigo.

Passou a primeira noite num chiqueiro malcuidado nos fundos do quintal de um casarão. Dividiu o chão com duas porcas infelizes que bufaram e resmungaram até que, vencidas pelo cansaço, aceitaram sua presença na casa delas. Mesmo com o calor dos animais, era insuportavelmente frio; o vento passava pelos buracos e rachaduras das paredes, e ele não conseguiu dormir nada.

À primeira luz do dia, ele voltou às ruas e prometeu não passar outra noite como aquela. A solidão amarga tinha sido quase insuportável, e só a esperança sombria de, por milagre, salvar a mãe o impedira de desistir.

Viu outros garotos da sua idade limpando o esterco das ruas. Ele pensou em pedir um emprego, mas quando viu um dos rapazes sendo espancado pelo patrão, pensou melhor.

Sem perceber, viu-se mais uma vez do lado de fora da Igreja de São Bartolomeu. Viu um homem velho, barbudo e solene andando sem pressa pelo cemitério com uma pá no ombro. O homem parou e se virou, flagrando Jack olhando para ele.

– Você sabe cavar? – ele gritou.

– Sim, acho que sei – respondeu Jack, tentando se lembrar se já havia cavado algum dia.

– Então me siga. – O velho voltou para o cemitério da igreja sem abrir a boca novamente.

Jack descobriu que seu nome era Sexton Clay, e ele era o coveiro da igreja. Seus membros enfraquecidos estavam cansados de cavar a terra congelada, e ele ficou feliz por ter a ajuda de um jovenzinho. Em troca, Sexton concordou em lhe dar alimento e abrigo em seu casebre, em frente à igreja.

Jack disse que era órfão, mas Sexton fez poucas perguntas, parecendo confiar nele à primeira vista, e Jack ficou satisfeito por ter um companheiro silencioso enquanto vagava pelo terreno da igreja. O velho parecia ter pelo menos 70 anos, seu corpo magro sacudia todo quando ele tossia – o que acontecia muitas vezes –, mas seu rosto curtido transmitia força interior.

Esse primeiro dia de trabalho foi o mais difícil para Jack. Juntos, eles cavaram uma sepultura nova no solo congelado de janeiro e, quando o sol desapareceu no horizonte, suas mãos estavam cobertas de bolhas e as costas doíam.

Eles foram andando de volta para a casa de Sexton, e a guarda de Jack baixou completamente; ele não sentia nenhuma ameaça por parte do amável senhor.

Compartilharam uma refeição frugal de pão, presunto e queijo, e depois de uma hora na frente do fogo, Jack caiu no sono. Passou a noite na cadeira, sem se mexer até de manhã, quando Sexton trouxe ovos e chá.

E assim se sucediam seus dias, cheios de tarefas difíceis e de moer as costas, que deixavam suas mãos esfoladas e dilaceravam seus músculos; as longas noites passadas na frente de fogo de Sexton, comendo e dormindo. Nos poucos momentos de privacidade, ele aproveitava para estudar o livro que ele e Davey tinham roubado de Jane McBride. As páginas amareladas estavam escritas numa língua que ele não compreendia. Símbolos rúnicos escritos à mão na vertical enchiam cada página. Jack tinha certeza de que havia um código neles, mas era incapaz de decifrá-lo. Aqui e ali havia notas rabiscadas em inglês. Algumas eram sequências de números ou equações, outras marcavam linhas do texto com comentários como "importante" ou "prova maravilhosa". A última página era diferente. Tratava-se de uma tabela composta de texto e números que ele podia entender, mas misturados numa longa série de rabiscos. Ele se lembrou dos caça-palavras que sua babá gostava de fazer.

Então, no oitavo dia, enquanto observavam as chamas em silêncio, Sexton perguntou:

– De onde você é, Jack?

– Londres – respondeu Jack, preguiçosamente.

– De *quando* exatamente?

Jack olhou nos olhos escuros de Sexton, repentinamente paralisado de medo.

– Você é um Viajante? – perguntou Sexton, acariciando a barba rala com a mão deformada pela artrite.

De início Jack hesitou, seus dedos segurando os braços da cadeira com força – seria outra armadilha? Então, num raro momento de entrega, ele disse:

– Sim. – Ele se mexeu desconfortavelmente enquanto esperava o velho responder.

Sexton levantou as sobrancelhas espessas e assentiu. Seus olhos se desviaram de Jack, de volta para o fogo, e ele se acomodou em sua cadeira, como se a conversa bizarra fosse uma ocorrência cotidiana normal.

Jack se inclinou para a frente, sem saber qual das dezenas de perguntas que ardiam em sua cabeça ele deveria fazer primeiro.

– Como? Como você sabe?

– Nós já nos encontramos – disse Sexton, sem desviar o olhar das chamas. – E vamos nos encontrar de qualquer maneira. Achei que eu o conhecia. Não pude falar nada antes de hoje à noite.

– Nós já nos conhecemos? – Jack perguntou com espanto. – Desde quando?

– Já faz muito tempo. É difícil lembrar.

Jack sabia que as Necrovias podiam facilmente distorcer o tempo como o conhecemos. Ali estava um homem que Jack deveria encontrar novamente, mas num passado distante.

– Quem é você?

– Um Viajante, como você – respondeu Sexton. – Costumava ser, pelo menos, muito tempo atrás.

– Você ainda tem esse poder?

Finalmente Sexton tirou os olhos do fogo, a testa franzida em dezenas de vincos profundos.

– Se ainda tenho? Não.

– Quando foi que você perdeu?

– Era adolescente. As garotas passam a encher a sua cabeça, tirando a sua atenção de outras coisas. – Sexton suspirou com pesar. Seus lábios rachados se apertaram sobre os dentes. – Chega de perguntas. Estou cansado.

Apesar das insistentes perguntas de Jack, Sexton se manteve fechado; suas poucas respostas não davam mais pistas sobre o seu passado. Ele falou abertamente sobre sua amada esposa, sobre como eles se conheceram e se casaram. Contou que ele tinha vivido uma vida alegre e normal na Segunda Guerra Mundial, e quanto sentia falta dela desde sua morte prematura quase vinte anos antes, mas não quis falar da sua juventude no Primeiro Mundo.

De seu encontro anterior com Jack, ele não disse mais nada e retirou-se para o santuário de sua cama, onde perguntas indesejadas não conseguiam penetrar.

Quando o décimo segundo dia finalmente chegou, Jack sentiu um tremor de expectativa.

Estava muito frio e ele passou dia todo tirando o gelo congelado dos caminhos da igreja. À tarde, assistiu à chegada de si mesmo e de Davey com discreta curiosidade. Como esperava, duas figuras apareceram no chão sem cerimônia. Jack esperava um lampejo, ou um trovão, e ficou um pouco decepcionado com a chegada silenciosa. Escondido atrás de um muro, ele observou enquanto ele e Davey se recuperavam e se afastavam da igreja.

– Aquele é você?

Jack levou um susto quando ouviu a voz súbita sobre seu ombro. Sexton apoiado em sua pá, observava os recém-chegados com uma leve curiosidade.

– Sim – Jack admitiu. – E meu amigo, Davey.

Sexton assentiu.

– Lembro-me de você dizendo isso antes.

– Quanto tempo "antes"?

Sexton virou-se e observou a neve caindo.

– Está esfriando. – Então se afastou em silêncio.

Naquela noite, depois de outro interrogatório infrutífero, Jack estava cochilando em sua cadeira perto do fogo quando acordou com o som de vozes vindo da porta.

Sexton estava discutindo com um visitante invisível.

– Eu não sei de nada – disse Sexton com um tom mal-humorado.

– Viajantes – disse a voz misteriosa. – Aqui, em algum lugar por perto. Você deve saber! Você deve ter sentido. – A voz era masculina e fluía como seda sobre uma faca afiada. Jack reconheceu imediatamente a sua identidade. Sem fazer barulho, ele calçou os sapatos enquanto se esforçava para ouvir a conversa. Ele tinha que sair dali antes que colocasse Sexton em mais perigo.

– Faz cinquenta anos que eu viajei – respondeu Sexton. – Não sei de nada.

– Chega de mentir pra mim! – sussurrou Rouland.

– Não é mentira nenhuma! – insistiu Sexton.

– Está sempre mentindo!

Houve um barulho repentino, como o espocar de um relâmpago.

Jack olhou para a sala. Uma faísca brilhante conectava a mão estendida de Rouland ao peito de Sexton.

– Por favor – Sexton ofegou.

– Você não vai descansar com os ossos de sua esposa, em paz sob a terra! – Rouland gritou sobre o ruído crescente. – Em vez disso, queime!!!

Sexton caiu no chão, com o corpo num espasmo. A mão de Rouland permaneceu na porta aberta, estendida e apontando para o velho. O quarto parecia congelado, nem Rouland nem Jack se moviam. Apenas Sexton se entregou à passagem do tempo enquanto seu corpo se contorcia e pulsava. Seus braços e pernas sacudiam, até que, por fim, os tremores diminuíram e ele ficou imóvel no chão.

Rouland esperou até que o corpo de Sexton não desse mais sinal de vida, em seguida pôs a mão na maçaneta e lentamente fechou a porta atrás dele. Jack viu sua silhueta passar pelo lado de fora da janela antes que seu horror diminuísse e ele corresse para Sexton. A vida já tinha se esvaído do rosto pálido do velho. Um calor intenso emanava do corpo dele, como se um fogo se alastrasse por dentro. Em seguida, o corpo inerte dissolveu-se num monte de cinzas, e todas as provas da vida de Sexton Clay se extinguiram.

Jack nunca tinha visto nada parecido. Sentindo tontura, náuseas e incapaz de pensar, ele correu da casa de Sexton para as ruas estreitas e ameaçadoras dos arredores. Escondeu-se nas sombras de portas anônimas, com medo de que Rouland pudesse voltar à casa de Sexton a qualquer momento.

O garoto estava cansado e abatido. Tinha vivido outra vida naquela semana, uma vida que o tinha deixado mais maduro e cheio de raiva. Por que Sexton tinha que morrer? Não fazia sentido para ele. E duvidava que um dia faria. Seu coração estava pesado com a culpa. Tantas pessoas em sua vida tinham morrido. Seria por causa dele? Seria culpa dele?

Quando a meia-noite se aproximava, ele voltou para o cemitério da igrejinha e encontrou um esconderijo perto do local onde sabia que ele e Davey logo apareceriam.

Uma hora se passou desde que os sinos soaram à meia-noite. Jack ouviu a crescente onda de comoção vinda das ruas próximas, quando a notícia do terrível acidente de Timothy se espalhou.

E então, finalmente, ele viu dois rapazes se aproximando em alta velocidade. Tudo aconteceu muito rápido. Ele viu ele mesmo procurando a Necrovia enquanto o agente da polícia se aproximava.

Rouland apareceu novamente com Jane McBride. O primeiro Jack encontrou a Necrovia e desapareceu. Davey ficou ali sozinho e confuso, tentando fugir, aos tropeços, do perplexo policial.

Tinha chegado o momento de Jack agir.

O garoto saltou de seu esconderijo e pegou Davey bruscamente pelo braço.

– Eu explico depois – disse ele, enquanto puxava Davey através da neve para o outro lado do cemitério, até o túmulo da garotinha, a Necrovia que iria levá-los de volta a 1940.

O policial se recuperou do susto e deu início à perseguição.

– Nós vamos por esta Necrovia aqui – explicou Jack rapidamente. – Vamos juntos.

– Correnteza acima? Impossível!

De repente, o policial estava sobre eles, com as mãos estendidas para agarrá-los.

– Não temos tempo. – Jack agarrou Davey com ambos os braços e o puxou de encontro ao seu peito. Ele já podia sentir a Necrovia chamando por ele. Fechou os olhos e caiu para trás.

– Não! – Davey gritou de terror, sua voz distorcendo-se enquanto os dois desapareciam. – Você vai me matar!

20

TRANSFORMAÇÃO

Mesmo antes de abrir os olhos, Jack sabia que não estava sozinho. Davey estava com ele. Sorriu para si mesmo, sentindo por dentro um cálido fulgor de satisfação. Então se lembrou das últimas palavras que Davey gritara quando eles desapareceram na Necrovia: "Você vai me matar!", e uma apreensão fria tomou conta dele.

Davey não estava se movendo, o peso do seu corpo pressionando Jack. Ele rolou o corpo do amigo e observou se o peito dele se movia. Nada. Ele não estava respirando e seu rosto estava pálido e acinzentado. A mente de Jack congelou de pânico. O que ele deveria fazer? Tivera uma aula de primeiros socorros na escola, mas não tinha prestado muita atenção.

– Davey? – Jack o sacudiu freneticamente, batendo no rosto dele, desesperado, gritando. – Respire!

Nada. Ele colocou a boca na de Davey e soprou.

Nada. Soprou de novo, lágrimas salgadas caindo de seu rosto e respingando na pele exangue de Davey. Ele martelou o peito do amigo, exigindo que ele vivesse.

Nada.

Jack suspendeu a parte superior do corpo de Davey novamente, soprando em sua boca, desesperado.

E, por fim, Davey ofegou, inalando o ar com tanta dificuldade que isso o fez convulsionar e tossir. Então rolou para o lado, cuspindo e com ânsia de vômito, e seus olhos se abriram, arregalados e sem foco.

– O... que você fez? – ele perguntou com a respiração entrecortada.

– Você ficou preso. – Jack mal podia ocultar seu orgulho. – Eu voltei para o passado por outra Necrovia. E trouxe você comigo.

Davey apoiou a cabeça entre as mãos.

– Você me arrastou para o passado por outra Necrovia, e não por aquela em que eu vim? Isso não é possível. – Davey apontou o dedo para Jack, e então suspirou, abatido. – Bem – continuou ele –, supostamente não é possível. Viajantes não podem viajar correnteza acima por uma Necrovia, a menos que tenham viajado por ela correnteza abaixo.

Jack ergueu as sobrancelhas.

– Bem, você está aqui, não está?

Davey ficou de pé, parecendo um pouco tonto e desequilibrado, e começou a sair do cemitério com passos vacilantes. Então parou na entrada, apoiando-se contra o muro de pedra. Era madrugada e as ruas estavam mais uma vez adormecidas, com exceção de um gato preto que arqueou as costas contra a perna de Davey, ronronando baixinho.

– Onde estamos? Em que ano?

Jack sorveu o ar e fechou os olhos. Foi exatamente como antes, assim como o velho David tinha falado. *Quando você viaja através de uma Necrovia, simplesmente sabe a data, você sente a data.*

– Estamos de volta a 1940. É 25 de setembro – Jack disse com convicção.

– Ok – Davey assentiu. – Agora me diga outra vez o que aconteceu.

Ele empurrou o gato gentilmente com o pé. O animal lhe mostrou sua insatisfação com um miado, depois correu para longe.

– Você se lembra de estar no cemitério? – Jack perguntou.

– Sim, claro – Davey confirmou, massageando a nuca.

– Tentamos pegar a Necrovia de 1940. Eu consegui pegar e você ficou para trás.

Davey assentiu com a cabeça lentamente.

– Eu me lembro agora. Você desapareceu. Aquele cara quase me pegou. Então eu vi você novamente.

– Eu vim para cá, mas Monty disse que era perigoso percorrer a mesma Necrovia novamente, e...

– Ele tem razão! – Davey interrompeu. – Você não deveria ter voltado para me buscar.

– Foi por isso que eu encontrei outra Necrovia – disse Jack. – A que acabamos de usar. Ela me trouxe de volta para 1813, mas dez dias antes de você. Eu trabalhei como coveiro na última semana, enquanto o esperava.

– Você deveria ter me deixado lá – disse Davey em voz baixa.

– Eu não ia fazer isso. – Jack estava se esforçando para descobrir qual era o problema de Davey.

– Eu não sou um Viajante, Jack – Davey suspirou. – Nunca fui de fato. Não acho que tenha viajado com você, acho que você me carregou. – O rosto de Davey estava sério, uma mistura de tristeza e admiração. – Jack, você fez algo que nenhum outro Viajante já fez, e nem percebeu! Não há outra maneira de explicar isso. Você me arrastou de volta para 1940, e além disso ainda levou o livro. – Davey olhou nos olhos de Jack e disse: – Eu não conheço nenhum outro Viajante como você. Na verdade – e sua voz se elevou com a emoção –, você é mais do que um Viajante. Você é um *Artífice do Tempo*!

– Um Artífice do Tempo?

– Existe essa possibilidade, com certeza. Eu nunca conheci ninguém que pudesse fazer as coisas que você faz. Faz anos que ninguém vê um Artífice do Tempo.

Jack arranhou a terra com o calcanhar, com a mente perdida em pensamentos.

– Eu não posso ser; mal sou um Viajante. Acho que tenho apenas sorte.

Davey estremeceu, evitando o olhar de Jack.

— Pode não estar nevando aqui, mas eu ainda estou congelando.

Jack afastou a estranha conversa da sua mente. Ele não poderia ser um Artífice do Tempo, ele era apenas um garoto normal, apesar de tudo o que estava acontecendo.

Quando Jack se aproximou da porta da frente da casa de Monty, percebeu que ela estava entreaberta; uma fração do interior escuro mal era visível através da fresta. Jack desacelerou enquanto subia os degraus antigos, Davey ao seu lado. Madeira lascada se projetava onde uma vez houvera uma fechadura.

— Davey — Jack sussurrou, a mão estendida em sinal de advertência.

Davey também viu. Puxou o braço de Jack e se aproximou da porta aberta.

O silêncio sinistro se rompeu quando Davey abriu a porta com um rangido. Os pelos do pescoço de Jack se arrepiaram enquanto ele seguia o amigo até a sala de leitura. A escuridão encobria os detalhes, deixando formas vagas para a sua imaginação adivinhar.

Davey parou abruptamente. Por um momento, ficou ali parado, bloqueando a visão de Jack; em seguida avançou e Jack viu o corpo de Montgomer Falconer deitado de bruços no chão. Os sinais de luta estavam por todos os lados, mas Jack não tinha notado ainda: a cadeira de leitura do Monty estava caída de lado, os livros esparramados pelo chão e gotas brilhantes de sangue manchavam o papel de parede caro acima do fogo que esmorecia.

— Ele está vivo? — Jack perguntou, a voz apenas audível.

Davey se ajoelhou sobre o Descritor, virou-o de costas e ergueu a cabeça flácida até o colo.

— Mal está respirando.

Os olhos de Monty estavam abertos, arregalados a princípio, e depois se fecharam em fendas pesadas, enquanto ele lutava para manter a visão.

– Não se preocupe, nós vamos buscar um médico. Você vai ficar bem – disse Davey.

– Rouland – Monty disse fracamente. – Ele estava atrás de você. – Seus olhos baços olharam diretamente para Jack.

– Onde está Eloise? – Jack perguntou.

– Se foi. – Monty tossiu. – Rouland deve estar com ela agora, suponho. Você está com o livro?

Jack o puxou do bolso da calça e o mostrou para Monty. Ele sorriu debilmente até que um acesso de tosse fez seu rosto se contrair de dor.

– É a maior arma que você pode ter contra Rouland. Você e o livro, como você e ele, são indissociáveis. Ele irá fornecer as respostas de que precisa, jovem Jack, quando você mais precisar delas. Eu teria preferido estudá-lo por mim mesmo. Mas ele de nada me serve agora, é claro. Rouland iria tirá-lo de mim, por fim, e eu não sou um homem desafiador. – Os olhos de Monty pareciam cheios de autopiedade. Seu corpo se arqueou para cima, transpassado por uma dor implacável. – Eu não acho que teria força para resistir a ele. Mas você é um excelente professor, jovem Jack. Seu exemplo me deu o que pensar. Você me deixou envergonhado. – Monty pôs a mão sobre o peito, segurando uma fotografia emoldurada firmemente. Nele Monty, mais jovem, mais feliz, posava com uma mulher de cabelos escuros. – Minha esposa, Clara. Ela estava orgulhosa, como você. Eu tinha me esquecido há muito tempo. – Monty sorriu novamente, um tom desafiador despertou em sua voz. – Ela teria ficado envergonhada, sabe? Eu tenho sido um covarde desde a morte dela, mas não hoje à noite, por fim. E, afinal de contas, é o final da história que realmente conta.

– Monty – Jack disse –, a Rosa. E a Rosa? Você sabe onde podemos encontrá-la?

Monty passou a língua sobre os lábios secos.

– Ele perguntou a mesma coisa, ele tem o mesmo fogo interior. Você é a resposta para essa pergunta. – Ele tossiu quando seu corpo começou a estremecer. – A Rosa é real. Pergunte à sua mãe.

Jack retirou a mão bruscamente.

– O que isso tem a ver com a minha mãe?

A boca de Monty se abriu num sorriso torto, sua voz quase um sussurro.

– Tudo, Jack Morrow, tudo. – A mancha negra cresceu no centro de seu peito, seu rosto contorcido de dor e seus braços e pernas em espasmos. Jack recuou com horror, ele já tinha visto essa morte antes.

– Davey, afaste-se.

Houve um momento de calor quando o peito de Monty se transformou em cinza e poeira. A transformação se propagou, consumindo o corpo frágil em segundos.

– Rouland fez isso – Davey sussurrou com raiva.

Um silêncio mútuo e solene pairou sobre os dois rapazes enquanto eles olhavam para a pilha de cinzas no chão. Os restos mortais incinerados circularam no ar, e em seguida se ergueram inesperadamente, formando uma coluna de cinzas que crescia à medida que espiralava para cima.

A cor sumiu do rosto de Jack.

– Homens Pó!

Jack e Davey correram para a porta e dali para a rua. Atrás dele, Jack ouviu o grito pavoroso que acompanhava as dores de crescimento de um Homem Pó. Davey começou a corrida de volta para a rua.

– Para onde vamos? – Jack gritou.

– Para a igreja.

Atrás deles, o Homem Pó se arrastou para fora da porta. Quando tocou a moldura, a madeira ficou enegrecida, ressecou e se tornou quebradiça como carvão em brasa. Ele deu um salto para a rua, como se voasse, caçando os garotos com seus sentidos selvagens que desafiavam definições humanas.

Davey correu até a igreja e colidiu contra a porta com toda a força de seu corpo, caindo para trás, com o impacto, como uma boneca de pano. Jack foi até ele e o levantou do chão frio.

Atrás deles, o Homem Pó gritava outra vez, enquanto atravessava a entrada para o cemitério e corria na direção deles.

Jack inclinou-se contra a velha porta de madeira, o coração na boca.

Ao lado dele, Davey batia na porta desesperadamente.

– Rápido! Abram! Abram!

A coisa se aproximava, exultante. Levantou o braço e Jack fechou os olhos, esperando o pior. Então, de repente, ele estava caindo para trás. Jack se estatelou no chão duro da igreja, rolando sobre Davey. Ele olhou para cima enquanto um jovem pálido batia a porta na cara do Homem Pó.

21

MENSAGEM DO PASSADO

A nave escura da igreja estava estranhamente calma. Lá fora, o grito lancinante do Homem Pó continuava ecoando enquanto ele cambaleava e protestava com uma frustração infantil.

– Ele não pode entrar aqui. – O homem sorriu. – Nem mesmo um Homem Pó pode quebrar essa regra.

Jack desviou os olhos da porta e viu o jovem vigário que os resgatara. O tom escuro da batina em contraste com o cabelo branco de um albino. A rigidez envelhecia sua aparência que deveria ser mais jovem, e seus olhos vermelhos eram cheios de uma sabedoria que ia além da sua idade.

– Quem é você? – Jack perguntou.

Mas antes que o homem pudesse responder, os olhos de Jack repararam na forma familiar de Davey à sua direita.

A voz do amigo estava tensa.

– Eu sei quem você é: Warnock!

O rosto do homem brilhou de raiva, no segundo em que reconheceu o outro.

– Davey? É você?

Sem aviso, Davey empurrou o vigário, derrubando-o no chão, o joelho contra o seu pescoço.

– Aposto que você nunca pensou que me veria novamente.

– Davey! – Jack gritou, vendo a fúria no rosto do amigo. – O que você está fazendo?

– Desforrando o que sofri!

– Por favor – gaguejou Warnock. – Eu era... diferente naquela época. Só um menino.

– Você me vendeu! – Davey sibilou enquanto o seu peso pressionava a garganta de Warnock.

– Pare com isso, Davey! – Jack gritou.

As feições coradas de Davey extravasavam a sua ira.

– Me dê uma boa razão para eu não te matar agora.

– Porque... – Warnock sussurrou com a respiração entrecortada –, você não é um assassino.

Jack colocou a mão no ombro de Davey e, como se tivesse quebrado um feitiço, o outro soltou o vigário.

Warnock rolou para o lado, tossindo e ofegando.

Jack viu a raiva ressentida de Davey diminuir e perguntou:

– Quem é ele?

– Este – Davey disse com desprezo – é Warnock. Ele me vendeu, como um animal, ao capitão de um navio. Ele me deixou pra morrer, em troca de algumas moedas.

– É verdade – Warnock disse baixinho. – Eu traí você, vendi você. Presumi que estaria morto em questão de semanas. Meu coração se alegra em vê-lo vivo, Davey.

– E você nem se dá ao trabalho de negar? – Davey gritou.

Jack nunca o vira tão transtornado, tão fora de si. Recordou-se das lembranças compartilhadas quando tinham viajado juntos na Necrovia, e achou que ele entendia a profundidade dos sentimentos do avô. Davey, que não confiava em ninguém facilmente, tinha confiado nesse homem e ele o traíra.

– Eu não tinha nada – Davey continuou. – Então conheci você.

– Sim, eu me lembro bem – disse Warnock, enquanto se levantava. – Eu encontrei um garoto faminto, sozinho nas ruas. Peguei você pela mão, te dei comida, ganhei sua confiança. Então, quando você ficou mais forte, eu o vendi. Seu rosto aparece nos meus pesadelos todas as noites desde então.

– Eu poderia ter morrido!

– Eu sei. Uma parte de mim, a pior parte, morreu naquela noite. – Os olhos vermelhos de Warnock se encheram de lágrimas. – Eu roguei perdão desde então. Minhas preces me trouxeram até aqui.

Ele mostrou seu traje.

– Eu não darei nenhum perdão a você!

A vibração pesada de uma explosão distante e o gemido de uma sirene de ataque aéreo encheram os seus ouvidos.

– Alemães! – Warnock estremeceu. – Parece que há mais de um demônio solto por aí hoje. Pelo menos o Homem Pó não ficou aqui por muito tempo. Precisamos nos abrigar do ataque aéreo. Por favor, venham por aqui.

Davey hesitou, seus olhos olhando para a porta.

Jack segurou o braço dele.

– Vamos. Não podemos sair agora, podemos?

– Eu não confio nele, Jack. Eu *não posso* confiar nele.

Warnock fez um gesto na direção da igreja, para uma porta oculta atrás do altar. Ele caminhou até ela agilmente e segurou-a aberta para que Davey e Jack entrassem.

A porta dava para uma escada íngreme, que levava para baixo, até a cripta. Era um espaço de pé-direito baixo, cheio de cadeiras velhas empilhadas ordenadamente, ao longo de uma parede.

– Eu acho que não foi por acaso que você me encontrou esta noite, Davey – disse Warnock. – Parece que o Primeiro Mundo me descobriu aqui. Vocês não foram as únicas almas em busca de um santuário hoje.

No meio do assoalho havia uma forma longa oculta por um cobertor. Quando Warnock se aproximou, inclinou a cabeça em reverência, e seus lábios se moveram enquanto ele fazia uma oração silenciosa.

– Uma das malditas Paladinas veio aqui pouco tempo atrás. Ela estava gravemente ferida. Está com Deus agora.

– Não! – Um pressentimento sombrio surgiu dentro de Jack quando ele se ajoelhou ao lado da cabeça velada.

– Vocês a conhecem? – Warnock perguntou.

– É melhor você rezar para que a gente não a conheça – Davey respondeu.

Jack afastou o cobertor para expor o rosto machucado e ensanguentado de Eloise. Seu peito tinha sofrido um ataque violento, uma grande ferida aberta expunha o coração parado sob as costelas quebradas. O estômago de Jack embrulhou, sua cabeça girou e ele deu um passo para trás, buscando a parede fria para se apoiar.

– A espada! – Davey disse, enfurecido. – Onde está a espada dela?

– O quê? – Jack disse, meio atordoado.

– A espada, ela pode curá-la! Nós temos que encontrá-la.

– Ela morreu logo que entrou aqui – Warnock gaguejou. – Não trazia nenhuma espada.

– Ela não pode estar longe. Encontre-a!

Lembrando-se do que tinha acontecido quando Eloise encontrara a espada na câmara de junção, Jack seguiu Davey de volta até a igreja e começou a vasculhar freneticamente o espaço em busca da arma de Eloise. Ele viu um rastro de sangue branco manchando o chão de pedra e seguiu através da igreja, até que viu algo brilhar nas sombras.

– Aqui! – Jack gritou, pegando a espada pesada com ambas as mãos e arrastando-a escada abaixo, até a cripta.

– Dê a ela, rápido! – Davey pediu.

Jack caiu de joelhos no chão e colocou o punho da arma delicadamente na mão fria de Eloise. Quase imediatamente os dedos dela se contraíram e ela agarrou a espada com força. Os músculos do braço se flexionaram e Jack viu o coração exposto começar a bater de novo, debilmente no começo, mas depois com mais vigor, à medida que a lâmina da espada começava a brilhar como uma lâmpada incandescente esverdeada, o sangue seco em sua superfície borbulhando até deixar o metal impecável.

– Eloise? – Davey sussurrou. – Você pode me ouvir?

Houve um estalo alto, quando os ossos do peito de Eloise voltaram ao lugar, a carne dilacerada se refazendo numa velocidade incrível. Por fim, seu peito se expandiu e ela deu um longo suspiro. Seus olhos brilharam de volta à vida e ela soltou um grito rouco de terror, tateando às cegas até encontrar a mão de Jack.

– Está tudo bem – disse Jack, embora nada estivesse de fato bem. Ele colocou, então, a outra mão no ombro dela.

– Você está segura agora.

Ela olhou para Jack, os olhos opacos e sem foco.

– Eu estava caindo, na escuridão.

Davey se ajoelhou perto dela.

– O que aconteceu com você?

O rosto de Eloise se contraiu numa expressão grave, enquanto ela forçava os fragmentos de suas dolorosas lembranças a se juntarem.

– Nós esperamos, como o planejado – disse ela, com a voz fraca. – Por dez dias nós esperamos o seu retorno. Então, ontem à noite... Rouland veio. Eu lutei contra minhas irmãs Paladinas. Eu perdi. E fugi para cá. – Um lampejo de medo apareceu no rosto de Eloise. – Rouland, ele tinha um Grimnire com ele.

– O que é isso? – Jack perguntou.

– Uma coisa muito grande sob um manto – Davey respondeu, pragmático.

– Os Grimnires são mestres do destino – disse Eloise, com a expressão pesada de dor. – Eles vivem entre os reinos... e os governam. Eles são anjos para alguns... demônios para outros.

Davey fez uma careta.

– O que ele quer com um Grimnire? Eles não costumam tomar partido.

– Ele está planejando uma viagem – Eloise respondeu sem emoção. – Leu algo nos pensamentos de Montgomery antes de matá-lo, algo que lhe agradou muito.

– Para onde ele está indo?

– Eu não sei – disse Eloise. Ela fechou os olhos enquanto fazia uma careta de dor, causada pela cura rápida de seu corpo. – Mas se Rouland se aliou a um Grimnire, então não há nada que contenha a sua ambição.

Warnock avançou, suas feições angulosas destacadas pela lâmpada pendendo do teto. Eloise o viu e seus olhos se estreitaram.

– Quem é ele?

– Meu nome é Warnock – o vigário disse suavemente.

– Ignore-o – disse Davey. – Ele não é ninguém.

Eloise virou-se para Jack e disse:

– Você encontrou o livro?

– Sim – respondeu Jack. Quando ele puxou o livro roubado do bolso da calça, ele caiu aberto na última página. A tabela intrincada, composta de letras e números manuscritos, apareceu na frente dele, com os elementos cuidadosamente espaçados, tudo em perfeita simetria.

– Você é impressionante, Jack! – disse Eloise, respeitosamente. – Que tabela é essa?

– Eu não sei – respondeu Jack, sentado nas escadas. – Eu mal tive chance de olhar para ela.

Eloise ajoelhou-se ao lado de Jack e olhou com espanto para a matriz de letras e números.

– Eu acho que pode ser uma cifra, uma mensagem codificada. Era muito comum, anos atrás, no Primeiro Mundo, passar mensagens secretas entre as casas rivais. Eu não via uma há muito tempo.

– Eu as estudei numa vida anterior – disse Warnock, num tom de desculpa. – O conhecimento de como decifrar códigos às vezes podia ser bem lucrativo.

Davey fez uma careta.

– Isso não é da sua conta. Não se intrometa.

– Normalmente – continuou Warnock, sem se abalar –, a chave para decifrar o código é saber qual a primeira letra da mensagem. Às vezes ela era escrita de uma forma ligeiramente diferente...

– Nós não precisamos de sua ajuda!

– Uma letra um pouco acima da linha, talvez, ou mesmo um pouco abaixo. Ou uma letra inclinada ou marcada com um ponto. As cifras mais antigas eram...

De repente, Davey avançou para cima de Warnock novamente.

– Davey! – Eloise gritou debilmente. – Deixe-o falar.

Jack observou Davey parar e olhar com cara feia para o vigário. Ele ficou de pé por um instante na frente de Warnock, antes de se juntar a Jack nas escadas.

– O que isso significa? – Davey disse por cima do ombro. – Eu não sou muito bom com livros – acrescentou silenciosamente no ouvido de Jack.

– Eu não sei. – Jack começou a correr o dedo sobre a linha de letras, procurando com atenção algo que pudesse fazer sentido.

– Elas parecem todas iguais – Eloise observou. – Nenhuma delas está inclinada ou marcada.

Quando Jack chegou ao final da primeira linha, ele sentiu algo que chamou sua atenção. Para ter certeza, ele passou o dedo sobre a linha várias vezes nos dois sentidos.

– O que está fazendo? – Davey perguntou.

Ali estava. Jack sorriu. Era sutil, muito fácil de passar despercebido, mas ele estava certo de que tinha encontrado alguma coisa. O dedo dele estava sobre uma letra.

Eloise se inclinou mais para perto.

– O que você encontrou, Jack?

– Monty disse que o livro daria uma resposta quando eu mais precisasse dela – Jack respondeu, cheio de emoção.

– Eu acho que ele estava certo. – Ele pegou o dedo de Davey e colocou-o sobre a página. – Você consegue sentir isso? – Jack continuou. – A letra, está em alto-relevo.

Davey riu, deslizando o dedo sobre a página.

– É! Tem razão! Eu posso sentir.

– Qual é a letra? – perguntou Eloise, a voz calma já insinuando impaciência.

– "J". É a letra "J" – disse Davey, correndo o dedo até a linha seguinte.

Jack sentiu um arrepio passar pela sua espinha. Olhou novamente para as letras da tabela quando o dedo de Davey parou sobre uma das letras.

– O "A" está em alto-relevo também – Davey riu.

Os olhos de Jack correram animadamente através da página. Sua mão saltou para a linha de baixo. Ele já sabia qual letra seria a próxima. Mesmo assim seu coração deu um pulo quando ele sentiu o alto-relevo. – É um "C". – Seu dedo deslizou para a frente.

Ele fechou os olhos até que sentiu a próxima letra em alto-relevo. Abriu os olhos e ofegou.

– "K" – disse Eloise. – J, A, C, K.

A sala como que desapareceu quando a atenção de Jack se concentrou no livreto, com o seu nome inexplicavelmente escondido nele. Seu dedo traçou seu caminho através das linhas até que encontrou um "M", então um "O". O resto de seu sobrenome de repente se destacou da página.

– Jack Morrow! – Davey exclamou.

– Quem é Jack Morrow? – Warnock perguntou timidamente.

– Sou eu – Jack disse, desorientado. O nome dele, Jack Morrow, estava escondido num livro roubado de 1813. Ele passou o livro para Eloise, extenuado com essa nova revelação.

– Tome, faça você agora.

Eloise deslizou o dedo sobre o texto como Jack tinha feito.

– A letra "A"... a letra "R"... – Eloise disse em voz baixa. A sala estava em silêncio, todos os olhos voltados para a mão da Paladina percorrendo a página. As letras vinham mais rapidamente agora, até que uma nova palavra se formou.

– *Artífice do Tempo!* – Davey anunciou. Ele olhou para Jack. – Eu não disse?

Jack deu um profundo suspiro, preparando-se para algo que ele sabia que era ainda maior do que poderia imaginar.

– Como isso pode estar num livro que tem mais de cem anos?

– Este livro tem muitos segredos – disse Eloise, olhando para ele. – Muitos morreram para ler seu conteúdo. Mas você conseguiu, e seu nome é citado. Você deve prestar atenção à mensagem que ele traz.

– Que mensagem? – perguntou Jack, perplexo.

Eloise sorriu friamente.

– Há mais coisas aqui. Números. Um seis... e mais um. Em seguida, um dois... zero... zero... oito.

– Um código para outra coisa? – Warnock sugeriu.

– Não – disse Jack, um sentimento doentio envolvendo o seu corpo desde a ponta dos pés. Ele reconheceu os números instantaneamente. – É uma data.

– Uma data? – perguntou Davey, andando de um lado para o outro. – Seis, seis. Seis de junho?

Jack acenou com a cabeça tristemente.

– De 2008 – Eloise disse lentamente. – O sexto dia de junho de 2008. Você sabe que data é essa?

Jack confirmou, pouco à vontade, enquanto tentava manter as emoções sob controle.

– Essa é a data em que a minha mãe morreu.

A sala caiu num pesado silêncio. Jack lutava com seus pensamentos em torvelinho, incapaz de compreender plenamente o que tudo aquilo significava.

– Isso é tudo? – perguntou Davey.

– Sim – Eloise assentiu. – O código termina aí. – Ela fez uma careta de dor, erguendo a espada em seu colo. A luz do seu brilho curador derramou-se sobre o livro.

Jack suspirou. A luz verde pulsante tinha iluminado algumas letras, cada uma respondendo ao brilho e refletindo a luz de volta.

– O que é isso? – perguntou Davey, voltando para as escadas.

– Outro código – respondeu Eloise – escondido na tabela.

– A primeira letra é "R" – viu Jack.

– É o mesmo "R" em alto-relevo que faz parte do Morrow – Eloise observou.

Jack mal ouviu isso e seus olhos já saltaram para a frente, juntando as letras brilhantes numa só palavra.

– *Rouland*.

Davey apontou para três letras brilhantes na parte inferior da página.

– Que tal isso? "CJM"?

Uma lágrima caiu na página. Jack enxugou os olhos.

– São as iniciais da minha mãe. Catherine Jean Morrow. – Frustração e raiva ferviam dentro dele. – Mas o que isso quer dizer?

Eloise fechou suavemente o livro.

– Eu acho que Rouland está ligado à morte de sua mãe, em 2008.

– Como? Por quê? – Davey estava com raiva.

– Ele procura a Rosa.

– Monty, ele disse que sabia onde a Rosa estava – disse Jack, muito sério. – Ele soube quando me tocou. Quando eu perguntei sobre isso, ele disse: "Pergunte à sua mãe".

– E se Rouland descobriu isso antes de matar Monty, ele fará qualquer coisa para encontrá-la – respondeu Eloise. Até mesmo viajar correnteza acima.

– Mas ele não é um Artífice do Tempo. Ele não pode viajar para o futuro – lembrou Davey.

– Ele fez um acordo com o Grimnire – disse Eloise. – Um Grimnire pode levá-lo correnteza acima.

– Ele está indo para o futuro – Jack respondeu –, para o ano de 2008. Ele vai matar a minha mãe e pegar a Rosa.

Houve um ruído surdo quando uma explosão distante sacudiu a igreja.

– Mas como você pode ter certeza? – Warnock indagou.

– Eu acho que ele está certo – respondeu Eloise.

Jack abriu o livro e olhou novamente para a página, tão familiar e ao mesmo tempo tão estranha. Ele estava convencido agora, no entanto, ao contrário do que parecia, de que aquela mensagem era endereçada a ele, um aviso para levá-lo na direção certa.

– Rouland pretende matar a minha mãe, e eu tenho que detê-lo – disse com firmeza. – Ele está indo para o futuro, para 2008, e eu também.

– Você não teria a menor chance sozinho – disse Davey com firmeza.

– Eu tenho que ir.

Eloise sentou-se, segurando a espada para se equilibrar. – Eu vou protegê-lo.

Jack balançou a cabeça.

– Eloise, você está ferida. Precisa de tempo para descansar.

– Eu *vou* ter tempo. Já estou morta. Não posso envelhecer. E não posso morrer. Vou esperar você aqui. Quando chegar em 2008, você vai me encontrar e eu vou protegê-lo. Então, juntos, vamos destruir Rouland, e eu vou ter paz.

Jack compreendeu. Para ele, a viagem pela Necrovia só duraria alguns instantes, mas Eloise esperaria em tempo real, por mais de sessenta anos, nunca envelhecendo, até que ela se encontrasse com Jack novamente.

– Se você ficar aqui, Rouland ou as suas Paladinas vão encontrar você de novo – Davey disse a Eloise.

– Não se você me enterrar. Enterre-me profundamente no solo. Você vai ter que me incapacitar, é claro; caso contrário, eu serei encontrada.

– Como é que vamos incapacitar você? – perguntou Jack, temendo a resposta.

– Pegue a minha espada, crave-a no meu coração. Você pode me restaurar novamente com ela correnteza acima. – Eloise não demonstrou nenhuma emoção, medo algum. Jack não podia acreditar em quão resoluta e corajosa ela era.

– Você quer que a gente te mate e espera que sua espada reviva você novamente... – Davey fez uma breve pausa, seus lábios contando – ... daqui a 68 anos?

– Sim.

– Isso é ridículo! – Davey passou os dedos nervosamente pelo cabelo castanho espesso e caminhou até o final da pequena cripta. – Você não tem que fazer isso. Você pode se esconder. Pode lutar.

– Rouland pensa que estou morta – Eloise observou. – Podemos usar isso a nosso favor.

– E quem garante que você vai voltar à vida daqui a 68 anos? – Davey perguntou. – Jack poderia colocar a espada na sua mão e nada acontecer. Nada! E então?

– Nós não temos muita escolha. Se Rouland seguir correnteza acima e Jack estiver indo para lá também, então ele vai precisar de proteção ou tudo estará perdido.

Warnock deu um passo à frente.

– Eu posso velar por ela. Sou um homem jovem e, se Deus quiser, viverei mais 60 anos ou até mais.

– Você? – Davey disse com desprezo. – Por que você iria ajudar?

– Davey – Warnock suspirou. – O que aconteceu entre nós ficou comigo desde então. Eu pensei que tinha matado você. Roguei pela chance de fazer as pazes com você de alguma forma. Agora o bom Deus achou por bem trazê-lo até mim novamente. Esta é a minha chance, Davey. Eu sei que nunca poderei reparar o mal que lhe causei, mas talvez fazendo isso eu possa viver em paz comigo mesmo outra vez.

A raiva de Davey pareceu diminuir, dando lugar à piedade.

– Eu nunca vou te perdoar, você sabe disso?

– Eu sei. – Warnock sorriu com pesar. – Mas tenho que tentar.

Davey assentiu com a cabeça e olhou para Eloise, em seguida, para Jack.

– Isso é loucura, nunca vai funcionar. Mas, se Jack está indo, então eu vou também. – Ele lançou para Jack um sorriso travesso. – Você pode me carregar junto como fez antes.

– Mas e quanto aos perigos?

Davey levantou uma sobrancelha.

– Eu sou o seu avô legítimo e você vai fazer o que eu disse, rapaz! – Ele conseguiu dar um meio sorriso. – Eu sou da família, afinal de contas, então isso é do meu interesse, não é? Algum dia eu vou ter uma filha e, se ela está em perigo, então eu tenho que estar lá.

Jack hesitou. No entanto, algo profundo dentro dele lhe dizia para fazer o que Davey sugeria. Ele tentou lutar contra, mas a ideia parecia ganhar fôlego a cada segundo que passava. Com pesada resignação, ele estendeu a mão. Davey olhou para ela e apertou-a firmemente.

Lá fora, o barulho do bombardeio noturno tinha ficado mais alto e ouviu-se um grande estrondo, como se um prédio vizinho tivesse sofrido um impacto direto. Um grito de morte vibrou através da cripta como o uivo de um animal triste.

Eloise levantou-se, seu retorno milagroso à saúde agora concluído. Ela ergueu a espada para Davey.

– Estou pronta.

22

DE VOLTA AO FUTURO

Warnock levou-os mais para baixo, na direção de uma câmara havia muito esquecida, o antigo mausoléu de uma família rica, que continha vários sarcófagos de pedra, cujo conteúdo agora não passava de ossos pulverizados.

Eloise escalou um dos túmulos e deitou-se em meio à sujeira, enquanto Jack, Davey e Warnock ficaram de pé em torno dela. Jack tentou esconder o turbilhão de emoções que sentia por dentro quando Eloise avisou com um aceno que estava pronta e Davey levantou a espada pesada sobre a cabeça.

– Sinto muito – ele sussurrou enquanto lágrimas espontâneas desciam pelas suas bochechas coradas. Ele lançou a espada para baixo com um esforço poderoso. A lâmina alcançou o alvo e perfurou o coração de Eloise. O rosto dela se contorceu num grito silencioso enquanto as mãos agarravam a espada, a lâmina cortando as palmas. Em seguida, um brilho sobrenatural emanou do seu corpo e foi absorvido pela espada. Warnock bradava o pai-nosso repetidamente, mas seus esforços para abafar os gritos lamentáveis de Davey foram em vão. Jack virou-se, incapaz de continuar assistindo a cena.

O brilho da espada desapareceu quando os últimos resquícios da força vital de Eloise foram drenados de seus belos olhos. Seu coração parou.

– Ela está suspensa – Warnock disse amargamente. – Presa em algum lugar entre este mundo e o próximo.

Davey retirou a espada e limpou a lâmina na manga. Ele usava a bainha de Eloise em torno da cintura e devolveu a espada a ela.

– Jack – disse ele, enquanto secava as lágrimas –, eu preciso de sua ajuda. – Ele estava próximo à pesada tampa de pedra. Juntos, eles a levantaram e a colocaram no lugar, e o rosto torturado de Eloise desapareceu. – É melhor que isso funcione – ele murmurou, sua voz trêmula de pesar.

Warnock assentiu.

– Eu não vou falhar com você, Davey.

Do lado de fora o bombardeio havia cessado e um silêncio portentoso velava a cidade. A igreja tinha perdido dois dos seus vitrais, mas outro havia subsistido quase intacto. O estado das ruas ao redor era um tanto pior. A casa de Monty tinha sido atingida e reduzida a uma pilha de tijolos e caibros. O falecimento do Descritor seria apenas mais um número nas estatísticas na guerra sangrenta.

Ainda faltavam algumas horas para amanhecer. Eles tinham uma longa caminhada pela frente, de volta ao Cemitério de Whitechapel, onde a aventura de Jack havia começado.

Dois meninos – o avô e seu neto – caminhavam solenemente pelas ruas destruídas de Londres. A cidade, marcada e dilacerada pelo bombardeio noturno constante, dava testemunho da loteria aleatória da guerra. Montes de escombros malcheirosos eram tudo o que restava de algumas ruas, enquanto outras pareciam intocadas. Vencedores e perdedores num jogo de azar fatal.

Eles viram alguns sobreviventes atordoados andando pelas ruínas dos edifícios, a pele e as roupas tingidas de cinza, como zumbis emudecidos vagando aos tropeços por uma paisagem pós-apocalíptica. Algumas ruas estavam livres do entulho; uma aparência de ordem era mantida enquanto feirantes montavam suas barracas e furgões tentavam entregar as suas mercadorias. A Oxford Street fervilhava de vida. As pessoas gritavam saudações à passagem dos soldados, num desafio cego à carnificina ocorrida a apenas algumas ruas de distância. Pairando acima, visível através da fumaça e do fogo, a silhueta magnânima da Catedral de São Paulo, uma testemunha impassível ao longo dos séculos.

Eles descansaram perto de uma ponte e beberam água de um chafariz. Jack lavou o rosto sujo e secou-o na bainha da camisa suja, antes de continuarem o seu sombrio percurso.

– Não poderíamos ir pela câmara de junção? – Jack estava exausto.

– Estou sem moedas – Davey respondeu, bem-disposto –, e não quero chamar a atenção para mim, tentando me apossar de mais algumas.

Então os garotos continuaram a pé, as ruas tornando-se mais estreitas e sombrias à medida que se aproximavam do cemitério. Até que se viram num labirinto de becos, muitos dos quais Jack não reconhecia. Ali, a cidade ainda pulsava, seu coração batendo, impenitente, sacudindo os punhos para a artilharia que jorrava do céu, noite após noite. Cheiros e cores bombardeavam os sentidos exauridos de Jack. O aroma de carne cozinhando flutuava de uma fileira de barracas, atormentando seu estômago vazio. Como que em resposta às divagações de Jack, Davey entregou-lhe um sanduíche quente de bacon.

– Onde você...?

– Não pergunte. – Davey esboçou um largo sorriso. Jack sorriu em resposta. Eles caminharam juntos pelo mercado movimentado, comeram sua comida roubada, satisfeitos com a silenciosa harmonia entre eles.

Finalmente chegaram a Vallance Road e ao Cemitério de Whitechapel.

Davey entrou primeiro, virando-se para Jack, depois de examinar o cemitério.

– Eu acho que estamos sozinhos. Vamos acabar logo com isso.

Jack levou-os para o canto mais distante do adro da igreja, onde ele havia chegado em 1940. Ficou de pé sobre o solo revolvido, deixando as mãos procurarem a Necrovia que o trouxera.

Lembranças de sua família vieram à sua mente; de alguma forma elas estavam todas ligadas àquele lugar. O Cemitério de Whitechapel era especial; Jack sabia disso graças às histórias que a sua babá lhe contava.

Ele era único, na verdade: o último cemitério do centro de Londres. Sua mãe tinha feito campanha para mantê-lo aberto, o seu espírito comunitário recompensado com um pequeno lote e uma lápide. Agora, ele percebia que a história era muito mais ampla. Sua mãe era uma Primeiro Mundista, como ele. No entanto, ela vivia num apartamento humilde, longe da estranha majestade do mundo secreto que Jack começava a descobrir. Ele se perguntava por quê.

Ele tinha apenas 7 anos de idade quando ela morreu.

O pai de Jack nunca falava sobre isso, mas ele tinha conseguido alguns detalhes conversando com sua babá antes de a demência ter roubado as lembranças dela. A mãe tinha sido atacada no apartamento da família, deixada ali sozinha à beira da morte, e o assassino nunca fora encontrado. Na mente de Jack, agora esse assassino tinha um rosto: o de Rouland.

Mas até a imagem da mãe estava se desvanecendo lentamente, como as brasas incandescentes de uma fogueira, não deixando nada para Jack guardar a não ser aquele lugar fantasmagórico e seu ódio crescente por Rouland.

Suas lembranças dela eram como uma colcha de retalhos. Algumas eram verdadeiras, outras tiradas de conversas ouvidas, fotografias e vídeos antigos. Outras ainda eram puros contos de fadas, histórias idealizadas que ele contava a si mesmo para tornar a vida mais suportável. Ao longo dos anos, era difícil dizer quais eram mais reais.

Então ele sentiu alguma coisa – uma conexão, ligeira mas tangível. A Necrovia estava lá, cheia de dor, riso e memória. Ele acenou para Davey se aproximar, então puxou seu jovem avô para perto, passando um braço em volta dele para que descansassem a cabeça um no ombro do outro; a outra mão tocava o lote de terra. O cemitério desapareceu da sua mente, seu mundo tornou-se um círculo cada vez menor de consciência e tudo desbotou até ficar cinza, restando só ele, Davey e a sepultura. Ele respirou fundo e soltou o ar, e então eles partiram, juntos pela Necrovia, viajando correnteza acima, a velocidade aumentando a cada segundo.

A enxurrada de emoções veio em ondas, às vezes ameaçando arrastá-lo para um abismo de desespero, e então, justo quando ele sentiu que não poderia suportar mais, as emoções se desvaneceram, deixando um vazio entorpecido que pressionava cada centímetro da sua pele.

Sua mente vagava à deriva. Eles estavam correndo de volta para 2008, de volta para o dia em que sua mãe morreu. A data estava impressa para sempre em sua memória: 6 de junho de 2008, uma noite tempestuosa de verão. Ele chegaria lá novamente, incapaz de fazer qualquer coisa para salvar a mãe. Ela já estaria morta. Raiva e frustração percorriam o seu ser, e então, no âmago de seu pranto, surgiram palavras – algo que Davey tinha lhe dito antes, uma insinuação de uma capacidade mais profunda dentro de Jack. Eram palavras que ele tinha visto ocultas no código.

Artífice do Tempo.

As palavras transpassaram a sua mente como uma agulha de gelo. Oportunidades revelaram-se a ele. A Necrovia não era um simples túnel, com começo e fim. Era uma rede, como as raízes de uma árvore, entrelaçadas, interligadas, um universo de conexões.

E ali estava. A Necrovia falou com ele.

O que você quer? As palavras eram uma pergunta se formando em torno dele.

Eu quero salvar minha mãe, Jack respondeu mentalmente sem hesitar. Ele não se importava com as consequências de mudar o futuro. Para o inferno com o futuro! Se ele pudesse unir sua família novamente, faria isso, e nada iria detê-lo. Nada.

Algo roçou na sua pele, e não era uma coisa física, mas uma noção. Uma ideia. Uma sugestão. Ele poderia pegar a Necrovia e chegar mais cedo, antes da morte da mãe. Era possível, ele sabia disso. Tudo o que tinha que fazer era pedir, e a Necrovia iria obedecer. A pergunta se formou em seu cérebro – na forma de sentimentos e emoções.

Dois dias. Dê-me dois dias para encontrá-la. Eu posso salvá-la. Dois dias para encontrar a Rosa e escondê-la de Rouland. Sim, pensou ele, isso devia ser suficiente.

Instantaneamente Jack sentiu uma mudança. A Necrovia fez uma curva e perdeu velocidade, e ele foi impulsionado numa nova direção, ao longo de uma nova Necrovia. O cheiro de flores frescas encheu suas narinas, seguido por uma nova onda de inconsolável emoção, tensão e fúria primitiva. A tortura insuportável felizmente foi breve.

Jack e Davey aterrissaram, as bocas retorcidas num grito ofegante. Jack viu quando o amigo abriu os olhos, o sol poente deslumbrante no céu sem nuvens. Intuitivamente, ele sabia que era a noite de 4 de junho. A Necrovia tinha satisfeito o seu desejo. Ele tinha dois dias para salvar a mãe.

Ele se virou para olhar para Davey. Seus olhos vermelhos se encontraram e os dois garotos explodiram num ataque de riso triunfante.

– Você conseguiu, não foi? Estamos em 2008? – Davey perguntou, sacudindo a cabeça. Ele andou em círculo, deslumbrado, absorvendo o belo quadro de edifícios de vidro e aço, pintado de laranja queimado pelo sol poente. Parou para olhar Jack, e lágrimas encheram seus olhos; ele as secou disfarçadamente.

– Você está bem? – perguntou Jack. Ele conhecia o sentimento de chegar ao mesmo lugar, mas a tantos anos de distância, o familiar e o novo desconfortavelmente juntos.

– Estou. – Davey sorriu. – Acha que temos tempo para dar uma olhada? Talvez alguns bares? Estou louco por uma bebida. – Ele ergueu as sobrancelhas e sorriu fracamente.

– Vamos – disse Jack. – Vamos encontrar a minha mãe, antes que seja tarde.

Davey ergueu as mãos.

– Você não está se esquecendo de alguma coisa? – Ele fez um gesto para a espada em seu cinto. – E quanto à Eloise?

Jack se lembrou com um arrepio. Como ele poderia ter esquecido?

– Sim, claro. Sinto muito. Mas esconda a espada. Guarde embaixo do casaco – Eloise tinha dado a sua vida, ou o que restou dela, para eles e agora ele tinha se esquecido dela? Jack balançou a cabeça, envergonhado, e seguiu Davey para fora do cemitério.

A princípio, Davey manteve um ritmo acelerado até a Igreja de São Bartolomeu – até Eloise. Mas à medida que iam se aproximando do centro de Londres, os locais foram ficando irreconhecíveis para ele. As ruas congestionadas cheias de táxis, os executivos trôpegos voltando para casa dos *pubs*, o gemido das sirenes, tudo conspirava para sobrecarregar os sentidos de Davey. Jack assumiu a liderança, andando rápido, sem dar aos transeuntes mais do que uma chance de olhar para eles de relance, enquanto passavam apressados. As ruas movimentadas absorviam o ar quente da noite, deixando-o espesso e viciado. No momento em que chegaram a Gray Inn Road, as costas de Jack estavam molhadas de suor e seus pés latejavam.

– Eu preciso de uma bebida – disse ele, exausto.

– Eu também – Davey concordou, mas não deu sinal de desacelerar o passo. Não está muito longe agora.

Quando eles viraram a última esquina, Jack esperou ver a igrejinha, velha e decadente, uma relíquia bem-vinda no centro urbano expandido do futuro. O que viram fez os dois pararem instantaneamente.

Na frente deles, havia um enorme bloco de escritórios de vidro e aço, com cerca de vinte andares, o interior iluminado contra o céu noturno. Não se via a pequena igreja em lugar nenhum.

23

O CÓDIGO DE LÁZARO

– O que aconteceu? – A voz de Davey falhava. – Será que pegamos o caminho errado?

– Não, estamos no lugar certo – respondeu Jack, o desespero brotando dentro dele. – Não é óbvio? A igreja foi demolida, e este prédio de escritórios foi construído no lugar.

– Não! – Davey engasgou.

O edifício era elegante e moderno, o seu espaço interior à mostra através da vasta armadura de vidro que pendia da sua estrutura esquelética. O exterior era uma sinfonia de simplicidade, adornada apenas com uma grande placa com o nome "Calthorpe Associates". As letras iluminadas brilhavam sobre eles, um amargo eco dos belos vitrais que existia ali no passado.

– Ainda há chance de que ela esteja bem. Ela ainda pode estar aí embaixo – disse Jack, desesperado para acreditar que era verdade.

– E como é que vamos chegar até ela?

Jack considerou as opções, que eram poucas.

– Nós poderíamos entrar, descer até o porão e ver se a cripta ainda está lá embaixo – ele propôs.

Davey parecia incerto.

– Isso é o melhor que você pode sugerir?

Jack encolheu os ombros.

Davey começou a caminhar em direção à recepção iluminada, a mão mais tensa do que nunca sobre a espada escondida de Eloise. Quando Jack e Davey se aproximaram, as grandes portas de vidro se abriram automaticamente com um assobio suave. Davey deu um salto, imediatamente alerta.

– Está tudo bem. – Jack não podia deixar de sorrir. – As portas são automáticas. Eles se abrem sozinhas quando você anda na direção delas.

Ele puxou Davey para que desse um passo para trás e as portas *obedientemente* se fecharam outra vez.

– Viu?

Eles se aproximaram novamente, e Davey riu quando as portas se abriram mais uma vez.

– Que ridículo – comentou ele.

O longo balcão abaulado dominava a área da recepção, atrás dele várias cadeiras entalhadas. O balcão era iluminado por baixo, as camadas de plástico e de vidro decompondo a luz num arco-íris de cores mutáveis.

Outra placa com o mesmo logotipo cobria a parede do fundo, a superfície facetada hipnotizando os visitantes com a constante mudança de matizes.

Naquela hora da noite, só havia na recepção um segurança solitário, um homenzarrão que mal cabia no uniforme. Quando Jack e Davey se aproximaram, ele se sentou em sua cadeira, derrubando uma revista de palavras cruzadas toda amassada. Arrumou a camisa azul e a gravata combinando, e ajeitou o crachá de identidade.

– Pois não? – disse o homem, a voz de barítono rouca e profunda.

– Boa tarde. – Apesar do desafio à frente, Jack se sentia mais confiante agora que estava de volta a um tempo que ele conhecia bem. – Você pode me dizer o que aconteceu com a igreja que ficava aqui?

A maneira descontraída do homem mudou instantaneamente, os olhos oscilando entre Jack e Davey.

– Demolida, há muito tempo. Foi atingida por uma bomba durante a guerra. – Enquanto falava, ele pegou o telefone e discou o número de um ramal. – Só um instante, garotos.

Jack olhou inquieto para Davey.

O guarda falou baixinho ao telefone:

– Boa noite, senhor. Desculpe incomodá-lo, mas eu acho que tenho um Código de Lázaro.

O guarda avaliou Jack e Davey com os olhos. Houve uma breve pausa e depois um "Então tudo bem".

Um sorriso pouco convincente se fixou como uma máscara sobre seu rosto gorducho quando ele colocou o telefone no gancho.

– Só um instante – disse o guarda com uma voz mais alegre. – Alguém vai vir ajudar vocês.

Jack forçou um sorriso educado e se afastou do balcão.

– O que vamos fazer? – Davey perguntou, nervoso.

– Eu não sei – respondeu Jack. – Será que é melhor correr?

– E Eloise? Nós não vamos ajudá-la em nada se formos capturados.

– Eu não estou gostando nem um pouco disso – Jack sussurrou. – O que será esse Código de Lázaro?

– Como é que eu vou saber? – Davey disse rispidamente. Então olhou de volta para o guarda, que estava com os olhos fixos num dos monitores escondidos sob o balcão.

Um barulho de elevador ecoou, quebrando sua concentração. As portas de metal polido do elevador principal se abriram e um homem idoso saiu dali. Ele usava um grosso roupão e chinelos, e andava com a ajuda de uma bengala. O velho arrastou os pés até Jack e Davey, um sorriso radiante crescendo no rosto branco, então parou bem na frente de Jack e as lágrimas encheram seus olhos vermelho-sangue.

– É realmente você, realmente é! – A voz frágil falhava.

Jack olhou incrédulo para o velho na frente dele; suas feições albinas estavam cobertas de rugas e manchas senis, mas seu rosto ainda era reconhecível.

– Warnock?

Warnock pegou Jack pelos ombros e abraçou-o com renovado vigor, a bengala caindo no chão com estrondo.

– Eu esperei tanto tempo!

Então puxou Davey para ele, incapaz de controlar a alegria.

Jack viu os dois se entreolharem, com uma emoção profunda, muito além das palavras.

– Eu não acredito! – exclamou Davey, com riso na voz.

Warnock riu.

– Bem, quem mais seria? Eu fiz uma promessa, não fiz?

Warnock servia o chá de um antigo bule de porcelana enquanto Jack contemplava o horizonte de Londres das janelas da cobertura. A arquitetura ainda era uma estrutura aberta de vidro e aço, mas Warnock a suavizara com uma coleção de móveis finos e antiguidades.

Davey olhava, boquiaberto, os arredores, a vista e, acima de tudo, o rosto enrugado de Warnock.

– Vocês ficaram sem pedra e madeira aqui no futuro? Por que tudo é feito de vidro?

Warnock soltou uma risada.

– Você vai se adaptar com o tempo.

Davey se sentou ao lado dele.

– Você está tão velho...

– Velho, fraco e cansado, é verdade. E você está muito jovem, meu amigo. É muito bom revê-lo.

– O que aconteceu com a igreja?

– Não muito tempo depois que vocês partiram, a igreja foi atingida por uma bomba – Warnock explicou. Ele estremeceu ao recordar o ataque implacável da Blitz. – Eu estava na cripta na ocasião, que resistiu ao pior daquela noite terrível.

O túmulo de Eloise ficou intacto, mas eu tive que tirá-la de lá para mantê-la a salvo. Depois que a igreja foi demolida, larguei a batina e entrei para o mundo dos negócios. Consegui algum sucesso ao longo dos últimos 60 anos, algo que me permitiu prolongar um pouco mais minha estada neste planeta, e manter a promessa que fiz a você, Davey. Quando a oportunidade surgiu, eu comprei este terreno para poder aguardar o retorno de vocês. Eu sabia que a data da sua chegada se aproximava, então avisei os guardas para me informarem quando dois meninos que correspondiam com a descrição de vocês perguntassem sobre a igreja.

– E Eloise? – perguntou Davey.

– Num lugar seguro. Ela foi devolvida a este mesmo prédio, com seu esquife intacto. Vejo que você ainda está com a espada.

Davey assentiu com a cabeça, a mão na arma.

– Então, terminem suas bebidas, e eu os levo até ela.

Eles desceram até o subsolo pelo que, segundo Warnock, era o seu elevador pessoal, Davey sem fôlego novamente diante da velocidade e da tecnologia. As portas se abriram e eles entraram num espaço vazio com paredes de concreto.

Warnock adiantou-se e colocou a mão sobre um escâner discretamente escondido no canto da sala. Uma luz azul fria banhou sua mão ossuda e, com um clique, a parede mais distante começou a se mover lentamente para a direita, revelando uma segunda câmara de tamanho semelhante ao da primeira. No centro havia um velho sarcófago de pedra suspenso sobre um plinto baixo. Warnock sorriu e convidou os garotos a entrar.

– É ela? – perguntou Jack, com a expressão tensa.

– É – disse Warnock, com reverência.

Davey já estava andando ao redor do túmulo, verificando se havia algum dano. Jack se juntou a ele e, juntos, levantaram com esforço a pesada tampa do sarcófago e a baixaram até o chão.

Dentro estava Eloise, inalterada, exatamente como no dia em que a tinham trancado ali dentro. A ferida aberta em seu peito os fitava, acusadora, e uma nova onda de culpa e náusea envolveu Jack. Davey desembainhou a espada e colocou-a na mão rígida de Eloise.

Um instante pesaroso se passou, nenhum deles se atrevendo a dizer uma palavra, mas a espada permaneceu inerte. À medida que o silêncio vazio se estendia, a expectativa de Jack ia se transformando em medo.

– Não funcionou – lamentou Davey, as mãos tremendo. – Ela está morta.

Jack nunca tinha visto Davey tão arrasado. Ele também se sentia assim, lutando para não desmoronar.

– Não! – Warnock exclamou, ofegante. – Será que esperei em vão por todos esses anos? O velho homem pela primeira vez aparentou sua verdadeira idade e Jack de repente teve receio de que ele pudesse desfalecer ali mesmo.

Então, subitamente, as luzes no teto piscaram e se apagaram, e a salinha desapareceu em meio à escuridão. Uma centelha de luz, quase imperceptível a princípio, iluminou o interior do sarcófago quando a espada começou a brilhar, sua energia reavivando e pulsando na mão de Eloise. A luz ficou mais forte até se abrasar em tons alaranjados como um sol de outono. Arcos de eletricidade cascatearam sobre toda a extensão da espada e fagulhas e clarões se espalharam sobre o teto como fogos de artifício. Então, quando a luz ameaçava ofuscar Jack, ela inesperadamente se apagou e eles caíram mais uma vez na escuridão. As luzes acima zumbiram, se acendendo outra vez, e Jack se curvou para a frente e espiou dentro do sarcófago.

Eloise permanecia imóvel, embora o peito estivesse curado e a espada permanecesse inerte ao seu lado. Então ela abriu os olhos.

– Eu estava caindo... – disse ela, finalmente, a voz rouca e pastosa. – Eu estava caindo na escuridão novamente.

Ela se sentou com movimentos lentos e deliberados, o corpo rígido depois de seu longo repouso. Levantou a mão até o rosto, deixando os dedos se dobrarem e esticarem, os ossos estalando e se destacando enquanto lembravam sua função.

Ela estudou o rosto de Davey como se ele fosse um estranho. Por fim, um sorriso fraco levantou um dos cantos de sua boca.

– Você é Davey. – Ela se virou para Jack. – E eu conheço você também... Jack. Por fim, ela olhou para as feições envelhecidas de Warnock.

– Eloise – disse ele. – Sou eu, Warnock, seu guardião durante esses longos anos.

– Você envelheceu – disse ela, finalmente. – O plano funcionou?

– Sim – exultou Jack. – Funcionou. Bem-vinda a 2008!

Eles voltaram para a cobertura onde, ao longo das três horas seguintes, Eloise foi se recuperando lentamente. Jack só cochilou um pouco, ansioso para sair o mais rápido possível, mas Warnock insistiu que descansassem e comessem alguma coisa. Quando os primeiros raios de luz da manhã se apoderaram da cidade, os pensamentos dele se voltaram para a mãe.

Amanhã. Amanhã ela morre.

– Davey – disse ele, acordando o amigo. – Nós temos que ir.

Eles olharam para Eloise. Como se sentindo a urgência de Jack, ela ficou tensa e assentiu.

– Estou pronta – disse ela.

Warnock levantou sua bengala e disse:

– Talvez eu possa ajudar uma última vez. Receio que meus dias de luta tenham ficado para trás, a minha única batalha agora é com o Todo-Poderoso; e eu suspeito que ele vá vencer no final... mas pelo menos posso lhes proporcionar um transporte. Meu carro está à disposição de vocês. Meu motorista está aguardando e irá levá-los aonde quer que precisem ir.

– Nada de transporte. Nós vamos a pé – Eloise anunciou abruptamente. – Já descansei o suficiente.

– Estou de acordo – disse Davey.

Warnock afundou em sua cadeira macia.

– Como quiserem.

Jack percebeu o enorme sacrifício que o homem tinha feito para dedicar sua vida aos cuidados de Eloise. Ela se ajoelhou ao lado dele e beijou-o ternamente na testa.

– Obrigado, gentil senhor. Sua vigília acabou, mas nunca vou me esquecer da sua dedicação. Tenho uma dívida para convosco.

Os olhos de Warnock encheram-se de lágrimas e ele desviou o olhar, concentrando-se no sol nascente, lá fora. Sua voz vacilou.

– Vão agora, antes de fazer este velho fazer papel de bobo.

Eloise ficou de pé, a mão acariciando a espada doadora de vida, que agora pendia da sua cintura delgada. Jack e Davey caminharam com ela até o elevador.

Quando as portas se abriram, Davey se voltou para Warnock.

– O que você fez para mim – disse ele por fim –, me vendendo daquele jeito, eu não posso esquecer, nunca. Mas isso – ele fez um gesto para Eloise – foi realmente um bom trabalho. Um trabalho danado de bom! Eu acho que ele provavelmente faz com que fiquemos quites.

Warnock sorriu debilmente, enquanto as lágrimas escorriam pelo seu rosto idoso. Ele apertou Davey num abraço desajeitado.

– Obrigado – o rapaz conseguiu dizer antes de se virar para ir embora.

Jack e Davey entraram no elevador e as portas se fecharam, deixando Warnock na solidão.

Com a luz do amanhecer lançando longas sombras no chão, eles voltaram cautelosamente para o Whitechapel. A cidade estava acordando e as ruas já estavam cheias de carros e ônibus.

– A cidade cresceu – constatou Eloise sem demonstrar emoção.

– Cresceu?! – exclamou Davey. – Isso não é Londres! Esta cidade nem tem o mesmo cheiro. E todas essas torres de vidro... parecem que vão ser levadas pelo vento! Dê-me tijolos e argamassa qualquer dia desta semana.

Quando eles se aproximaram do distrito de Whitechapel, Jack os conduziu até o bloco de apartamentos de tijolos cor de laranja. Era como se ele tivesse entrado numa lembrança. Ele estava de volta à casa onde tinha crescido. Era muito pequeno quando morara ali, mas tudo veio à tona, como se um antigo álbum de fotos se abrisse. Essa era a sua vida antes de ela ter desmoronado, antes do dia em que a mãe morreu.

"Amanhã", pensou.

Um dia que ele iria mudar.

Jack passou pela entrada e seguiu na direção de uma figura que o aguardava. Davey e Eloise seguiram Jack até o pátio e as portas se fecharam atrás deles com um estrondo que ecoou pelas paredes de tijolos. As pernas de Jack ficaram fracas e sua voz desapareceu dentro dele.

A mulher inclinou seu belo rosto para o lado, o cabelo escuro caindo sobre os ombros, e sorriu para Jack.

Não havia nada a temer ali, absolutamente nada, mas ele sentiu uma sensação de mal-estar, um pressentimento profundo que o fazia acreditar que o mundo estava fora do eixo. Certamente ele estava sonhando.

A mulher se aproximou e estendeu a mão para Jack. Ele a aceitou sem hesitação, absorto no calor dela e na sua beleza nostálgica. Ela era exatamente como ele se lembrava, como um momento congelado no tempo.

– Olá, Jo-Jo! – cumprimentou a mãe de Jack.

24

A VOLTA PARA CASA

As mãos de Jack tremiam. Sua mãe serviu-lhe suco e colocou o copo em cima da mesa na frente dele, mas ele não se atreveu a pegá-lo por medo de derramar seu conteúdo.

A sala estava exatamente como ele se lembrava. Os aromas e cores produziam ondas de antigas lembranças dentro dele. Aquele lugar tinha afundado para algum recôndito do seu subconsciente, enterrado por terríveis memórias. Agora, uma sucessão de ocasiões mais felizes veio à tona dentro dele e Jack revivia os bons tempos. Ali estava ele, no passado, observando os pequenos detalhes de que tinha se esquecido: a planta morta na prateleira, as fotos emolduradas de férias longínquas, o tapete gasto onde costumava brincar quando era pequeno. Estava tudo ali, imponente, gritando pertencer ao prosaico Segundo Mundo. E no centro, estava a mãe dele, sua mãe morta: Catherine Morrow.

Sorrindo com benevolência, ela se virou e falou com Davey e Eloise, que esperavam na porta.

– Por gentileza, posso ter um momento a sós com Jack?

Eloise assentiu com a cabeça e retirou-se para o corredor do lado de fora do apartamento. Davey ficou ali parado por um instante, parecendo pouco à vontade. Ele abriu a boca para dizer algo, mas antes que começasse, Catherine fechou a porta.

Jack ficou sozinho com a mãe. Ele imaginava esse momento desde a primeira constatação de que era um Viajante, e tinha pensado exatamente no que diria. No entanto, agora que o momento havia chegado, agora que a mãe estava diante dele, viva e bem, cada palavra ensaiada lhe escapava. Essa mulher era como uma estranha para ele, a imagem de uma fotografia. Ele estendeu a mão trêmula para pegar a bebida, e, então, retirou-a novamente.

– É muito bom vê-lo, Jack – disse Catherine suavemente. – Você vai ser um bom rapaz. Puxou ao seu pai. – Ela suspirou profundamente. – Eu me pergunto o que ele diria sobre tudo isso. Jack, ele não sabe, ele não sabe as coisas que fazemos. Ele pertence totalmente ao Segundo Mundo.

Jack se perguntou se deveria dizer à mãe que o pai agora estava na prisão, mas por algum motivo isso parecia irrelevante diante de tudo o que ele queria dizer a ela. Por fim, ele convocou a sua voz para que saísse do seu esconderijo nas profundezas do seu ser.

– Mãe – disse ele com a voz denunciando seu nervosismo –, você está em perigo.

– Jack, eu estou bem.

– Não, mãe, você não está – insistiu Jack. – Você tem que fazer as malas agora e sair daqui.

– Por quê? – Seus olhos verdes estudaram Jack intensamente. – Porque eu vou morrer?

Jack baixou a cabeça, inesperadamente emocionado.

– Sinto muito – disse ela. – Eu não queria entristecê-lo. Isso deve ser muito difícil para você. – Ela pegou um maço de cigarros de cima da televisão e abriu a porta para a pequena sacada. – Isso é difícil para mim também. – Acendeu um cigarro, soprando uma fumaça acinzentada que ela espalhou com a outra mão. – Um péssimo hábito, eu sei. Puxei ao meu pai.

Finalmente Jack perguntou:

– O que você sabe sobre o Primeiro Mundo?

– Muito – ela suspirou.

– E você sabe que sua vida está em perigo?

Catherine sorriu enquanto os anéis de fumaça flutuavam pela porta aberta.

– Ela está em perigo desde que roubei a Rosa.

Jack se levantou. *Ela a roubou?*

– Então você sabe sobre a Rosa! O que ela é, mãe? O que é a Rosa de Annwn?

Catherine sorriu.

– Você não sabe ainda? – Ela o observou, esperando uma resposta. – Jack, *eu* sou a Rosa. Ela vive dentro de mim.

A resposta não fez sentido para ele.

– Como assim?

Catherine revirou os olhos.

– Esta é uma longa história.

Jack tentou reprimir a frustração. Ele estava cansado de vagas meias verdades.

– Mãe, você não acha que eu mereço saber?

– Claro, você merece. Se alguém merece a verdade é você, Jack.

– Então me diga como você a roubou. Diga como você pode ser a Rosa.

Um gemido abafado ecoou pela sala. Catherine olhou para cima e riu.

– Esse é você, Jack, o seu eu mais jovem: Jo-Jo – O antigo apelido novamente, o nome que tinha morrido com a mãe. Doeu como uma agulha ouvi-lo daqueles lábios.

– Mãe? – Uma voz infantil gritou do quarto.

Catherine apagou o cigarro.

– Ele acordou cedo. É melhor eu ir vê-lo. Ele tem pesadelos, você se lembra?

Ela saiu da sala, deixando Jack chafurdando nas suas frustrações.

Pesadelos. Jack tinha se esquecido dos pesadelos.

Como ele poderia ter se esquecido? Jo-Jo devia ter uns 7 anos de idade, Jack se lembrou; suas noites eram atormentadas por sonhos vívidos de lugares estranhos. Uma sequência de imagens voltou daquelas noites perturbadas. Ele achava que se lembrava disso muito bem, mas via agora quanto tinha deixado esquecido no passado.

Ele caminhou até a porta da sacada aberta, a mente em torvelinho. Como sua mãe poderia ser a Rosa? Ele se inclinou contra a grade de metal frio e deixou seus olhos passearem pela paisagem. Havia um homem no pátio, e ele estava olhando para ele. Jack endireitou-se, os pelos do pescoço se eriçaram. Ele não conseguia distinguir quem era o homem, seus traços estavam escondidos sob a sombra de uma árvore sem folhas, mas como se em resposta ao olhar de Jack, o observador mergulhou ainda mais nas sombras. Jack se sentiu pouco à vontade, exposto. Afastou-se do parapeito e fechou a porta.

– Ele está descansando agora.

Jack se virou ao ver que a mãe tinha voltado para a sala. Ela olhou para ele, o orgulho enchendo seus olhos. Ele tinha sentido tanto a falta dela!

– Então, você é um Viajante. Como descobriu o seu talento?

– Por acaso – respondeu Jack. Será que ela sabia?, ele se perguntou. Sua mãe sabia que ele tinha usado o túmulo dela para fazer sua primeira viagem através das Necrovias, embora involuntariamente? Seu desconforto cresceu e ele desviou o olhar.

– Diga-me, para onde você foi?

– Para a Blitz, para 1813 e para cá.

– 1813?! – admirou-se.

O clamor crescente por respostas cresceu dentro de Jack, até que ele não se conteve mais.

– Mãe, o que eu sou? O que você é? O que é tudo isso?

Catherine se sentou no sofá de couro surrado e acenou para que Jack se juntasse a ela.

– A minha família é Primeiro Mundista há gerações – explicou ela. – Nós somos de uma das antigas Casas, das famílias nobres, pelo lado da minha mãe; não que isso seja algo que se perceba só de olhar para nós. – Ela inclinou a cabeça em direção à porta, para onde Davey estava, do outro lado. – Eu nasci naquele mundo. Cresci sabendo tudo sobre os Viajantes, Oficiais e Grimnires. Mas é um mundo em decadência, as famílias brigam cada vez mais entre si e, como muitos de nós queriam uma vida mais pacífica, viemos para cá, para o Segundo Mundo. Eu nunca planejei ficar mais do que alguns meses. Mas então conheci o seu pai. – Ela sorriu, um olhar distante em seus olhos enquanto brincava com o pingente que pendia de uma corrente no pescoço. – Os planos mudaram.

Jack se perguntou se o pai podia aparecer a qualquer minuto.

– Ele está no trabalho – disse Catherine – e não sabe nada do Primeiro Mundo. Eu mantive isso em segredo, para protegê-lo, para proteger você. – Um sorriso amargurado atravessou seu rosto. – Jack, eu sou uma Manipuladora. Você sabe o que isso significa, não sabe?

Jack se lembrou de Castilan usando o termo. Parecia fazer muito tempo agora.

– Você pode ler mentes?

– Essa é a primeira coisa que se aprende. Mas não é a última. O Manipulador é alguém que pode fazer coisas com a mente.

– Que tipo de coisas?

Catherine olhou para a planta morta sobre a prateleira e o vaso imediatamente se ergueu e flutuou no ar até Jack. Então se aproximou do rosto dele, em seguida, desapareceu, deixando uma onda de estática que provocou cócegas na pele dele. Um instante depois, ela reapareceu acima da prateleira, oscilando até voltar ao seu lugar.

Catherine relaxou e soltou a respiração.

– Há um bocado de palavras científicas extravagantes para o que eu posso fazer: telepatia, psicocinese, precognição, clarividência, mas elas não relatam quanto isso pode ser divertido.

Entre os dedos dela, Jack viu pequenas centelhas, como relâmpagos em miniatura. Ele não podia acreditar no que estava vendo. As faíscas se agregaram para formar uma bola de eletricidade que se retorceu quando sua mãe a soltou.

– Há energia em toda parte, mesmo no ar entre os meus dedos. O Manipulador sabe manipular essa energia. – Ela estava sorrindo, apreciando a chance de contar seus segredos a ele. – É hereditário, então talvez você possa ser capaz de fazer isso também, algum dia.

Jack sorriu.

– Não fique ansioso demais, já vou avisando. Os Manipuladores têm sua serventia, mas é o tipo de poder que pode corromper. Eu posso ler a sua mente, poderia até incutir um pensamento na sua cabeça, e você pensaria que ele é seu. Um Manipulador qualificado pode transformar alguém num assassino, ou fazer essa pessoa pular de um penhasco. Eles podem ser muito perigosos. Podem mudar alguém para sempre.

Catherine se levantou e esfregou os braços, como se um súbito frio houvesse roubado seu calor.

– Quando conheci o seu pai, quando nos apaixonamos e nos casamos, eu jurei nunca mais usar minhas habilidades novamente. Foi uma alegria não saber o que ele ia dizer, ignorar o impulso de transformá-lo segundo a minha maneira de pensar. Eu me deliciava com a normalidade da nossa vida juntos. Então você nasceu. – Ela se virou e olhou diretamente para ele, com os olhos cheios de lágrimas. – No começo estava tudo bem, mas depois você ficou doente. Muito doente.

– Eu me lembro – disse Jack baixinho. As lembranças das internações inúteis, dos médicos, das agulhas, de exames dolorosos ainda eram nítidas.

– Eu não conhecia nada no Segundo Mundo que pudesse salvar você – contou Catherine. – Mas havia uma chance no Primeiro. Eu não podia perdê-la, Jack, não podia. Achei uma coisa, algo que poderia salvá-lo.

– A Rosa – disse Jack.

– Sim, a Rosa.

– Como você a roubou?

– A nossa Casa tem muitos aliados, ou pelo menos tinha. Eu voltei para o Primeiro Mundo, pedindo todos os favores que podia, qualquer coisa para encontrar a Rosa. Você não ia gostar de saber as coisas que eu fiz para encontrá-la. Coisas terríveis. Eu fiz o que tinha que fazer, o que qualquer mãe teria feito, e agora há um preço a pagar. A Rosa é uma energia viva. Tem poderes restauradores. Eu usei o poder dela para curá-lo. O perfume da Rosa está em você.

– Rouland quer a Rosa – Jack disse com urgência. – Eu acho que ele está vindo aqui para pegá-la.

– Eu sei. A Rosa amplia as minhas habilidades. Posso sentir o que vem pela frente.

– Eu posso ajudá-la, mamãe, você pode vir comigo! – Jack falou rapidamente. – Posso levá-la de volta, por uma Necrovia, até um lugar seguro.

Catherine balançou a cabeça com firmeza.

– É tarde demais, Jack. Nenhum lugar é seguro para mim; mas você ainda tem uma chance. Agentes de Rouland estão chegando agora, chegando para me encontrar.

Ela assentiu com a cabeça em direção à sacada, ciente da figura que Jack tinha visto antes, o homem vigiando lá fora. – Você tem que ir agora, Jack.

– Não! – A raiva de Jack entrou em erupção. – Eu não vim até aqui nem passei por tudo o que passei só para dar meia-volta e deixá-la morrer! Não vou te perder duas vezes, mãe! Davey e Eloise podem ajudar também, não estamos sozinhos.

Catherine deu as costas para a sacada, olhando para Jack.

– Davey não é confiável.

– Mas ele é seu...

— Eu sei exatamente quem ele é, Jack! Ele é um Manipulador, como eu. Droga, ele me ensinou a fazer isso. Ele vai manipular todos em torno dele e vai se corromper completamente.

— Mas Davey é meu amigo.

— Então, pense bem, Jack. — Catherine olhou para a porta. — Eles estão vindo.

Ela fechou os olhos, como se estivesse se concentrando intensamente em algo. Quando eles se abriram novamente, Jack viu um terror primitivo dentro deles. Ela correu da sala e voltou instantes depois, trazendo pela mão um Jo-Jo de 7 anos de idade. Os olhos do menino estavam grogues, confusos e sonolentos.

— Mãe — disse ele, olhando para cima inocentemente —, posso tomar meu café da manhã? — Então ele viu Jack. — Quem é ele?

— Este é Jack.

Jo-Jo inclinou a cabeça, admirado.

— Jack é o meu nome também. Mamãe me chama de Jo-Jo.

Jack viu que não conseguia falar com a emoção que se agitava dentro de si.

— Você vai fazer uma viagem com Jack — disse Catherine rapidamente. — Não tenha medo. — Ela se virou para Jack. — Não temos muito tempo. Leve Jo-Jo, esconda-o.

Jack pegou a mão do seu eu mais jovem. Como isso poderia estar acontecendo? Ainda era 5 de junho. Sua mãe tinha mais um dia, não tinha? Antes que ele pudesse protestar, a sala foi sacudida por um barulho estrepitoso e Catherine empurrou Jack e Jo-Jo para o corredor, na direção de um pequeno armário que se abriu sozinho. Uma névoa azulada saiu de dentro dele e a silhueta de Papão, com sua magreza doentia, arrastou-se para fora. No mesmo instante, a porta da frente se abriu e Davey e Eloise irromperam pela sala.

— Há Paladinas por toda parte! — Davey gritou.

Catherine empurrou Jack e Jo-Jo para o armarinho.

– Mãe! Entre! – Jack gritou. Ele estava encurralado na parte de trás do armário, incapaz de se levantar. Viu a mãe, com os punhos cerrados, empurrando de alguma forma Eloise, Davey e o Papão para o armário sem tocá-los. Ele sentiu uma forte estática ao redor dele. Olhou por uma fresta entre os corpos e viu a mãe com o cabelo flutuando, arcos luminosos ao redor do corpo dela.

Livros e brinquedos começaram a se elevar no ar e circular em torno da cabeça de Catherine quando a porta da frente se quebrou em mil pedaços e duas Paladinas invadiram com violência a sala.

Catherine moveu as mãos para cima e as duas Paladinas caíram no chão numa pilha retorcida. Em seguida, outra figura apareceu, envelhecida e cheia de malícia. Das mãos dela também voavam faíscas de energia pura enquanto fazia Catherine flutuar.

Jack gritou quando o ar foi sugado para fora da sua boca. A porta do armário se fechou e eles começaram imediatamente a cair numa escuridão fria. Uma imagem ficou impressa na retina de Jack, uma imagem que ameaçava roubar sua consciência. Ele tinha visto o rosto do atacante de sua mãe; com uma constatação chocante, ele o reconhecera instantaneamente. Já tinham se conhecido antes, na primeira viagem de Jack por uma Necrovia.

O avô de Jack, cheio de ódio, gerando eletricidade com as mãos, apareceu na frente dele. E o velho David estava rindo enquanto atacava a própria filha!

25

NO REINO DO ESQUECIMENTO

Jack caiu em meio ao silêncio; o único som que ouvia era o da própria respiração ofegante. Então, até mesmo isso desapareceu, deixando apenas o som do sangue correndo furioso em suas veias. Tudo estava acontecendo à distância de um braço, como se ele estivesse no final de um túnel escuro, observando tudo com uma fria e desapegada indiferença.

Davey gritava desesperadamente alguma coisa, mas Jack não podia ouvir sua voz. Com movimentos lentos e deliberados ele soltou a mão de Jo-Jo. Jack olhou para cima e Davey preencheu o seu campo de visão. A raiva cresceu dentro dele, uma raiva que parecia pressionar seu crânio de dentro para fora, pressionando a pele e sufocando os últimos pensamentos racionais. Ele era como um animal agora, selvagem e inconsolável. Seus músculos se contraíram e ele saltou para a frente, com as mãos na direção do rosto de Davey. Gritou, os punhos voando, os joelhos empurrando o peito do garoto. Jack sentiu o estalo do osso se quebrando dentro do nariz de Davey quando seu punho o atingiu. Um jorro de sangue se espalhou pelo rosto dele, tingindo-o de vermelho. Seus dedos encontraram o pescoço do outro e Jack apertou com toda a força.

Então, alguma coisa o puxou para trás: Eloise, que o pressionou contra o chão da plataforma.

– Eu vou matá-lo! – Jack gritou. – Vou matá-lo agora, então nada disso vai acontecer.

Eloise segurou-o no lugar, uma expressão de confusão no rosto pálido.

– O que há com você?

Davey sentou-se desajeitadamente, e Jack viu o rosto machucado e ensanguentado do avô.

Eu fiz isso!, ele pensou.

– Que diabos está acontecendo com você, Jack? – Davey perguntou, cuspindo sangue do lábio cortado e inchado.

– Você matou a minha mãe! Era você o tempo todo! – respondeu Jack com fúria.

– Eu não fiz nada!

– Você vai fazer! Foi você, o seu eu mais velho. Você atacou a minha mãe, sua própria filha. Como pôde?

A boca de Davey se abriu, prestes a gritar algo de volta, em seguida a lenta e insípida constatação do que Jack dissera o atingiu.

Eloise o olhou, chocada.

– Era Davey?

– Jack, aquele não podia ser eu, não podia! – Davey gaguejou. – Eu não posso fazer o que ele estava fazendo. Ele era um...

– Um Manipulador? – Jack gritou.

– Sim. – A resposta de Davey foi tranquila e oca, o vento bramindo acusadoramente sobre eles. – Mas eu não posso fazer aquilo – ele protestou. – Eu não sou um Manipulador, não posso fazer nada.

– Ainda não, mas vai poder um dia. E esse poder vai corrompê-lo e você vai matar a minha mãe! – Jack gritou. Ele olhou para Eloise, com as mãos ainda prendendo-o no chão.

– Me solte, me deixe acabar com ele agora!

– E se você matar Davey agora, como é que a sua mãe vai nascer? – Eloise perguntou em voz baixa. – Como *você* vai nascer?

O ribombar dentro da cabeça de Jack diminuiu o ritmo e desapareceu. Sua visão se normalizou e o túnel chegou ao fim. Sua terrível ira se tornou uma torrente de lágrimas, quando ele percebeu quanto era pateticamente impotente.

Em seguida, um novo pensamento pernicioso invadiu a sua mente: e se Davey já fosse um Manipulador naturalmente talentoso e já tivesse aberto seu caminho insidioso pela mente de Jack, incutindo ideias tranquilizadoras para aplacar a sua ira, fingindo ser seu amigo? Como ele poderia julgar se podia confiar até mesmo nos seus próprios pensamentos? Jack se virou para Eloise, com a expressão de quem pedia ajuda.

– Ele é um Manipulador, está mexendo com a nossa cabeça!

– Jack. – O tom de voz era calmo e uniforme. – Se Davey fosse um Manipulador, eu saberia. É verdade, eu de fato senti nele um talento latente, mas ainda é desconhecido, destituído de treinamento e incapaz de qualquer malícia. Talvez um dia ele possa se tornar um Manipulador, mas esse é apenas um dos milhares de caminhos possíveis que ele pode trilhar. O destino não é algo que não se possa mudar. O futuro nunca está escrito em pedra. Não está definido.

– Está, sim! – Jack gritou. – Eu estive lá. Eu já vi. Já vivi! – Ele puxou as pernas para junto do peito e se encolheu na lateral da plataforma, observando Davey com intensa suspeita no olhar.

Davey balançou a cabeça.

– Jack, eu não posso me desculpar por algo que não fiz. Eu não sou aquele velho! Você tem que me considerar pelo que eu sou agora, aqui, com você. Vamos, Jack, eu estou do seu lado!

Os grandes olhos de Davey estavam cheios de mágoa. E, no entanto, o aviso de sua mãe ainda soava nos ouvidos de Jack. Ele virou o rosto para longe, olhando para o vazio.

Jo-Jo assistia a tudo, como alguém só meio acordado. Finalmente, ele falou.

– Onde está minha mãe, Jack?

– Não se preocupe. – Jack abriu um sorriso tenso. – Ela vai ficar bem.

– Para onde estamos indo?

– Eu não sei. – Jack olhou para a criança e se perguntou por que ele não conseguia se lembrar disso acontecendo com ele. Talvez as coisas fossem diferentes para Jo-Jo, desdobrando-se de maneiras novas e inesperadas. Talvez as coisas pudessem ser alteradas, apesar de tudo. Ele teve pena da criança, sabendo o que estava por acontecer em sua vida. O vazio desesperado deixado pela perda da mãe seria para sempre, como uma mancha escura e indelével.

O Papão – o nome escrito no crachá era *Bubak* – fungou, indignado, olhando para seus passageiros com suspeita. Sua aparência era semelhante à de Torbalan, mas o cabelo de Bubak era de um vermelho incandescente.

– Vocês não ser um aborrecimento? – Bubak falava devagar, tropeçando nas palavras. – Chega nhe-nhe-nhem?

Jack olhou para Davey, depois de volta para Bubak e balançou a cabeça.

– Bom, bom. – Bubak abriu um sorriso desdentado. – Viagem longa. Melhor viajar sem nhe-nhe-nhem?

– Aonde você está nos levando? – Eloise perguntou.

– Lugar seguro. – Bubak piscou. – Ealdwyc, bem longe: instruções senhora.

Eles seguiram em frente, ao longo de um emaranhado de canos, enquanto Bubak, debruçado sobre o seu mapa, esforçava-se para levá-los em segurança. De repente, foram atingidos lateralmente com tamanha força que a plataforma virou de lado, arremessando Davey para fora dela. Jack viu os dedos de Davey procurarem algo em que se agarrar quando seu corpo despencou por sobre a borda. Sem pensar, Jack pulou para pegar a mão de Davey, a briga entre eles esquecida. A dor era quase insuportável, o ombro protestava com o peso do seu fardo. Ele lutou desesperadamente, determinado a puxar Davey de volta à segurança. Deslocou seu peso e deu um solavanco para trás, mas Davey não subiu um centímetro. Ele mudou de posição para conseguir mais aderência, e Davey escorregou mais um pouco, ameaçando arrastar Jack com ele.

– Me solta! – Davey exigiu.

Abaixo deles, vagando pela névoa havia uma grande esquadrilha de navios. Arpões perfuraram o fundo da plataforma, suas cordas puxando-os cada vez mais para perto.

A plataforma se inclinou abruptamente outra vez, arremessando Davey de volta para a sua superfície instável. Jack caiu para trás, sem fôlego. Seus olhos varreram a plataforma. Onde estava Jo-Jo?

– Estou com a criança.

Jack virou-se para ver Jo-Jo agarrado firmemente sob o braço de Eloise, o rosto contorcido de pavor.

– Tecelões? – Bubak gritou, sem acreditar. – Nunca nesta altitude! Nunca!

Um sino tocou e o grito lamentoso dos Tecelões ecoou pelo espaço. Jack sentiu seu ânimo se abatendo. Quando a névoa se dissipou, o convés do navio ficou à vista.

– O que vamos fazer? – Jack gritou para Davey, mas ele já tinha caído de joelhos.

– Tecelões! – Bubak gritou. – Para trás! Este pessoal comigo! Com Papão Bubak!

Da neblina veio uma voz melodiosa ecoando como vidro atritando com vidro.

– Vamos levar os seus passageiros.

– Esta, província Papões! Voltem Mar Sem Fim! Nada de Tecelões! Nenhuma tecelagem!

Houve uma terrível pausa e então:

– Nós não perseguimos almas a esta hora. Nós caçamos para outro. Ele os reivindica. Ele os quer. Nós nos submetemos a ele. Você se submete aos Tecelões.

Rouland, Jack percebeu! Eles estavam falando de *Rouland*. Mesmo ali, naquele estranho reino, Rouland podia encontrá-los.

– Nada bom! – Bubak choramingou enquanto o grito tomava conta dele. – Nadinha bom.

O lamento estridente sacudiu o crânio de Jack, até que ele não conseguiu mais suportar a dor e a escuridão invadiu as bordas de sua visão. Sua cabeça caiu pesadamente sobre a plataforma e ele deslizou para a inconsciência.

– Jack, acorde!

Ele podia ouvir a voz, mas nada obedecia ao seu comando. Seus olhos se recusavam a abrir e sua cabeça estava pesada como chumbo. Alguém o sacudiu com força, e a voz falou novamente.

– Jack, por favor!

Quem era? Ele mal conseguia distinguir. A voz parecia distorcida, grave e vibrante, como se ele estivesse ouvindo de dentro de um tanque metálico oco. Respirou fundo e tentou clarear os pensamentos. Seus ouvidos estalaram e o ar entrou dolorosamente nos pulmões. Com grande esforço, ele finalmente abriu os olhos. Estava num cômodo minúsculo, Davey na frente dele com Jo-Jo, que olhava ao redor, apreensivo e roendo a unha. Eloise também estava lá, solene e contemplativa.

Um fraco brilho esverdeado iluminava todos eles, vindo de baixo, emanando da espada de Eloise, que a Paladina agarrava firmemente. Bubak não estava em lugar nenhum.

Quando os olhos de Jack se ajustaram à pouca luz, ele pôde ver que as paredes eram feitas de pedra entalhadas. O teto baixo os empurrava para baixo, forçando Eloise a se inclinar. Em frente, havia uma porta trancada.

– Jack, você está bem? – A voz era de Davey.

– O que aconteceu?

– Eu não sei. Todos desmaiamos. Achei que nos queriam vivos ou mortos. Esses Tecelões são uma encrenca e tanto!

– Nós *ainda* estamos em apuros – Eloise disse severamente. – Os Tecelões nos deixaram neste lugar por alguma razão. E já devemos estar aqui há muito tempo; já é noite.

O estômago de Jack se contraiu. Logo seria dia 6, ele constatou. O dia que ele mais temia.

– Eu não quero ficar aqui... – implorou Jo-Jo.

– Vai ficar tudo bem, Jo-Jo – disse Jack, tranquilizando o garotinho. – Logo vamos voltar pra casa. – Ele ficou de pé e sorriu para Jo-Jo, forçando-se a esconder seus medos e dúvidas pelo bem da criança.

– Bem, vamos descobrir onde estamos, então. – Davey sorriu e convidou Eloise a arrombar a porta.

Ela levantou a espada até o alto da cabeça e golpeou com força a fechadura. Esta se partiu com o ataque e a porta se abriu, iluminando a prisão em miniatura. Do lado de fora havia um longo corredor com várias portas de ambos os lados. Eles entraram, saltando os fragmentos quebrados da madeira e cautelosamente observaram a cena.

Jo-Jo agarrou a mão de Jack.

– A gente pode ir pra casa?

– Vai ficar tudo bem – Jack repetiu, acrescentando um sorriso.

A criança olhou para o seu próprio eu futuro e pareceu sossegar.

– Acho que ele gosta de você – comentou Davey, com o seu sorriso cheio de ironia.

Jack não respondeu, cauteloso com Davey, de uma forma que não era antes.

Eloise caminhava na frente, apurando os ouvidos diante de cada porta, às vezes testando com cautela a maçaneta. Ela apontou para uma porta à direita.

– Por aqui.

A porta dava para uma escada em espiral feita de pedra elegantemente entalhada e com um corrimão de metal. O ar ficava mais frio à medida que subiam e seus passos cuidadosos ecoavam altos escada acima. Chegaram a um patamar com outra porta à frente. Eloise girou a maçaneta e, com um clique baixo, a porta se abriu.

Jack não conseguiu compreender o que estava vendo.

Ele atravessou a porta, com Eloise e Davey na frente dele, e entrou num enorme salão. Eles estavam do lado de um grande espaço cheio de cadeiras dispostas ordenadamente em fileiras. Os ladrilhos quadriculados no chão levaram seus olhos para o meio da câmara e até uma de suas muitas e imensas colunas de pedra, passando pelos vitrais primorosamente trabalhados – suas cores amenizadas pelo céu noturno do lado de fora –, até um teto alto e abobadado. A pedra esculpida tinha uma radiância que emanava tons de luz laranja e marrom.

Jack caminhou ao longo do salão, em direção a um enorme espaço circular, que se estendia para a esquerda e para a direita. Além dele, havia um altar elaborado, que brilhava sob uma luz suave. Ali o telhado subia em novos patamares, terminando numa cúpula lindamente ornamentada que tirou o fôlego de Jack. Lentamente, ele se lembrou; já estivera ali antes, numa excursão escolar para estudar a maior catedral de Londres. Ele tinha prestado pouca atenção na época, apreciando mais o passeio do que a história da catedral. Agora ele se arrependia de não ter escutado com mais atenção.

– Esta é a Catedral de São Paulo – disse ele, por fim.

– Eu sei. – A voz de Davey, cheia de emoção, ecoou em torno da vasta câmara.

– Rouland está aqui – disse Eloise num sussurro. – Temos que ir embora.

Ela se virou para a entrada, e Jack e Davey a seguiram, Jack puxando pela mão o confuso Jo-Jo. Eles correram pela nave, seus passos um coro dissonante que ricocheteou nas paredes reverenciadas e dirigiu-se para as grandes portas duplas que levavam à liberdade. Eloise parou abruptamente, os pés derrapando sobre as telhas.

– O que há de errado? – Jack parou atrás dela e olhou por cima do ombro.

Duas mulheres vestindo armaduras antigas e escuras barravam seu caminho.

– As Paladinas! – Davey lamentou, abatido. – De novo, não.

Jack se virou. Havia mais Paladinas a postos nos cantos da catedral. Cada uma delas puxou sua espada, o ruído de metal mecânico e frio. Eloise estendeu a espada, preparando-se para o ataque mortal inevitável. Longe dali, Jack ouviu o som de passos duros sobre os ladrilhos, deliberadamente compassados como o tambor de um soldado. Os passos ficaram mais altos e Jack olhou para trás, em direção ao altar. Uma figura solitária saía das sombras, os passos confiantes e comedidos.

O homem era alto, elegante e se portava com uma segurança que atraía Jack para ele. Ele soube imediatamente quem deveria ser.

Rouland entrou sob o facho da luz laranja, bela e fria, exótica e ameaçadora, inebriante e letal. Ele estava impecável em seu traje blindado escuro, o mesmo que usara no primeiro encontro com Jack, nos subterrâneos de Londres. Ele lhe lançou um sorriso sinistro, a luz laranja fazendo sua pele perfeita parecer refletir os raios do alvorecer do próprio inferno.

– Boa noite, Jack. Há quanto tempo não nos vemos.

26

JORNADA FINAL

– Você me obrigou a empreender uma jornada e tanto, Jack Morrow! – Rouland sorriu. – Por um tempo você foi o artigo mais raro para mim: algo novo e imprevisível.

Enquanto Rouland falava, suas Paladinas avançavam lentamente, apertando o cerco. Eloise girou sua espada num círculo amplo, desafiando uma delas a chegar mais perto.

Rouland levantou a mão.

– Por favor, não há necessidade de violência aqui. – As Paladinas pararam, mas Eloise permaneceu em guarda.

Rouland voltou sua atenção para Jack.

– Aquele aroma, Jack, o aroma inebriante. É muito mais forte agora. Você encontrou a Rosa?

– Não.

– Já chega de truques e mentiras, Jack. Eu vim até aqui, e o custo não foi pequeno para mim, devo acrescentar; e *vou* ter a Rosa. – Atrás de Rouland Jack viu uma forma estranha em movimento, uma figura magra em pé, de quase dez metros de altura. Suas vestes escuras eram adornadas com asas de corvo, sobrepostas num intrincado padrão. Ele usava correntes de osso, e um grande relógio tiquetaqueando balançava em seu peito. Um capuz, de onde saía uma fumaça acinzentada, escondia a cabeça da criatura. Ela parecia ter muitas mãos – pelo menos quatro Jack podia ver. Tudo delgado e esquelético, mas com pesados anéis de ouro e âmbar cobrindo cada dígito. Numa de suas mãos, ele carregava uma longa foice cerimonial. A lâmina de marfim era incrustada com joias brilhantes, e o cabo de madeira entalhado era adornado com inscrições numa língua primitiva que sussurrava segredos de uma época esquecida.

A criatura checava as horas no relógio e, com o tremular do seu manto pesado, desapareceu novamente nas sombras, deixando um rastro de fumaça cinza em seu rastro.

Jack estremeceu e estendeu a mão para Jo-Jo. O menino mais novo chorava baixinho, aterrorizado.

– Onde está a Rosa?! – Rouland gritou enquanto um selvagem tormento o consumia e seu belo rosto se contorcia de raiva.

– Deixe ele em paz! – gritou Davey, entrando na frente de Jack e Jo-Jo.

– Davey! Davey, meu rapaz. Você finalmente escolheu um lado? – Rouland zombou. – Mas esse sempre foi o seu problema, não é? Você nunca conseguiu seguir os seus princípios, sempre saltando de um lado para o outro, segundo a sua disposição. Você é como o vento, Davey, soprado em várias direções. E sua mente, uma coisa tão maleável! O seu eu mais velho, ele mal podia resistir ao meu domínio. Eu acho que ele foi realmente feliz em me servir. Não se sentia mais tão sozinho, não mais temia secretamente a vida. Eu afastei o medo de você, Davey. Dei-lhe um propósito novamente, depois de todos esses anos.

– Você está mentindo! – Davey sibilou.

– Por que eu mentiria? Eu não tenho nenhuma razão para isso. Chegará o dia em que você vai voltar para mim, de bom grado. É um conforto, não é? É uma tranquilidade conhecer o próprio destino.

– Cale a boca! – Davey gritou.

O olhar hipnótico de Rouland se voltou para Jack.

– Será que ele sabe? – perguntou. – Você já disse ao Davey o que ele vai se tornar?

– Eu vi o futuro – cuspiu Jack.

Rouland sorriu de novo, apreciando a conversa.

– Então você sabe que ele não pode ser alterado. E ainda assim você tentou. Tentou e não conseguiu mudar os acontecimentos que estavam predestinados. E assim você vai *sempre* falhar. O futuro não acontece segundo a sua vontade. Outros policiam esse reino tão fecundo. – Ele olhou brevemente para a criatura encapuzada, que flutuara das sombras novamente, enquanto ouvia as palavras de Rouland.

– Seu destino está definido, assim como o meu. O seu é entregar a Rosa para mim, o meu é exercer o poder dela sobre este mundo, e todos os reinos, daqui até as profundezas do Reino do Esquecimento, os desertos gelados de Niflheim e as praias do meu belo Outro Mundo, onde o meu trono me aguarda.

– Bem, boa sorte com isso, então – zombou Davey, estufando o peito em desafio.

– Você zomba de mim? Você se atreve a zombar de mim?!

– Você é um alvo fácil. – Davey sorriu de forma imprudente.

Rouland olhou por cima do ombro, para a criatura de capuz escuro com fumaça saindo de debaixo dele.

– Seria mais sensato não me deixar com raiva, Davey. Minha vida é longa, e minha memória também. Chegará o dia em que você vai me chamar, e eu vou me lembrar das suas palavras esta noite.

– Duvido muito – disse Davey, mas sua voz soou incerta.

Então, como que pela primeira vez, o olhar de Rouland recaiu sobre Eloise. Ele a observou por um segundo e um instante de choque brilhou em seus olhos.

– Eloise? – disse finalmente. – Eu esperava nunca mais vê-la novamente, mas agora que você está diante de mim percebo que senti sua falta.

Eloise deu um passo adiante.

– Eu também senti sua falta, mestre. Em cada minuto da minha prisão rezei para que pudesse ver a sua beleza novamente.

Os pelos do pescoço de Jack se eriçaram, de repente incerto de que tipo de influência Rouland podia exercer sobre Eloise. Ele lutou para controlar a adrenalina que fazia suas mãos tremerem, firmando-as sobre os ombros de Jo-Jo. Ele não podia acreditar no que Eloise estava dizendo – seus aliados pareciam estar desertando, um por um. Ele olhou para Davey ao seu lado, firme e desafiador, pronto para lutar por ele, e seu coração se inflamou, apesar de suas inúmeras dúvidas.

Rouland sorriu para Eloise, como um pai ensinando uma filha rebelde.

– Então você constatou a loucura de suas ações, minha filha?

– Minha loucura foi imensa, mestre. Eu tive muitos e longos anos para contemplar as minhas ações e vejo agora que eu estava equivocada. O rosto de Eloise era ilegível e sua voz, inabalável. – Agora eu sei quanto me desviei dos meus caminhos.

Rouland, cheio de um orgulho arrogante, empertigou as costas para olhar para Eloise.

– Minha loucura foi não abatê-lo antes. – Eloise levantou a espada na frente dela, e as Paladinas fizeram o mesmo em resposta.

Jack finalmente começou a respirar de novo, enquanto o medo da batalha inevitável corria através dele.

Rouland levantou uma mão firme para suas Paladinas. Aparentemente distraído por alguma coisa, ele olhou para cima, na direção do teto abobadado.

– Não pode ser! – disse ele, andando em círculos como um tigre, sentindo algo se aproximando. Ele se virou para Jack, um riso ameaçador nos lábios. – A Rosa, Jack. Ela está *aqui*.

Rouland olhou para cima de novo, um deslumbramento infantil enchendo seus olhos escuros. Sem aviso, Davey correu em direção a Rouland. O corpo do garoto se contraiu e ele saltou no ar, atravessando o espaço entre eles, num salto impressionante. De alguma forma, ele estava em cima de Rouland, atirando-o no chão. Por um instante, tudo pareceu congelar. Nada se moveu, e em seguida havia paladinas em todos os lugares. Eloise começou a lutar contra três delas de uma vez, sua raiva reprimida extravasando-se em cima das irmãs.

Jack, com Jo-Jo ainda em silêncio ao seu lado, assistia atordoado e com descrença enquanto Rouland se recuperava e se levantava do chão, com a mão na garganta de Davey. Com um toque de seu braço, Davey voou pelos ares, atravessando a nave da igreja. Bateu numa das colunas de pedra e caiu desacordado.

As Paladinas foram fechando o cerco, bombardeando Eloise com seu numeroso contingente. Ela lutou e duas Paladinas caíram no chão. Então subiu nos bancos e de repente a luta de espadas passou a acontecer por toda a catedral. Eloise levava as Paladinas para longe de Jack, e um espaço se abriu em torno dele. Jack olhou para trás, para Davey: milagrosamente ele ainda estava vivo, seu rosto contraído de dor e concentração, os olhos parecendo gritar uma palavra para Jack.

CORRA!

Jo-Jo respondeu primeiro, fugindo da batalha.

– Vamos, Jack!

Jack correu para uma das portas laterais da nave, Jo-Jo liderando às cegas o caminho, enquanto atrás deles se ouvia o barulho de espada contra espada. Ele não se atreveu a parar. Chegaram à porta, que estava destrancada, e ele e Jo-Jo deslizaram para dentro. À frente havia outra escada em espiral.

– Pra cima! – ele disse a Jo-Jo.

Então Jack seguiu o seu eu mais jovem e subiu os degraus. Estavam no primeiro andar quando as Paladinas irromperam abaixo deles. Ele não parou para olhar, correndo cada vez mais rápido e mais alto.

– Estou com medo – Jo-Jo gritou quando chegou ao topo da escada.

– Eu também – disse Jack. Ele estendeu a mão para o menino mais novo. – Mas nós vamos ficar bem, eu prometo.

Jo-Jo pegou a mão dele.

As formas escuras das Paladinas subiam na direção deles, como um bando de pássaros rodeando a presa. Em frente a eles havia uma porta e Jack rezou para que estivesse aberta – não importava aonde ela levava. Ele a empurrou, mas ela não se mexeu.

O desespero aumentava à medida que as Paladinas chegavam cada vez mais perto; ele agarrou a maçaneta novamente, puxando com toda a força. A porta se abriu com dificuldade, apenas o suficiente para que eles passassem.

Jack se virou e fechou a porta atrás deles, correndo novamente ao longo de outro corredor, sem pensar para onde estavam indo, querendo apenas manter Jo-Jo em segurança. Quase imediatamente ele ouviu as Paladinas golpeando a porta, abrindo-a e avançando. À frente o corredor fazia uma curva para a esquerda. Jack fez a curva e parou diante de uma porta ligeiramente recuada. Ele a abriu e entrou, empurrando-a para que fechasse atrás de si e Jo-Jo.

Eles estavam num cômodo pequeno, cheio de caixas velhas e livros. Jack soltou a mão de Jo-Jo e começou a empilhar em frente à porta tudo o que ele podia encontrar. Então deu um passo para trás, inspecionando seu trabalho apressado.

– O que vamos fazer agora? – perguntou Jo-Jo.

– Eu não sei.

Ao ouvir vozes se aproximando pelo corredor, Jack se virou, seu desespero crescendo a cada segundo. Num canto, escondido atrás de três grandes caixas de madeira, havia uma escada de metal enferrujada, presa à parede e subindo verticalmente através de uma pequena abertura no teto.

– Depressa! – Ele gritou para Jo-Jo, empurrando-o para a escada. Jack seguiu-o até uma pequena plataforma de metal, e quando ele pisou no andar de cima viu uma pequena escotilha trancada à frente. Ele rapidamente se desfez dos parafusos e abriu a escotilha. O ar abafado da noite atingiu seu rosto, rápido e uivante, e Jack subiu através da abertura, mas Jo-Jo ficou para trás.

– Não podemos ficar aqui – disse Jack, tentando esconder o terror de sua voz. – Por aqui. Vamos!

Confiante, Jo-Jo saiu através da escotilha, até o lado de fora, para o telhado da catedral. O céu escuro acumulava um turbilhão de nuvens, ansioso para lançar seu aguaceiro. O vento passava entre suas pernas, fazendo suas roupas tremularem. À frente deles, Jack via o telhado pontiagudo da igreja. Um pórtico estreito corria ao longo da sua lateral. Ele fechou a escotilha o melhor que pôde e saiu na direção dele.

– Pegue a minha mão – disse a Jo-Jo.

A criança balançou a cabeça, os olhos arregalados de medo.

– Não quero. Estou com medo.

– Está tudo bem – disse Jack. – Vou segurar você. – Ele estendeu a mão, à espera de que seu eu mais jovem mudasse de ideia. Jo-Jo hesitou, mas depois agarrou-a.

O céu se iluminou com um flash poderoso de luz branca, seguido de perto pelo ensurdecedor estrondo de um trovão. Jack agarrou o corrimão, encolhendo-se instintivamente. Jo-Jo recuou, gritando em voz alta. Seus dedinhos apertaram as calças de Jack.

Os olhos de Jack se ajustaram à noite novamente. Ele olhou em frente e viu que não estava sozinho no pórtico. Seu coração afundou. David estava lá. O velho David. Eletricidade emanava da mão dele.

– E agora, Jack? Você não tem mais para onde correr – disse David.

– O que aconteceu com você? – Jack gritou por cima das nuvens de tempestade, cada vez mais baixas.

– Rouland! – David gritou. – Rouland me mostrou o caminho, Jack. – A bola de energia na mão de David crescia cada vez mais.

– Mas você é meu avô! – Jack gritou de volta. – Você matou a sua própria filha!

– Não é bem assim – uma voz gritou.

Jo-Jo ofegou:

– Mãe!

Jack olhou com admiração: ali estava sua mãe, ainda viva, mas gravemente ferida. Ela flutuava no ar acima da catedral, faíscas de eletricidade das nuvens atingindo seu corpo. Seus olhos estavam em chamas e ela brilhava inteira. Por um momento Jack achou que era um anjo.

– O que aconteceu com a minha mãe? – Jo-Jo perguntou em dúvida. – Acho que ela não está bem.

– Você! – David gritou para Catherine. – Por que você não morre simplesmente?

– Para trás, Jack, Jo-Jo! – a mãe advertiu, sua voz como um trovão contido. – A mente dele não lhe pertence. Rouland o tem sob seu controle.

De repente, David começou a soltar bola após bola de uma violenta energia, rancor e ressentimento transbordando.

– Ninguém me controla!

Catherine caiu entre os filhos e David, seu corpo absorvendo os arcos de eletricidade. O relâmpago a percorreu e convergiu para as suas palmas. Ela segurou as mãos, tremendo de hesitação.

– Tentei salvar você, pai, eu realmente tentei!

– Eu não preciso de sua piedade – David gritou enquanto lançava outra rajada de energia na direção da filha. Catherine retaliou, deixando a energia coletada irradiar-se dela para ele. O telhado foi inundado por uma luz amarela, até que todos os detalhes se foram. Quando o intenso brilho desapareceu e a fumaça se dissipou, Jack viu David. Seu corpo fumegava com a explosão de eletricidade enquanto ele flutuava para fora do pórtico, no entanto, usando o raio em arco, ele impulsionou o corpo para Catherine.

– Mãe! – Jo-Jo gritou outra vez, as lágrimas marcando seu rosto perturbado. Jack passou os braços ao redor dele, protegendo-o da luz.

O telhado foi iluminado com flash após flash, enquanto Catherine e David desapareciam dentro de uma espiral de luz branca incandescente. Choviam faíscas sobre Jack e Jo-Jo.

Jack percebeu que ele estava chorando também, ele e Jo-Jo imóveis como dois retratos. A mãe estava lutando por ele, e ela estava ferida. Ele queria ajudá-la, protegê-la, mas tudo o que podia fazer era assistir.

Em seguida, a voz falou com ele, dentro da sua cabeça: *Volte, Jack*. Jack protegeu Jo-Jo o melhor que pôde, e correu de volta para a pequena escotilha. Naquele momento a escotilha explodiu, caindo no chão lá embaixo. A silhueta de uma Paladina emergindo do buraco fumegante, seguida rapidamente de outra e mais outra. Jack congelou.

A primeira Paladina ficou de pé e correu até ele e Jo-Jo. Quando ela se aproximou, levantou o capacete e Jack viu que era a Capitã De Vienne liderando suas irmãs. Havia um aparelho mecânico no lugar onde a mão cortada estivera antes. Nele estava entalhada uma nova espada que girava ruidosamente. Ela gritou de maneira desafiadora enquanto apontava a lâmina em movimento para Jack.

Uma explosão gigante de energia elétrica atingiu o telhado na frente da Capitã De Vienne e de suas irmãs Paladinas, atingindo-as com uma força brutal. Duas das Paladinas caíram do pórtico, sobre o muro baixo da lateral, e se estatelaram no chão lá embaixo, com um barulho alto. A Capitã De Vienne cambaleou para trás, agarrando o telhado com sua única mão. Sua espada girava ruidosamente, arrancando grandes lascas de alvenaria. Ela olhou para seu agressor: Catherine, pairando no ar, suspensa pelos raios. Outra rajada de energia veio da mão de Catherine e envolveu o corpo em chamas da Capitã De Vienne. A Paladina caiu, gritando.

Jack olhou para cima: David balançava no ar, sombrio e malévolo. Um braço pendia inútil ao seu lado. Ele levantou a outra mão e uma bola de energia voou com velocidade impiedosa na direção de Jack e Jo-Jo. Não havia tempo para se desviarem – ela bateu em ambos, arremessando-os para trás. Jack sentiu como se o tempo tivesse parado, aquele único instante permitindo-se desvendar. A sensação nauseante de vertigem derramou-se sobre ele. E então Jack estava caindo, o aperto da sua mão afrouxou e Jo-Jo tinha desaparecido. O grito maternal de Catherine se dissipou enquanto ele caía, deixando apenas o ensurdecedor ruído do ar passando por seus ouvidos. Ele vislumbrou as paredes exteriores da catedral em sua queda. Então, abruptamente, tudo ficou em silêncio.

Ele não podia virar a cabeça. Sentiu terra em sua bochecha, nas narinas, misturada com sangue e lágrimas. Ele estava ali, incapaz de ouvir, com o rosto queimado, o cabelo em chamas. Mãos apareceram sobre seu rosto e ele olhou para cima através do sangue e da fumaça para ver Eloise e Davey – o jovem Davey, *seu* Davey – acima dele. Jack levantou as mãos e viu que elas estavam vazias. Tentou chorar, mas sua garganta já não funcionava. Em algum lugar próximo a ele sabia que seu eu mais jovem também estava sangrando.

Ele ia morrer duas vezes aquela noite, pensou.

No céu, viu Catherine se virar e, com uma raiva selvagem, a fúria de uma mãe protegendo seu filho, ela se virou para enfrentar o pai. O antigo David havia descido ao telhado e mancava ao longo de sua superfície inclinada. Catherine gritou e uma energia incrível derramou-se dos seus dedos. Ela atingiu David, derrubando-o de volta no pórtico. Ela montou as agulhas de eletricidade e retirou-se do céu, correndo até os dois corpos dilacerados do filho, que sangravam no chão.

Jack viu o rosto dela cheio de lágrimas, mas não pôde ouvir suas palavras. O mundo parecia estar se fechando sobre ele. As bordas da sua mente estavam escurecendo, estranhos pensamentos saltando em ordem aleatória. Ele riu; não sabia por que, embora não sentisse mais dor – não sentia absolutamente nada, só a aproximação da escuridão fria. Ela estava na ponta dos seus pés agora, agarrando-se às pernas dele com eficiente indiferença. Em seu campo de visão, rostos apareciam e desapareciam; Davey gritava, Eloise levantou a espada, atacando uma Paladina. Sua mãe estava fora de vista. Ele queria tanto virar a cabeça para vê-la. Ele podia sentir que estava indo embora, dando o primeiro passo na direção de sua própria Necrovia, abrindo o seu caminho para que outros pudessem segui-lo, e ele queria dizer adeus a ela antes que fosse tarde demais. Mas nada mais funcionava, seu corpo era um trapo quebrado e inútil, gasto e esmigalhado. Seus olhos ficaram pesados. Por que não podia chegar até eles e lhes dizer quanto os amava?

Davey, com seu otimismo ingênuo, ele perdoava a sua covardia. Ele o amava, mas não poderia mais lhe dizer isso agora.

E Eloise, sua valente protetora que tinha dado tudo de si sem fazer perguntas; ela buscava a absolvição pelos seus crimes do passado, absolvição que Jack nunca poderia lhe dar agora.

Por fim, ele pensou na mãe, uma mulher que ele mal conhecia, uma mulher com segredos infinitos. Ele a perdoava por não estar presente naqueles longos anos solitários, ele a perdoava por morrer. Ele abriu mão da sua ira, e seu amor por ela transbordou dentro dele.

Ele amava todos eles, e nunca poderia lhes dizer isso.

Sentia o chamado do futuro, um túnel sem fim. Não podia resistir mais, e nem queria. Um calor tranquilo tomava conta dele, e ele deixou que seus olhos se fechassem.

Jack parou de lutar.

27

O PRESENTE

Jack estava caindo. Caindo através da escuridão.

Jack.

Que voz era aquela?

Aguente firme, Jack, aguente firme.

Ele podia ouvir as palavras, mas elas estavam distantes, como os seus próprios pensamentos abstratos ecoando nas paredes de dor que o circundavam. Ele era uma criança outra vez, com uma lucidez que lhe tirava o fôlego. Ele tinha 7 anos, e tudo em seu corpo doía.

Não desista.

Ele tinha 7 anos, seus dedos doíam, e seu nariz estalava de um jeito engraçado quando ele tentava movê-lo. Ele queria a mãe dele.

Jack olhou para dentro da sua memória, como se ela fosse uma coisa tangível. Viu a mãe ajoelhada ao lado dele no chão, seu belo rosto sobre o dele, tão perto que seu cabelo acariciava seu rosto e sua respiração aquecia seus olhos. Ele procurou através de seus nervos, sentindo os dedos dos pés. Eram menores, ele era apenas uma criança. Ele riu, em seguida, uma dor insidiosa encheu seus pulmões e sua visão se borrou de vermelho.

– Está tudo bem, Jo-Jo. Eu vou te salvar.

Quem estava falando? Ele não poderia dizer. As imagens vinham em pedaços desconexos e com fragmentos do tempo perdido entre eles.

Ele viu a mãe colocar as mãos sobre o peito dele, empurrando para baixo e as costelas quebradas clamando por misericórdia. Por que você está me machucando?

Não se preocupe, isso vai acabar em breve.

A pressão em seu peito cresceu, e ele tentou gritar, sua visão se desvanecendo. Em seguida, um calor sutil inundou seus pulmões, como um banho quente numa noite de inverno. A dor ainda estava lá, mas era suportável agora. O rosto da mãe entrou em foco novamente e ele percebeu que era a voz dela que ele tinha ouvido.

O poder da Rosa está curando você.

O calor estava se espalhando pelo seu peito. Ele sentiu uma de suas costelas estralando, e um fragmento de dor incandescente o oprimiu. A onda de dor diminuiu e ele sentiu que a costela estava melhor. Outra onda de dor o abateu, seguida de outra, à medida que cada osso fraturado era posto no lugar.

Com os pulmões vazios de sangue, o ar da noite os inundou. O calor se espalhou pelas pernas esmagadas; ele ouviu estalos e estalidos e sabia que uma nova onda de dor estava a caminho. Fechou os olhos.

Nunca se esqueça, eu te amo, Jo-Jo.

Ele abriu os olhos novamente, a cabeça girava. Sua consciência mudou. Ele não tinha mais 7; ele tinha 12 anos novamente, com membros quebrados latejando. Ele nunca tinha sentido nada parecido; a dor era tão terrível que ele desejou morrer.

Não, Jack. Não deseje isso. Você tem muito a fazer. Você precisa lutar.

Eu não quero lutar, ele pensou, estou cansado. Estou com muita dor. Deixe-me ir.

Não.

Sua mãe apareceu na frente dele novamente, cansada, com um olhar exausto e assustado nos olhos.

Não tenho mais nada para lhe dar, a não ser uma coisa. Eu vou dá-la a você, Jack. Você é a Rosa agora. Use-a bem, e ela vai sustentá-lo. Abuse dela e você vai ser consumido por ela.

O calor atingiu os ombros dele, seguido de uma terrível onda de choque vermelha. Seu pescoço estalou, tão alto que seus ouvidos doeram e sua visão se fragmentou em mil cores, cada um delas uma agulha de fogo. Seu rosto ficou gelado, depois vermelho incandescente. Ele sentia o suor escorrer pela testa. O calor não diminuiu, percorrendo seu crânio e, em seguida, mergulhando dentro dele.

Lute por mim, Jack. Lute por mim. Eu te amo.

A pressão aumentou dentro da cabeça dele, pressionando seu cérebro, até que ele pareceu ter o tamanho de uma ervilha. Ele abriu os olhos e viu a mãe envolta em fitas etéreas de energia, pulsando e se transmutando. A dor desapareceu quando ele viu essa bela exibição. Sentiu o cheiro de flores frescas, puras como nenhuma outra coisa na Terra. As fitas dançavam no seu próprio ritmo, assumindo várias formas em torno da mãe. Uma forma se destacava das outras, repetida em todas as escalas até a mais microscópica, como um fractal do universo.

A forma era uma rosa.

Jack observou com admiração, sabendo que ele nunca veria nada tão belo novamente. Mas era mais do que uma visão; era uma invasão sensorial. Música encheu seus ouvidos, a música do Outro Mundo. Essa era a energia viva da Rosa de Annwn, livre do seu hospedeiro.

Os tentáculos coloridos mudaram de rumo e foram na direção dele. Eles encheram sua visão, transformando-o em formas que levaria uma vida inteira para entender. Ele fechou os olhos.

Jack estava caindo. Caindo através da escuridão.

E então ele parou.

E começou a subir, lentamente no início e depois cada vez mais rápido, até que a escuridão começou a passar por ele em tal velocidade que ela assumiu uma cor branca ofuscante.

De repente, a brancura desapareceu deixando-o desconfortavelmente sozinho. Ele podia ouvir as vozes ao redor dele de novo, podia sentir o chão sob seu corpo. Ele sentia o cheiro de enxofre no ar, gosto de ferrugem na língua. Finalmente, ele abriu os olhos e viu a gigantesca fachada da Catedral de São Paulo assomando-se na direção do céu tempestuoso.

Timidamente, ele estendeu o braço para testar os dedos das mãos e tocar os pés.

Tudo parecia normal. Ele olhou para o telhado. Por que ainda não estava morto? Em seguida, uma inundação caleidoscópica de imagens voltou para ele, de sua mãe e do seu dom da Rosa.

Ele se sentou rapidamente e olhou em volta.

Viu Davey e Eloise, inclinando-se na direção de Jo-Jo. Ele sabia que seu eu mais jovem estava ileso, agora, também recuperado pelo poder da Rosa.

Uma onda de náusea tomou conta dele. Sua mãe, a hospedeira viva, tinha desistido da Rosa para que pudesse salvá-lo.

Ele era a Rosa agora.

Jack se levantou com cautela, esperando que suas pernas fraquejassem a qualquer momento. Ele deu um passo trêmulo para a frente, em seguida outro e mais outro. Davey olhou para cima e correu para o seu lado, colocando o braço em volta dele para apoiá-lo.

– Estou vivo? – Jack perguntou.

– Sim, você está. Mas... – A voz de Davey enfraqueceu.

Em seguida, Jack viu um corpo caído no chão a alguns metros de distância.

– Mamãe?

Ele correu aos tropeços até ela, virando-a para que pudesse ver seu rosto. Ela ainda estava bonita, como um anjo, mas toda a vida havia deixado seu corpo. Jack segurou-a junto ao peito e gritou. Ele nunca tinha conseguido dizer adeus, nunca tinha conseguido lamentar adequadamente a morte da mãe que ele não conhecera. Ele era muito pequeno para entender, da primeira vez. Agora sabia o que estava perdendo. Ela tinha dado a vida para salvar o filho.

Lute por mim; fora isso que ela havia pedido em troca. Sua respiração desacelerou e ele enxugou os olhos. Um novo fogo ardia em seu peito. Ele recolocou a mãe no chão e fechou os olhos, beijando-a suavemente no rosto.

Jack ficou de pé, sentindo-se mais alto e mais velho do que jamais se sentira. Ele era mais que um menino agora, a Rosa de Annwn queimava dentro dele, e por meio dela o mesmo acontecia com as esperanças do Outro Mundo.

Jo-Jo agitou-se e se ajoelhou ao lado de Jack, suas mãos pequenas tocando a mãe morta. Ele não podia deixá-la assim, abandonada em meio à sujeira. Naquele momento sentiu algo ao lado dele. Ele se virou e viu uma figura encapuzada imponente ao lado dele, resoluta, seus quatro braços sinuosos escondidos dentro da capa escura. Ele deslizou respeitosamente ao lado do corpo da mãe de Jack e, com um movimento suave da capa, ela desapareceu dentro dela. A gigantesca figura de negro exalava reverência e respeito, sua cabeça encapuzada curvada numa oração fervorosa.

A criatura escura parou por um instante e então olhou para cima. Jack seguiu seu olhar. Enquanto observava o céu tumultuado, sentiu uma gota quente de água em seu rosto, como uma lágrima do céu. Ele olhou para baixo, em direção ao chão, e viu que a criatura e a mãe tinham partido. Ali, na terra, algo brilhava. Jack ajoelhou-se e viu o anel de casamento da mãe, meio enterrado na terra. Era um anel simples de ouro com um diamante no centro. Ele o esfregou na manga, limpando o sangue e a sujeira da sua superfície, e deixou-o cair no bolso da calça. Então viu algo mais, um retângulo conhecido, sujo e queimado. Jack o pegou e o espanou até que as letras na superfície ficassem visíveis novamente.

Sobre a Natureza dos Reinos Ocultos, por Magnus Hafgan. Devia ter caído de seu bolso quando ele despencara do telhado da catedral. Jack abriu o livro numa página e seus olhos caíram sobre a rede misteriosa de letras novamente.

As nuvens acima se abriram e uma chuva de verão começou a cair, limpando as cinzas e o sangue da noite de batalha. Gotículas de água ricocheteavam nas páginas esfarrapadas do livro, ensopando o papel descolorido. Ele estava a ponto de protegê-lo em seu bolso quando viu algo sendo revelado pela água. A linha manuscrita na parte inferior da página emergiu dos círculos escuros de umidade.

Lentamente, letra por letra, uma sequência de palavras surgiu na página.

A espada é mais forte do que o coração. Nelson.

Jack olhou incrédulo, intrigado com essa nova revelação. Então as letras começaram a se confundir, dissolvendo-se pela umidade, até desaparecerem. Jack colocou o livro de volta no bolso.

Por um tempo, ele ficou na chuva enquanto pensava no texto enigmático, com os braços estendidos, a água lavando sua tristeza e sua dor.

Sentia-se renascer.

Não muito longe, viu a espada de uma Paladina morta. Ele estendeu o braço para pegá-la; o peso confortável em sua mão.

– Jack! – Davey estava ao seu lado. – Rouland ainda está lá dentro. Ele tem mais Paladinas, e há Homens Pó a caminho. Temos que ir embora agora, enquanto podemos.

Ali perto uma coluna de terra começava a se levantar no ar úmido. Mais longe, à sombra da catedral, ele ouviu o grito arrepiante de outro Homem Pó recém-nascido.

Então, de repente, Jack viu a silhueta de um homem se aproximando das sombras. A figura abatida, queimada e esfarrapada do velho David se aproximava, deixando um pungente rastro de fumaça atrás dele. Ele olhou para seu eu mais jovem e para Eloise, o remorso e o arrependimento escrito em letras garrafais sobre suas feições chamuscadas. Seus olhos sombrios encontraram os de Jack e ele de repente rompeu em lágrimas.

– O que eu fiz? O que foi que eu fiz? – O velho caiu de joelhos, uma figura lamentável. – Jack, me desculpe. Mate-me agora antes que Rouland me controle novamente.

A raiva ferveu dentro de Jack. Ele teria prazer em matar esse homem, pelo que ele tinha feito à sua mãe. Então se lembrou de Rouland, e soube que David era tão vítima quanto o resto deles. Ele domou sua fúria selvagem, reprimindo-a, e respirou fundo para se acalmar.

– Levante-se – Jack disse a David. – Vou encontrar Rouland. Você ainda tem trabalho a fazer.

David olhou para cima, a confusão estampada em seu rosto.

– Os Homens Pó. – Jack apontou para os espectros que se aproximavam. – Você vai abrir caminho até a catedral. E então precisa me ajudar, quando eu chegar daqui a algumas horas.

– Não! – David pediu novamente. – Você tem que me matar. As coisas que eu fiz...

– Levante-se! – Jack exigiu, sua voz mais madura, mais autoritária do que nunca. – Você tem que lutar, David. E tem que me ajudar. Eu vou estar sozinho, confuso e com medo. Eu não sei o que fazer. Você tem que me enviar de volta a 1940, de volta a Davey. Entendeu?

O velho acenou com a cabeça, enxugando as lágrimas nas faces sujas.

O avô ficou de pé com dificuldade, os ossos estalando e rangendo. Afastou seu casaco esfarrapado e tirou dali a mesma arma de metal e marfim que Jack já tinha visto. Sem dizer uma palavra, lançou a arma no Homem Pó mais próximo e soprou seu corpo até deixá-lo em pedaços. Outros Homens Pó pareceram registrar a ameaça e convergiram para o local do ruído. Com um aceno de Jack, David mancou para longe, na escuridão, disparando sua cronocópia enquanto os Homens Pó o perseguiam.

De repente, o caminho para a catedral ficou vazio. Lá, na grande escadaria, estava a estranha figura alongada num manto de asas de corvo. Ele chamava Jack para ele.

Jack pegou a mão de Jo-Jo e, com Davey e Eloise, voltou para a agourenta catedral.

28

GUERRA MENTAL

A catedral estava estranhamente silenciosa. Uma chuva torrencial açoitava os vitrais, produzindo ondulantes poças de luz no interior escuro. O vasto espaço absorvia o ruído da tempestade, entorpecendo-a até se tornar uma vaga lembrança.

– Por que estamos aqui? – Davey perguntou, com medo e confuso. – Nós podíamos fugir.

– Então teríamos que passar o resto da vida fugindo – Jack respondeu. – Rouland é responsável pela morte da minha mãe. – Ele se sentia mais velho do que antes; mais forte, mais no controle da situação.

– Já é hora – Eloise concordou.

Quando chegaram ao pé da escada, Jack viu a estranha figura encapuzada novamente. Davey também a viu.

– Um Grimnire – Eloise informou.

O Grimnire acenou de novo deslizou serenamente pela escada que levava à cripta.

Jack franziu a testa.

– O Grimnire trouxe Rouland aqui. Então por que está nos ajudando?

– Os Grimnires não servem ninguém – explicou Eloise. – Ele trouxe Rouland aqui para os seus próprios fins. Há planos maiores em jogo do que os de Rouland.

Jo-Jo apertou a mão de Jack com firmeza.

– Onde estamos indo, Jack?

– Está tudo bem. – Jack fez uma careta, mal escondendo suas próprias dúvidas. – Estamos seguindo essa coisa.

À medida que desciam as escadas, a luz ficava mais fraca, lançando sombras indistintas sobre as antigas paredes. O Grimnire não lançava nenhuma sombra, e sua túnica sequer tocava o chão.

Eles viraram numa esquina da grande cripta, e de repente o Grimnire desapareceu. Mais à frente, no centro do cômodo, viram uma outra figura, intemporal e imaculada, com os olhos fechados em meditação. Assim que entraram, os olhos escuros de Rouland se abriram e seu olhar gelado os perfurou.

– Por favor, Jack, deixe-me expressar as minhas condolências. – Ele suspirou. – Eu sei como dói a sua perda. – As sobrancelhas de Rouland se arquearam numa expressão solidária.

Jack sentiu o peso da espada na mão. Seus dedos aumentaram a pressão em volta do punho da arma.

– Você a matou – disse Jack friamente.

Rouland balançou a cabeça.

– Não. Eu vim aqui pessoalmente para proteger você e sua mãe da Rosa. É um grande poder, Jack. Não é para alguém inexperiente. Você vai dá-la para mim agora.

Eloise avançou, a espada desembainhada. Houve um lampejo de luz verde e um estrondo de trovão. Quando Jack abriu os olhos novamente, Eloise estava pressionada de braços e pernas abertos contra o teto da cripta; seus membros presos por alguma força invisível. Sangue esbranquiçado escorria dos cantos dos olhos dela e pingava no chão.

Rouland continuou com um braço estendido na direção de Eloise, mantendo-a presa ali. Olhando para baixo, ele observou a espada da Paladina espetada em seu próprio peito, nutrindo-se da sua energia. Ele cambaleou um passo para trás quando puxou a espada com a mão livre, arrancando-a do seu esterno, que estalou dolorosamente. Ele expirou e depois ficou ereto novamente, recuperando a compostura.

Então olhou para a espada, virando-a em sua mão antes de soltá-la. A espada flutuou na frente dele, dançando suavemente no ar. Então, com um movimento do pulso de Roland, ela voou para cima e enterrou-se no peito de Eloise, empalando-a no teto de pedra. Enquanto a espada se nutria, ela se contorceu diante do seu poder, tentando desesperadamente libertar as mãos.

– Muito bom, Eloise! Eu lhe ensinei alguma coisa, afinal. – Rouland tossiu. – Um centímetro para a esquerda e você poderia ter atingido o meu coração. Poderia ter até mesmo me vencido. Mas, como sempre, você fracassou. Irremediavelmente.

Davey, como se acordasse de um sonho, gritou para Rouland, lançando-se descontroladamente na direção dele. Mas, antes que ele pudesse chegar perto o suficiente, Rouland se concentrou, seus olhos escuros como duas fendas negras, e Davey se viu preso à parede. Rouland sorriu enquanto observava Davey se contorcendo, preso pelos poderes secretos da sua mente terrível.

Jack sacudiu a cabeça.

– Deixe-os ir, Rouland. Eu tenho a Rosa agora.

Os olhos de Rouland se arregalaram.

– Sim, eu posso ver. Você está deixando os meus sentidos em chamas. – Ele fechou os olhos. – Você não tem a capacidade que a sua mãe tinha de esconder isso de mim. Você está brilhando como um farol através do tempo e do espaço, atraindo para você todos que a buscam. Você precisa se proteger das coisas que virão até você, coisas que ainda nem pode imaginar.

Jack franziu o nariz com nojo.

– Você está *me* oferecendo proteção?

– Eu sou o único que pode, Jack. Há muitos que querem a Rosa. Criaturas sombrias e cheias de malícia. Elas podem finalmente ver a

Rosa, a dádiva que sua mãe protegeu tão bem todos esses anos. Você não pode mantê-la segura. Só eu posso.

As palavras de Roland fluíram sobre a raiva de Jack como mel quente. Ele se sentia inebriado pela sua persuasão. Jo-Jo se encolheu atrás de Jack, apavorado. *Vai ficar tudo bem*, Jack o acalmou, e os dedos do menino relaxaram.

Atrás de Rouland apareceu o Grimnire novamente, inclinado sobre um grande sarcófago, com um braço longo estendido, apontando para Rouland. Enquanto Jack observava, o corpo do Grimnire desapareceu, mas seu braço permaneceu por um instante com o dedo apontando de Rouland para o sarcófago; em seguida, também desapareceu.

O ferimento no peito de Rouland era profundo e exangue, gotas de suor banhavam sua testa lisa, e Jack percebeu um tremor sutil em sua respiração. Sua suave máscara de inexpressividade caiu, revelando apenas raiva.

– Me dê a Rosa! Ou seus amigos vão morrer, agora! – Uma bola branca de eletricidade começou a crescer na palma da mão de Rouland, relâmpagos acendendo-se em seu braço. Um retinido de armaduras ecoou pela cripta. As Paladinas apareceram por todos os lados, cercando-os, as espadas desembainhadas.

Jack virou-se e olhou para Jo-Jo. *Não se preocupe. Vai ficar tudo bem.*

O sangue gotejava dos olhos de Eloise. Davey estava ofegante, os olhos rolavam para trás quando o ar era sugado lentamente para fora dos pulmões. Enquanto isso, Rouland observava presunçosamente seus inimigos. Ele estava paciente, firme.

Estava tudo acabado, Jack pensou, na cripta da Catedral de São Paulo. Ele sabia que preferia morrer a lhe conceder a dádiva da Rosa, e uma alegria arrebatadora o sobrepujou, um alívio estranho que ele não podia compreender. Ele estava sem opções, sem ter para onde correr, a instantes da morte, mas não estava mais com medo de morrer. Já tinha vislumbrado o que estava além e não precisava temer.

Então ele se lembrou do Grimnire, seu dedo apontado para o sarcófago atrás de Rouland e, num lampejo, ele entendeu a mensagem que tinha lido no livro.

A espada é mais forte do que o coração. Nelson.

Jack soltou a mão de Jo-Jo. Sorriu para Davey e Eloise, e a Paladina assentiu resolutamente enquanto a força vital era sugada para fora dela.

Os olhos de Jack se estreitaram.

– Estou começando a entender você, Rouland. A Rosa está me ajudando. Minha mãe era uma Manipuladora, e ela achou que eu poderia ter alguns dos dons dela também. A Rosa me mostrou como usar esses dons. – Por um instante, ele fechou os olhos, concentrando-se. Ali, dentro da sua mente, ele sentiu os tentáculos escuros do outro, de Rouland, buscando, curiosos; invadindo seus pensamentos e lembranças. Dedos frios e incômodos de ódio escavando sua alma. Jack abriu os olhos e sorriu.

– Eu posso sentir você dentro da minha mente.

Rouland ficou paralisado.

– Pra fora! – Jack gritou. Ele empurrou o invasor de dentro da sua cabeça e o repeliu, forçando-o com o poder da Rosa. Rouland cambaleou, a dor aparecendo momentaneamente em seu rosto.

Jack deu um passo à frente.

– Eu posso sentir você tentando voltar, e não vou deixar.

A Rosa circundou seus pensamentos. Era como um rio de potencial, oferecendo-se a ele. A imagem da mãe, viva e envolta em eletricidade, surgiu em sua mente.

Como se em resposta a uma pergunta não formulada, ele sentiu a palma da mão formigar. Ele olhou para baixo: a eletricidade se acumulava na mão vazia de Jack, até ele se transformar num reflexo de Rouland. Foi como se ele soubesse como fazer aquilo durante toda a vida. Perguntou-se, inquieto, quanto daquilo seria instinto e quanto seria a Rosa, penetrando em todos os seus pensamentos. Ele afastou os pensamentos e soltou a energia instável, sua raiva cinética atingindo o corpo do outro.

Rouland deu dois passos trôpegos, firmando-se no grande sarcófago que ocupava o centro da sala. Ouviu-se a tosse de Davey quando seus membros foram libertados. Ele caiu no chão, numa bola de dor. Eloise, com as mãos finalmente libertadas, buscou a espada que se nutria dela, encravada em seu peito. Com um gigantesco esforço, ela a puxou para fora e caiu no chão ao lado de Davey.

O choque tomou conta do rosto de Rouland, seguido pela raiva. Ele revidou com toda a sua força, atirando bolas de energia em Jack. A força o derrubou, mas, quando a fumaça se dispersou, Jack se levantou para enfrentar Rouland novamente.

– Você não sabe mais o que eu estou pensando, não é?

Jack deu mais um passo para a frente.

Rouland se firmou sobre os próprios pés.

– Eu não preciso ler a sua mente limitada para adivinhar sua próxima cartada, garoto.

– Sério? – Jack sussurrou. – Então adivinhe!

A mão de Jack apertou o punho da espada quando ele saltou para a frente com toda a força que pôde reunir. Colocando o braço ao redor do pescoço de Rouland, ele o empurrou de volta para o sarcófago. Quando caíram, Jack fechou os olhos, procurando sentir algo que esperava que estivesse lá. Sorriu para si mesmo; ele tinha encontrado. Ela ainda estava lá, depois de todo aquele tempo, e o deixara entrar.

Jack abriu a Necrovia e caiu dentro dela, arrastando Rouland com ele.

29

A NECROVIA DE NELSON

Uma euforia dominou Jack. Lembranças de uma outra época o inundaram em ondas vívidas de cores e sons. Ele viu grandes batalhas, sentiu o pânico paralisá-lo, sentiu o cheiro da pólvora dos canhões e ouviu o pandemônio da guerra.

As marés da História fluíam ao longo dessa Necrovia, revitalizando as memórias ali registradas. Entrelaçados com as correntes maiores da História, Jack sentiu os afluentes mais sutis da perda pessoal, da tristeza de uma mulher, do segredo triste de uma amante, da confusão de uma filha deixada para trás. Estava tudo ali, num fluxo e refluxo.

Vozes gritavam em seus ouvidos, apavoradas e ansiosas, chamando pelo seu líder perdido. A grande procissão de homens o mantinha em suas mentes, gritando seu nome mais de uma vez.

Nelson.

Vice-Almirante Horatio Nelson, herói da Marinha inglesa, caído na Batalha de Trafalgar. Nelson tinha sido enterrado sob a cúpula da Catedral de São Paulo, num grande sarcófago negro. O mesmo sarcófago contra o qual Rouland se inclinara. O mesmo sarcófago para o qual o Grimnire apontara. O mesmo sarcófago que tinha deixado Jack livre.

Ele estava viajando na Necrovia de Nelson, de volta a outubro de 1805, com os braços em volta do pescoço de Rouland.

A queda dos dois durou toda uma época, e todo o tempo Rouland gritou. Lutou contra o aperto de Jack, se contorcendo para se libertar. Seu medo era palpável.

Eles caíam em meio a uma nova onda de emoção, mais expressões de tristeza de pessoas estranhas. O borrão de novas imagens estava cheio de fervor patriótico, as ondas de emoção quase avassaladoras. Misturados com esses lamentos, Jack sentia os limiares da mente de Rouland, como tinha feito com Davey, as lembranças da sua longa vida antinatural. Tanto ódio, tanta dor! Viu um vislumbre de sua ascensão ao poder, suas experiências terríveis e sua busca pelo Outro Mundo, e ansiou por escapar daquela mente ensandecida. Retirou-se dela, afundando cada vez mais no tempo, até ver a lembrança mais antiga de Rouland: ele estava deitado na areia, banhado pelas ondas, semimorto, em alguma costa abandonada. E antes disso? Nada. Um muro de impenetrável escuridão ocultava de ambos a vida anterior de Rouland. A escuridão feriu sua mente e Jack recuou, perdendo o controle sobre o outro.

Então tudo ficou branco, e Jack soube que a viagem estava chegando ao fim. A brancura transmutou-se num preto absoluto, e seu mundo ficou em silêncio.

Jack estava de costas, esparramado no chão. O cômodo era escuro, frio e úmido. Um lugar silencioso e inóspito. Ele não podia ver Rouland. Apurou a audição para ouvi-lo respirando, mas não ouviu nada. Jack tateou para encontrar a parede, sentindo o seu caminho na escuridão. Ele ouviu um clique, abriu-se uma fresta na porta e uma luz fraca iluminou a cripta. Jack ficou em pé contra a parede, enquanto um homem solitário entrava carregando um lampião na mão emagrecida.

Uma voz incerta gritou:

– Quem está aí?

A voz não era de Rouland.

– Ei! – O homem gritou novamente, e Jack percebeu algo estranhamente familiar. Seu rosto fino, banhado na luz morna do lampião, era menos envelhecida do que ele se lembrava, a barba desgrenhada mais acobreada do que branca, mas suas feições eram inconfundíveis.

– Sexton? – Jack perguntou, saindo das sombras.

O velho deu um salto, acenando com a lanterna para ver Jack.

– Não o conheço. Como você me conhece? O que está fazendo aqui embaixo? – ele perguntou rispidamente.

Jack sorriu, agora com certeza de que era Sexton Clay, o coveiro. Ele tinha visto esse homem morrer, ao lado de Rouland, em 1813. Agora, ali estava ele, oito anos mais jovem, vivo e saudável. Os paradoxos da viagem no tempo encantavam e confundiam Jack na mesma medida.

– Sexton, meu nome é Jack Morrow. Eu sou um Viajante de correnteza acima. Nós já nos conhecemos antes... no futuro. Eu voltei para 1813 com meu amigo, Davey. Você me ajudou na época, então eu vou lhe pedir para me ajudar novamente agora.

– Um Viajante? – Sexton parecia desinteressado. – Necrovia de quem?

– O quê? – Jack balbuciou, confuso.

– Na Necrovia de quem você veio?

– Do Vice-Almirante Nelson. Ele morreu em batalha. Vão colocá-lo ali mesmo. – Jack apontou para o lugar onde ele sabia que o grande sarcófago negro um dia estaria.

Sexton coçou a barba.

– Nelson? Morto? – Ele levantou as sobrancelhas grossas. – Bem, típico. – Então o homem se virou para sair, mancando para fora da cripta.

– Espere! – Jack disse em voz baixa. – Outro homem veio comigo. Ele quer me matar, e meus amigos. Eu tenho que detê-lo.

Sexton suspirou quando parou para ouvir Jack.

– Eu acho que ele pode estar aqui em algum lugar – continuou. – Está vestido com uma armadura negra. Ele se chama Rouland.

– Rouland? – Sexton ofegou.

– Sim, você já o viu?

– Não aqui. – Sexton se virou novamente, se arrastando lentamente para as escadas que levavam para fora da cripta. – Eu saberia.

Uma rajada de vento passou por Jack, e ele se virou para ver Rouland, com o corpo vulnerável inclinado para a frente, no centro do cômodo.

Sexton ofegou.

– Mate-o agora! Mate-o enquanto pode.

Esta era a chance de Jack. Ele ainda tinha a espada da Paladina na mão. Ela zumbia suavemente, incitando a ira de Jack através dos seus dedos. Enquanto fazia isso, seu brilho incandescente se intensificou, respondendo às emoções de Jack.

E ainda assim ele hesitou.

Rouland acordou, levantando-se graciosamente. A princípio, ele pareceu confuso, estudando o entorno e processando a informação. Seus dedos tocaram a ferida aberta em seu peito. Ele olhou para Jack e abriu um sorriso amplo e diabólico.

– Você me arrastou através de uma Necrovia? – perguntou, incrédulo.

Jack não respondeu. Seus dedos doíam de tanto que ele pressionava o cabo da espada. Seu braço latejava, como se a espada clamasse para ser usada. Ele se conteve enquanto a tensão crescia dentro dele.

– Que audácia! Como você ousou me tocar? – Mas então o desprezo de Rouland diminuiu, substituído por uma admiração relutante. – Eu tinha ouvido histórias de tal façanha, mas nem por um segundo lhes dei crédito. – Ele andava na cripta como um tigre faminto. – E, no entanto, aqui estamos nós. Bastante notável! Legendário! – Ele colocou a mão numa das frias colunas de pedra que sustentavam a massiva catedral acima, sentindo sua superfície. – Lembro-me de uma lenda, um acontecimento, uma anomalia do meu próprio passado. Dois meninos que roubaram um livro e desapareceram *juntos* numa Necrovia. Juntos!

Agora foi a vez de Jack sorrir.

– Era você? – perguntou Rouland. Ele balançou a cabeça, uma mistura de raiva e frustração no rosto. – Você estava com o livro esse tempo todo? Eu devo estar ficando velho...

A mão de Jack tocou o bolso, o livro ainda estava lá.

A cabeça de Rouland se virou para Sexton, seu olhar fixo e magnético. Ele o estudou com o escrutínio de uma águia.

– Eu conheço você – disse ele, por fim. – Não o matei uma vez?

Sexton não disse nada.

Rouland olhou novamente para Jack.

– O que você esperava conseguir me arrastando de volta para cá? Acha que pode me derrotar? Acha que vai conseguir me deter?

– Tenho a Rosa – disse Jack.

Os olhos de Rouland se estreitaram.

– Sim, você tem. Mas agora eu sei onde ela ficou escondida esse tempo todo. Você me trouxe para o passado, e me mostrou onde encontrar a Rosa. E agora que eu sei como recuperar meu precioso livro, poderei retornar ao Outro Mundo triunfante. Eu vou sacrificar este mundo para que possa governar o Outro. Você me deu uma segunda chance, Jack, pela qual eu sou eternamente grato. Além disso, você pode sobreviver por tempo suficiente para ver este mundo queimar em sacrifício ao meu domínio. Que criança de sorte você é por ver uma coisa dessas! – Duas bolas de energia crepitante começaram a se avolumar nas palmas de Rouland.

A mão de Jack tremia, a espada clamando por ele, sua energia ressoando através dos seus ossos. Ele mal conseguia segurá-la sem que a mão tremesse.

– Todas essas coisas serão um agradecimento a você, Jack Morrow, Destruidor dos Mundos! – O sorriso de Rouland se alargou, seus dentes perfeitos como os de um lobo. – Sua mãe ficaria orgulhosa.

De dentro de Jack a Rosa gritou, mostrando o que fazer. O tempo pareceu parar, a mente de Jack rompeu as defesas de Rouland, pondo abaixo cada barreira, uma de cada vez. Ele podia sentir os sinais que o cérebro do homem transmitia aos seus músculos. Podia antecipar cada movimento que o outro faria.

Jack não sentiu o movimento. De repente, ele estava voando pelo ar, a espada brilhante arrastando-o para a frente. Seu rosto estava em cima de Rouland, seus olhos só a centímetros de distância, o grito de Jack misturando-se com o ofegar de Rouland.

Jack olhou para baixo e viu a espada cravada no peito de Rouland até o punho, a sua superfície brilhante cintilando.

A espada se nutria dele.

Uma expressão brilhou no belo rosto de Rouland, um olhar de descrença.

Jack soltou a espada e Rouland cambaleou para trás, a lâmina partindo seu coração escuro em dois.

A espada é mais forte do que o coração.

Incrédulo, indignado, Rouland olhou a espada, incapaz de interromper o seu grande banquete, e caiu pesadamente no chão. Houve uma tempestade repentina de som e luz, como se a tristeza e a dor acumuladas ao longo da extensa vida de Rouland tivessem se libertado. Jack sentiu tudo isso, e assim ele sentiu a Rosa afundar nele, afundar na escuridão da sua mente inconsciente.

A cripta caiu numa escuridão pesada quando o ar sobre eles se acalmou.

– Tempos sangrentos, estes! – O tom profundo de Sexton quebrou o terrível silêncio. Cautelosamente, ele se aproximou e chutou o corpo imóvel. – Precisa esconder isso – disse ele rispidamente. – Você sabe cavar?

30

A GRANDE JUNÇÃO

Jack não conseguia tirar os olhos do corpo.

Sexton o tinha deixado sozinho no espaço escuro, enquanto ia buscar um pedaço de lona grande o suficiente para cobrir a figura macabra. De alguma forma, ficar sozinho com o corpo de Rouland era terrível e Jack puxou as pernas em direção ao peito, com as costas contra a parede, enquanto o corpo fazia pequenos ruídos involuntários que acendiam todo o medo irracional escondido nas profundezas de sua imaginação. Os minutos passavam lentamente.

Então a porta se abriu e Sexton entrou na cripta.

Jack começou a respirar de novo. Sexton jogou a lona sobre Rouland, cobrindo a ferida aberta no peito e a espada incorporada a ela. Deu duas pás a Jack e então grunhiu ao erguer o corpo de Rouland.

Ele atravessou com dificuldade as passagens da cripta até uma porta escondida, provavelmente esquecida por todos, menos por aqueles do Primeiro Mundo. Jack viu quando Sexton a abriu, revelando uma outra escada que levava ainda mais para baixo na terra, para os subterrâneos da Catedral de São Paulo. Desceram os degraus de pedra estreitos até a escada se alargar e dar num enorme espaço abobadado, grande o suficiente para acomodar duas vezes a catedral acima.

Os subterrâneos da catedral não eram uma mera caverna esquecida. Os entalhes ornamentados, as colunas gigantescas, a soberba alvenaria indicavam a Jack que aquele era um lugar de suma importância. A câmara era antiga, mas muito bem conservada. As pedras de mármore misturavam-se com padrões de mosaico elaborados, criando um piso impressionante que se estendia a distância, sua grandeza intacta e protegida pela fina névoa alaranjada que cobria tudo. Lampiões a gás pendurados sobre cada coluna acrescentavam volume à névoa. Outros balançavam do teto da câmara, destacando a magnificência da arquitetura em seu ponto mais alto.

Sexton manteve-se nas sombras, movendo-se rapidamente até uma das colunas maciças. Então fez sinal para Jack fazer o mesmo. De início o garoto pensou que estavam sozinhos, mas quando os seus olhos se adaptaram à escuridão acobreada, ele pôde ver silhuetas movendo-se na parte mais profunda da câmara. À frente deles, entre as enormes colunas, havia dezenas de piscininhas circulares entre as quais pessoas se moviam.

– A Grande Junção – explicou Sexton.

Jack entendeu o que ele estava olhando: aquele grande espaço era o ponto de conexão entre centenas, talvez milhares de câmaras de junção, como a da fonte do Piccadilly Circus. Ele viu duas figuras emergirem de uma das piscinas, saindo através de uma fileira de pequenos degraus entalhados na mureta que a cercava. O casal caminhou uma curta distância, entrou em outra piscina e desapareceu.

– Fique preparado – disse Sexton no mesmo tom desinteressado com que Jack tinha começado a se acostumar. Eles observaram pessoas indo e vindo através das várias câmaras de junção, esperando o momento certo. Uma figura solitária atravessou o vasto chão e entrou numa piscina à sua direita. A figura desapareceu e a câmara ficou vazia.

Sexton caminhou desajeitadamente, Rouland em seus braços, ziguezagueando entre as colunas e se aproximando cada vez mais de uma das piscinas. Ele então partiu numa corrida desajeitada até se aproximar da piscina mais próxima e então debruçar sobre ela, ofegante, e empurrar o corpo de Rouland para a água. O cadáver flutuou comicamente por alguns instantes, a espada na vertical, como o mastro de um pequeno barco.

Sexton subiu na piscina e acenou com a cabeça para Jack se juntar a ele. Tirou uma moeda do bolso do colete e atirou-a na água. A superfície tremulou e cintilou. Jack sentiu o chão abaixo de seus pés desaparecer e, em seguida, ele caiu. A sensação desapareceu em questão de segundos e ele se viu num pequeno cômodo, simples e insignificante em comparação à esplêndida elegância da Grande Junção.

O corpo de Rouland estava deitado no chão. Sexton curvou-se sobre ele, verificando se a espada permanecia no local. Em seguida pegou o corpo nos braços de novo, gemendo e reclamando, e arrastou-se em direção a uma porta de madeira. Além dela havia uma escada úmida, tão estreita que Sexton não conseguiu levar Rouland sozinho. Jack colocou as pás sobre o corpo e pegou os pés de Rouland.

Quando chegaram ao topo da escada, Sexton abriu uma portinhola.

– Última parada. Igreja de São Bartolomeu – anunciou Sexton.

Jack riu quando entraram no cemitério da pequena igreja. Ele já tinha estado ali antes – em 1940 e em 1813.

Sexton assumiu o corpo de Roland sozinho e caminhou sobre o cascalho. Ao chegar perto de uma árvore retorcida, morta havia muito tempo, deixou cair o corpo no chão e pegou uma das pás.

– O que estamos fazendo aqui? – Jack perguntou.

– Vamos enterrá-lo – disse Sexton.

– Por que aqui?

– Lugar especial. Seguro. Escondido. – Ele bateu na árvore como se para anunciar algum significado velado por trás de suas palavras, então começou a cavar. Jack arregaçou as mangas e juntou-se a ele. Quando terminaram, o buraco tinha pelo menos dois metros de profundidade. Puxaram Rouland até a beira da cova e o jogaram lá, tomando cuidado para não deslocar a espada do seu peito. Sexton puxou uma longa corrente do pescoço, com um grande pingente pendurado, e olhou para o objeto por um instante, enquanto pendia da sua mão envelhecida, o rosto um quadro de arrependimento; então atirou a corrente no buraco. O pingente pousou no cabo da lâmina.

O sol se punha atrás das árvores enquanto eles enchiam o buraco com terra, sepultando Rouland na terra fria.

Quando terminaram, ambos olharam para o monte no solo, respirando com dificuldade. O corpo todo de Jack doía, e sua camisa estava úmida e suja. Por fim, Sexton tirou uma pequena moeda do bolso e atirou-a para Jack.

– Para ir pra casa.

Jack olhou para a moeda de prata na mão, o familiar selo do Primeiro Mundo gravado em sua face, e entendeu que ele teria que voltar sozinho. Perguntou-se onde era de fato sua casa agora. Ele conseguiria morar com a tia depois de tudo isso?

O velho tossiu alto para limpar a garganta.

– Vou ficar, para vigiá-lo.

Jack olhou para o rosto enrugado de Sexton.

– Sexton, eu tenho que avisar você...

O velho levantou a mão firme.

– É sobre a minha morte?

– Bem, sim.

– Não quero saber – Sexton disse com firmeza. – É bobagem saber.

– Mas você pode evitá-la. Pode...

– O solo pode evitar o sol da manhã? – Os olhos de Sexton brilharam enquanto observavam Jack. O olhar feroz do velho se suavizou num sorriso quando ele limpou a testa com um lenço imundo.

Jack assentiu com relutância e estendeu a mão para Sexton, que olhou para ele sem jeito. O aperto de mão foi o mais breve possível, mas Jack sorriu de qualquer maneira, então, com um aceno de cabeça, ele girou nos calcanhares e seguiu de volta para a igreja. Ao entrar, olhou para Sexton pela última vez, e riu consigo mesmo quando fechou a porta atrás de si.

A câmara de junção estava escura e silenciosa, ainda assim, mais estranha agora que Jack estava ali sozinho. Ele foi até o centro do cômodo e levantou a moeda de Sexton. Um arrepio suave acariciou a ponta dos dedos e ele soltou a moeda. Ela não caiu; em vez disso, flutuou suavemente na frente dele e se ergueu até o teto de pedra escura. Num piscar de olhos, a moeda desapareceu e o cômodo anônimo foi transformado quando o teto desapareceu, dando lugar a um grande círculo de água. Jack flutuou. Houve um lampejo fugaz de luz branca e, em seguida, ele desapareceu.

Quando seus olhos se ajustaram à luz, Jack viu que estava de pé num poço com água que cobria seus sapatos, mas eles se mantinham completamente secos. Ele estava de volta à Grande Junção, nas profundezas da Catedral de São Paulo. Certificou-se de que não havia outros viajantes por ali antes de correr de volta para a escada até a cripta. A Necrovia estava lá, esperando por ele, e ele deixou 1805 para trás.

A cripta de 2008 surgiu diante de Jack quando ele caiu da Necrovia. Ele abriu os olhos e viu Eloise e Davey com Jo-Jo. Todos estavam seguros, e um alívio entorpecedor tomou conta do garoto.

– Jack! – Jo-Jo riu ao vê-lo novamente.

– Você está vivo! – Davey gritou.

– E você também! – Os dois sorriram e se abraçaram desajeitadamente. O que quer que fosse acontecer entre eles, por enquanto estava esquecido. Davey gemeu, seu corpo estava machucado e dolorido depois do ataque de Rouland.

– Onde estão as Paladinas? – perguntou Jack.

– Não sei – respondeu Davey. – Depois que você desapareceu com Rouland, elas desapareceram também.

– O Grimnire as despachou – Eloise disse rispidamente.

Os olhos de Jack foram para Eloise. Ela parecia extenuada, seu rosto pálido coberto de sangue seco. Davey tinha enfaixado o peito dela com as mangas da camisa, e sua espada brilhava suavemente enquanto devolvia a ela a energia roubada. A Paladina olhou para Jack, fatigada, com o rosto cheio de tensão.

– Rouland? – perguntou. – Eu não posso senti-lo.

– Cuidamos dele – respondeu Jack. – Está enterrado em 1805.

– Isso não vai impedi-lo por muito tempo.

– Eu cravei a espada em seu coração.

As sobrancelhas escuras de Eloise se ergueram quando ela entendeu que a ameaça que Rouland representava havia desaparecido. Ele fôra contido, paralisado pela espada das Paladinas. Súbitas lágrimas encheram seus olhos. Gotas grossas caíram deles enquanto ela se permitia um breve sorriso extenuado. Jack observou seu rosto abatido, perguntando se ela ainda queria acabar com a própria vida. Eloise olhou para ele, como se estivesse lendo seus pensamentos.

– Eu já estou morta – disse ela. – Agora, poderei viver por um tempo.

Jack fez um gesto em direção ao seu eu mais jovem.

– Como é que ele está?

– Parece ileso – disse Eloise. – Ele tem uma energia especial. Faz com que eu me sinta bem novamente.

O poder da Rosa, pensou Jack.

Das sombras uma forma sobrenatural emergiu, antiga e intemporal. O Grimnire deslizou atrás de Davey, o seu longo dedo acenando novamente, dessa vez para Eloise.

– Sim – disse ela, como que em resposta a algum comando silencioso.

Ela se virou para Jack.

– Ele quer que eu vá com ele. Eu e Davey. Nosso destino, em 1940, ainda tem que ser cumprido.

Jack olhou para o Grimnire, suas feições escondidas sob a capa fumacenta.

– Vocês vão voltar para 1940? Mas você já está lá.

– Estou enterrada lá, sim. Mas um Grimnire não pode ser desobedecido. O destino não pode ser negado. Eu sou necessária ali e Davey também.

Davey estremeceu.

– Vamos voltar a 1940? Com essa criatura?

Eloise sorriu calorosamente.

– Não se preocupe, Davey, você já passou pelo pior.

Jo-Jo aproximou-se de Jack, com o rosto gorducho abrindo-se num sorriso cheio e largo.

– Podemos ir pra casa agora, Jack? – Jo-Jo perguntou, olhando para o Grimnire, preocupado.

– Sim. Vou levá-lo para casa – disse Jack.

– E depois? – perguntou Davey.

– Eu não sei ainda.

Davey fez uma careta.

– Será que vou vê-lo novamente?

Jack se lembrou dos seus encontros com David como um homem velho.

Ele sabia que tinha uma dívida para com seu avô. Sabia que devia tentar ajudá-lo de alguma forma, pelo amor que sentia pela sua mãe. Esperava que o futuro – o futuro do Davey, o futuro de sua família – ainda pudesse ser alterado.

– Espero que sim – disse ele, incerto.

Os dois se abraçaram novamente.

Eloise e Jack também trocaram um abraço.

– Você é mais corajoso do que imagina, Jack – ela sussurrou no ouvido dele. Em seguida, ela se virou para Davey com a mão estendida. O Grimnire aproximou-se, ganhando altura, depois de abrir as penas da capa para cobrir Davey e Eloise. O par deu um passo para dentro da capa e desapareceu, envolto na escuridão, deixando o Grimnire sozinho por um breve instante antes de se dobrar sobre si mesmo, sumindo dentro da própria capa, até que nada mais restasse.

31

CHEGADAS

Jack deu consigo mesmo do lado de fora do apartamento dos pais, mais uma vez. Ele mal conseguia se lembrar de sua jornada da catedral até Whitechapel. Tinha caminhado num estado de torpor como se a sua mente consciente pulasse freneticamente de um acontecimento a outro, tentando desesperadamente processar todas as coisas que haviam ocorrido. Ele mal notou Jo-Jo ao seu lado, segurando sua mão com força, ficando mais cansado a cada passo.

Quando voltou ao apartamento, encontrou a porta da frente destrancada. Lá dentro, tudo parado e vazio como numa sepultura fria. Seu pai iria voltar em breve do turno da noite e dar pela falta da esposa, encontrando apenas raiva e perguntas não respondidas onde uma vez houvera uma família amorosa. E assim começaria uma espiral de eventos que levaria o pai desesperado a uma vida de crimes. Jack não tinha mudado o destino da mãe, mas os detalhes eram diferentes. Em sua linha de tempo, ela tinha sido encontrada morta no apartamento, um assalto malsucedido que acabara em tragédia. Mas agora o Grimnire a tinha levado, ele não sabia para onde, e as coisas eram diferentes.

Ele entrou no seu antigo quarto, que estava exatamente como ele se lembrava, colocou Jo-Jo na cama e o cobriu com a colcha.

A criança rolou para o lado e suspirou.

Seus olhos fixaram-se em Jack, o rosto parecendo intrigado.

– Vou ver você outra vez?

Jack quase riu.

– Estou certo que sim.

– Que bom.

– Você está cansado, durma – Jack disse. – Seu pai estará em casa em breve.

– E a mamãe?

Jack hesitou.

– Você pode sonhar com a mamãe.

Jo-Jo fechou os olhos e se aconchegou em seu travesseiro, contente talvez pela última vez. Jack ficou ali olhando para ele, observando, escutando, perguntando-se. Sentia-se ligado ao seu eu mais jovem através da Rosa, suas mentes entrelaçadas como se fossem uma só. Era uma coisa simples entrar nos pensamentos dele, acalmá-lo e controlar Jo-Jo, aliviando os horrores que o menino havia testemunhado. Então Jack entendeu por que ele não se lembrava dos acontecimentos daquela noite. Como um cirurgião talentoso, ele tinha removido o pior da mente de Jo-Jo, uma lembrança de cada vez, desvendando as imagens terríveis até que tudo o que restasse fosse o fantasma de um pesadelo, meio esquecido à primeira luz do sol do amanhecer.

Ele estremeceu. Será que era isso que um manipulador fazia?, perguntou-se. Seria esse o poder corrompedor de que sua mãe falara? Seria fácil usar mal esse dom?

Ele observou Jo-Jo até ele dormir, então decidiu que era hora de partir.

Quando voltou para a sala de estar, assustou-se ao ver o Grimnire de pé, silencioso, ao lado do sofá, as dobras do manto escuro caindo sobre ele. Ele abriu o manto para revelar o corpo da mãe. Apesar de seus ferimentos óbvios, ela parecia em paz. Com um sorriso arrependido, Jack compreendeu que todas as peças do quebra-cabeça tinham sido postas no lugar, o Grimnire, guardião do destino, garantira seu correto desdobramento. A mãe não iria acabar nas catacumbas do Primeiro Mundo, mas no cemitério deste mundo para que seu filho e marido pudessem chorar por ela.

Jack se ajoelhou ao lado da mãe e lhe deu um beijo de despedida. O pingente no pescoço dela brilhou. Ele o removeu gentilmente e o colocou no próprio pescoço, uma última lembrança dela. Ele se levantou para sair e viu que o Grimnire tinha desaparecido de novo, seu trabalho concluído.

Jack esperou do lado de fora até que o pai chegasse uma hora mais tarde, certificando-se de que ele entraria no apartamento e encontraria o seu eu mais jovem dormindo. As próximas semanas e meses não seriam fáceis para o pai, ou para Jack. Aquele apartamentozinho ficaria cheio de tristeza, desespero e agonia.

Jack caminhou até o Cemitério de Whitechapel com o coração cheio de pesar pelo que poderia ter sido.

Quando voltou para 2013, o verão estava findando e as folhas das árvores adquiriam tons vívidos de marrom, em antecipação à sua queda.

Ele percebeu que, em algum lugar ao longo do caminho, ele tinha feito 13 anos. Não parecia importar mais. Tinha ficado fora por apenas algumas semanas e, no entanto, estava irremediavelmente transformado. Não poderia voltar à sua antiga vida, para viver com uma tia que ele mal conhecia. Seu pai estava agora na penitenciária de Pentonville, perguntando-se o que teria acontecido com o filho, e Jack estaria marcado como um jovem fugitivo, à mercê das imoralidades de Londres; um refugiado fugindo de uma vida arruinada.

Ele voltou para casa e encontrou-a vazia, seus poucos bens vendidos, adivinhou. Ele se sentia distante dessa vida, sem lar, sem família.

Pensou em ir visitar o pai, para tranquilizá-lo. Mas como poderia lhe contar sobre tudo o que vivera? Como ele poderia ir lá sem render-se a uma vida sob os cuidados de estranhos? Até a sua tia era uma estranha em comparação com os amigos que ele tinha deixado para trás, em 1940.

Ele precisava de tempo. Tempo para pensar. Tudo o que importava agora pertencia ao passado, e assim ele fez. Também havia trabalho a fazer – ele sabia que o dom dentro dele poderia ser usado para o bem, e Jack precisava de um lugar seguro para explorar suas novas habilidades. Algum lugar entre amigos que o compreendessem.

Ele prometeu visitar o pai em breve. No dia seguinte. Sempre haveria um amanhã, esperando por ele com eterna paciência.

Ele se sentou no cemitério, só agora se dando conta da enormidade de sua aventura. Inconscientemente, puxou o livro que havia roubado de 1813: *Sobre a Natureza dos Reinos Ocultos*, de Magnus Hafgan. Aquele livro o guiara até a mãe e a Rosa, tinha mostrado a ele uma maneira de derrotar Rouland, e ele estava certo: havia mais segredos em suas pequenas páginas, à espera de serem revelados.

Ele procurou a página de trás e o criptograma manuscrito estava lá. Olhou para as letras por vários minutos solitários antes de perceber o que o atraíra para ele várias vezes. Os símbolos eram trabalhados, formais, e ainda assim tão familiares, que ele se perguntou por que não tinha visto isso antes. Ele conhecia a mão que tinha escrito aquelas letras: era a sua própria.

Jack sorriu para si mesmo, cansado. Ele sabia que sua aventura estava apenas começando, e aquele pequeno livro estava no centro de tudo. Um dia, ele iria contribuir com uma página para o seu procurado conteúdo, uma página que o levaria, através do ciclo do tempo, até aquele momento. Por enquanto, fechou o livro e voltou a colocá-lo no bolso.

Ficou ali sentado, na brisa refrescante, e escreveu uma carta para seu pai, dizendo que ele estava bem. Não deu nenhuma dica do que tinha acontecido a ele, das coisas que ele agora sabia, mas assegurou-lhe de que iria vê-lo novamente em breve. Então pegou o anel de casamento de sua mãe do bolso e o colocou, junto com a carta, dentro do envelope. Anotou o endereço do destinatário, levou-a até a caixa de correio mais próxima e a colocou ali dentro.

Quando fez isso, sentiu suas últimas tênues conexões com 2013 se afrouxarem, deixando-o como um homem à deriva, fora do seu tempo. Mas a sensação não o deixou com medo. Afinal, ele era especial. Tinha uma maneira só sua de escapar do desespero, de voltar a tempos mais felizes. Ele iria fazer outra viagem, de volta a 1940, de volta aos seus amigos, de volta à sua família. Era tudo o que lhe restava agora.

Jack atravessou o cemitério tão conhecido até encontrar o que procurava. Tocou a pedra com a ponta dos dedos e sorriu para si mesmo, enquanto desaparecia dentro de uma Necrovia.

AGRADECIMENTOS

Cada livro começa com um autor e uma ideia. Por um tempo, autor e ideia trabalham juntos num alegre casulo de isolamento, cada um deles crescendo e mudando, aprendendo e evoluindo. Mas chega o momento em que o autor precisa abrir a porta e convidar outras pessoas a compartilhar da sua ideia. É quando as coisas ficam complicadas. Porque cada nova pessoa contribui para a ideia, ajuda a moldá-la, faz com que ela cresça de maneiras que o autor nunca imaginou. Às vezes esse pode ser um processo doloroso, mas é necessário, e a ideia se torna mais forte, maior. Uma coisa viva. Então é justo que eu agradeça às pessoas que me ajudaram a desenvolver a ideia deste livro e trazê-la à vida.

Para a minha brilhante agente, Juliet Mushens, da PFD, pelo seu entusiasmo incansável, *tweets* engraçados e por ser uma grande amiga. Aos meus editores na Andersen, Charlie Sheppard, Ruth Knowles e Eloise King, que fizeram todas as perguntas certas. A Philippa Donovan, da Smart Quill, pelas suas observações incisivas, e a Sam Copeland por ter me encaminhado para ela.

Um enorme obrigado a Liv e Claire da New Writing North, que fez um homem-feito chorar, e deu o pontapé inicial no caminho da publicação. O apoio financeiro da New Writing North e do Northern Writers Awards (patrocinado pelo The Leighton Group e pela Sunderland University) significou muito para mim.

Para os bons amigos que me apoiaram: Curtis Jobling, pelo entusiasmo e por me fazer seguir adiante; Paul Birch, pelas aulas subliminares de gramática; Dougy Pincott, pela leitura de um dos primeiros esboços, e Chris Chatterton, por ser engraçado e interessado, mesmo quando eu o arrastava pelas livrarias tirando fotos de capas.

Para os amigos que nunca souberam que me ajudaram: Bryan Hitch, Dean Roberts, Gary Dunn, Tim Watts, Uli Meyer, Gordon Fraser e Richard Dolan. Para Kevin Cecil e Andy Riley, por me apoiar e incentivar quando eu disse que queria escrever.

Se este livro fala sobre alguma coisa, é sobre os laços de família, então eu devo reconhecer a contribuição da minha própria.

Aos meus pais, Enid e Al, que me deixavam ler histórias em quadrinhos e cavar buracos no jardim, eu sou o que sou por causa de vocês.

Para meus outros pais, Mary e Albert, que sempre fizeram eu me sentir bem-vindo, apesar de eu não ter feito um "bom trabalho".

Para os dois Davids: o avô e o tio, ambos infelizmente falecidos. Para Sarah, a minha primeira leitora do público-alvo, pela sua opinião sincera e entusiasmada, e para Megan, por ouvir, gostar e pedir o próximo capítulo.

Por fim, para a minha esposa, Diane, que leu este livro mais vezes do que ela gostaria de se lembrar. Ela esteve ao meu lado a cada passo do caminho. Seus comentários fundamentados e seu apoio inabalável fizeram com que este livro – e eu – ficasse muito melhor do que eu jamais poderia ter esperado.

Niel Bushnell